謹以此書獻給我親愛的父親和母親

我曾经的名字叫知青

名字叫

知青

子蕴 著

當文青遇上知青

　　人，終其一生，總會在某個時間，某個角落，遇上某個人，對你一生產生奇妙的影響。在這些不可測的相逢裡，人們交會，互放光亮；於是，有人寫下一段詩，有人譜上一首曲，在聚散交錯的命運當中，有人記錄下來，寫成一本書。

　　而「稻香姐」，是的，我一直是如此稱呼書中女主角子蘊的，她以樂觀的人生態度和真摯的情感，為過去那一般在台灣印象中的「悲慘世界」「鐵幕大陸」，寫下一本充滿勇氣、愛及誠實的人生回憶。

　　在這本書裡，沒有對「邪惡年代」的血淚控訴，看不到生離死別的哀嚎，更不見曲折狡詐、陰狠鬥爭的情節，相反的，她輕柔得像一首歌，或者說，她簡直就像是一首「鄧麗君」的歌，韻味悠長，雖有淡淡哀傷，卻也還是充滿對生命的珍惜與禮讚。

　　除了子蘊這位不可或缺的女主角外，這本書還描寫了她的家人和朋友；這些人，或許是名不經傳的小人物，在現實生活中也有些許小毛病，但全都是心地善良的好人。其實，這不正就是我們真實生活的寫照嗎？惡劣的生存環境，縱使會暫時的扭曲人性，但人性的良善最終還是抹滅不了的。

　　這本書娓娓道來，你也可以說是子蘊往事如煙的個人回憶，也可以看作是狂飆年代底下一個真實人物的傳奇。如果威廉‧詹姆士（William James）假設的「平行宇宙」真實存在，我真的很好奇當年

這些「知青」，如果活在另一個太平盛世的時空裡，最終會變成甚麼樣子？這就好像是中國當年如果沒有歷經那場文革災難，現今又會變成什麼模樣？我想像這個永遠沒有答案的假設，在另一個時空裡彷彿看到了另一位子蘊。

至於，總是會有人這麼問，到底是基於甚麼緣分，會讓我及子蘊姐有如此的機遇？噢，我會說，那是人生不可說的謎。因此，在細讀這本書的同時，我總會不斷回想在同個年代，我在做甚麼，而她又經歷甚麼，在過去某段記憶深刻的日子裡，我在唱著甚麼歌？而她又在哼著甚麼曲呢？我一直交叉反覆想著這些過去，時空一直來到我們的相遇那天；兩條完全不同的線，終於交會在一起。

我常跟子蘊姐說，我是台灣的「文青」，她是大陸的「知青」，當文青遇上知青，總有說不完的故事。記得子蘊姐有次帶我到北京的什剎海划船，遊湖當中她突然跟我講了一個藏在內心已久的秘密，說著說著竟然嘩啦嘩啦地流下眼淚，當下驚得我手足無措，木槳一時搖不動小船，竟不斷地在湖心打轉；她也曾跟我提到剛返城那幾年，一個女人家是如何孤伶伶帶著兒子辛苦生活，有一次她騎著腳踏車上街買瓦斯，竟然連滾帶爬地摔在路邊，她說起來哈哈大笑，竟好像是趣事一般。尤其是她又曾提到，如何在月底發餉前，很任性地把剩餘的錢全部買糖給兒子貝貝吃光光，那段敘述，總讓我心頭湧上一陣酸楚。啊，一切的一切，歡笑及淚水，她總是說得如此動聽、如此感人。

在我生命中，原本是有機會擁有一位親姐姐的，基於某些無法細說的遺憾及因素，我們總是無法相遇。我的遺憾，竟然因為有這麼一位大陸北京姐姐而得到圓滿，這真是生命中的一個奇蹟，我為這樣的奇蹟而感謝上帝！

　　這是我第一次為特定的書寫序，也是我第一次為作者寫序，雖然我花了很長的時間才寫完，但我的心意，總是遠遠超過我所能敘述的。

　　是為序，寫于二〇一三年歲末。

宋政坤

（秀威資訊發行人）

站在同一塊基石上的感念

陸幸生

一

二〇一一年五月二十一日早晨，我在臺灣高雄，一大早五點半就起床了。來到高雄港的入口處，一棵高大的由廢金屬片組合起來的大樹，姿態別致地豎立在海港道口，熱帶初升的陽光，斜斜的，橙黃色的溫暖塗抹在樹上，有了點妖嬈的味道。深藍色的海平面，一望無際。昨晚經過此地，這裡原是日本當年雅馬哈企業的廠區，再是「光復」後的倉庫，又被「轉型」廢棄，現在是「藝術創意園區」。遊覽計畫中沒有安排這個參觀項目，我獨自而來。

手機響起，我收到了當年黑龍江兵團「荒友」劉國強的短信，告知：其一，他的人生級別提升，有外孫子做外公了；其二，同為「荒友」的子蘊出書，代我要了一本，書不是白給的，約寫書評。大陸書稿出版在臺灣，大陸人行走在臺灣，途中，被約寫「大陸人臺灣版著作」的讀後感，這是屬於海峽兩岸今天的巧合。昨天，前天，都不可能。

子蘊快人快語，部落格集結出書，是題中之意，油墨香來得快了些，「是我始料不及的」（作者語）。國強當外公，是必然的，短信中的欣喜，有著一份「快」意。「陸客」來到臺灣，是必定的，可我沒有想過，自己這麼快也就來了。不相關連的三件事，都含有必

然、必定的意思，又似都「沒想到這麼快」，如是共同感受的緣由有三個：背景的天幕已經更迭；這份更迭，需要時間，然白駒過隙，瞬間，我們就老了；我們老了，但並不麻木。

二

回滬，得到子蘊的《我曾經的名字叫知青》。仔細讀來。

子蘊文本的緣起，是因為「不少同時代朋友的自傳或者回憶文章，看那都代表不了我的感覺」，「在兒子鼓勵之下」的「實話實說」。子蘊從「我出生」寫起，以自家經歷為一以貫之的主幹，其他人事的描摹，則是枝葉烘托。作為母親，子蘊本意，是「給兒子講過去經歷的故事」。「講故事」這句話的「學術層面」很高：I am a storyteller；翻譯過來的意思是：我是一個故事講述者。這是毛姆說的，他的名作即是《人性枷鎖》。

「性格使然」的子蘊將文本上了部落格。

同為荒友，現在是中國社會科學院近代史所思想史研究室主任聞黎明先生說：「我從事現代史研究多年，習慣用史學眼光衡量事物。在我看來，與新中國同齡的子蘊，是用她的個人經歷，再現新中國成立後一個城市平民的家庭演變，而這個家庭和千千萬萬家庭一起，共同構成了現代中國社會。若從這個角度看，子蘊家庭的變遷、父母的境遇、個人的歡樂痛苦迷惘等等，作為個體有一定的偶然性，但作為整體，難道不是由於那個時代所造成的必然痕跡嗎？正式由於子蘊的回憶包含著大量與現實資訊，為了讓更多的人能夠通過子蘊的經歷窺視現代中國城市社會生活的一個側面，於是我慫恿她把這部回憶勇敢地奉獻出來。」

記得，我見過一次子蘊——劉湘。

上世紀一九七〇年冬天，我奉調至場部後勤處工作。起因簡單，我是九連司務長，經常跟著馬車或輪式拖拉機來往於場部辦事，被有關人士「相中」。連領導知曉，欣然同意，這就等於是在場部主管吃喝拉撒和發放機械零配件的部門裡，安插了一個自己人，以後辦事方便。不過，不見兔子不撒鷹，連領導有個條件，放人，沒二話，可物資股得先給批條子「調撥」兩口大鍋，一口給食堂炒菜，一口給豬舍炓豬食。

鍋拉到連隊，我去了場部。以物易人，我命運的更變，緣於一次中國基層農村物權與人權的交易。說起來也算是動用了金屬等價物的買賣，不過不是金，不是銀，不是鑄錢用的銅，也不屬於意識形態裡面的「鋼」，生鐵而已，與鋼相隔著再經歷一場火的距離。

忘記了年月，也忘記了季節，也忘記了為什麼事情，就是「有一天」，跟著逐漸熟起來的政治處某位上海男生（不好意思，這個男士是誰，也忘記了），來到「後邊」政治處的草房子裡。當天停電，走道漆黑，腳下高低。政治處人士推開一扇門，屋裡的一切陳設細節，淹沒在幽暗中，一個女生坐在桌前，在燭光下似乎正在書寫什麼。她仰起臉，若有若無地向進門的兩位男生點了點頭，沒有一句話，繼續伏案。掩門而出的上海男生告訴我：「這是劉湘，北京知青，高中生，報導組的。」

在我當時「政治概念」裡，農場報導組與「市委寫作組」級別相同。那是翰林院，那是御書房，那是殿前跨刀行走，那是兩報一刊社論。說到當年感覺，也就是屋子黑，裡面坐著的人，容貌模糊，眼睛也並不「炯炯」，與輝煌的名頭頗不相符。想來，在食堂吃飯、在機關開大會時候，彼此還是見過的。只是「茫茫人海」，司令部、政治處、後勤處的座次排列，「後」的人們從來就很有自知之明地站立在被規定的角落裡，我是個新來的，更從不到「前邊」去。

　　似乎不很久，聽說劉湘調到大楊樹去了。東北冬季漫長，心頭的冰雪更是常年不化。許是單純，更是麻木，走了，也就是走了。不是總是聽到有人在「走」的嗎？今日讀子蘊此書，看到副場長王樹德等相知的姓名，子蘊當年調動的途徑，便一目了然了。至於調動緣由，即同場的弟弟已經離去，和Ｄ（子蘊的此時男友，此後一輩子的夫君）在異地的呼喚。容貌模糊的故事，在子蘊的敘述裡，原因和過程，線條清晰起來。

　　在並不感到陌生的故事裡，有一個「子蘊特色」。當年，各地知識青年，還有老職工，甚至有些已經擔任若干農場副職的非黃棉襖幹部，有路子能走的都走了，遠遠近近的，都是向南走，唯獨子蘊往北去。這樣的行走方向，迄今回憶，恕我孤陋寡聞：北興似沒有第二個。

　　不回家，不回城，獨一人，向荒原。迷濛的路上，蒼穹呼號，一個女孩子的背影，踉踉蹌蹌，又無比堅定地奔向了由首都校園和京城宅院的經緯編織而成的幻影。今天子蘊記錄了自己曾經的「哇哇大哭」，當年，有誰從這份嚎啕中聽到了她決絕的勇敢？

三

　　書者都是非常自我的。文本的自由行，緣於人性的自由行。

　　在書中，對於在北京與Ｄ的會面，子蘊這般寫道：「冬天的陽光暖烘烘地照在什剎海的冰面上，亮光光的湖面晃得人睜不開眼睛，欄杆邊一對青年男女，哭了又笑，笑了又哭。」再寫到了大楊樹這個「新地方」，自己的入黨要求依然被拒：子蘊「滿腔憤怒無處發洩，順手抓起一個墨水瓶朝Ｄ砍了過去，Ｄ一偏頭，一瓶墨水摔到辦公室的白牆上，瓶子粉碎，一面牆濺得烏七八糟」。

　　這已是多麼遼遠的故事，這又是多麼刻骨銘心的故事，揮之不去，招之即來。

　　從「社會層面」而言，返城迄今，關於知青話題的「反芻」，紛亂不絕。一百個故事，由一百個人來講，會出現一百個版本。子蘊版本，僅是這諸多版本裡的一部。子蘊，這位「『文革』時期新聞工作者」的再度執筆，寫字出發點是私人化的，行文沒有一點宏大敘事的痕跡，也沒有多少追根尋源的鞭笞。點點滴滴，瑣瑣碎碎，坦蕩由之，笑哭率性。這是一種時代的反撥：在政治處報導組寫稿，「語言、思路都有個定式，假大空是文章的通病，材料有了，要集體討論定調子，即定文章的主題，基調。定完調子要吹路子，即把大綱和每節的標題都定下來，要寫得層層深入，要無限拔高，寫出境界來」。由此，調到大楊樹，子蘊只有一個條件：「不搞宣傳，我實在搞膩了，太累了。」子蘊今日文本「自由行」的源頭，應該追溯到上世紀七十年代中對於「文革定式」的抵抗。

　　子蘊提到，自己喜歡讀章詒和。章氏新作《劉氏女》，是她繼非虛構作品後的第一本小說。章氏接受記者採訪，她說道：看到「進了監獄的美麗女子」，感覺「怎麼那麼漂亮的都在牢裡啊！她對感情太單純了，她的身體有需要，她也克制不住」；「在那樣的環境下，太需要感情了，四周都是最殘酷的，最孤獨的，被所有人拋棄，一個人對你好，那種感覺太需要了」。在《劉氏女》裡，章詒和「不去說制度怎麼樣，不說這些人的命運和制度的關係……我更多寫的是情感、複雜的人性所導致的悲劇」；「我不會寫太多時代的大背景，這是與我之前寫作差別最大的地方。我不尋求制度如何不合理，而扭曲了人性，因為很多事情就是那麼發生了」。

　　讀到章詒和的如是表述，子蘊大抵會有心有靈犀的感覺。

　　相對子蘊的不能遺忘，緣於各種緣由的遺忘，在一千次的忘卻之後，似乎就可以成為真正的虛無。在上海某個「知青紀念館」，眾多的照片圖板上，其中一幅貼出了六位女性青年和一位男青年的照片。這圖板上的故事，講的是「當年」黑龍江尾山農場震驚全省的山林大火，當時的「英雄報導」，出自尾山農場宣傳科的一位女性，後來經過恢復高考後的考試，她進入高等學府；作為知青，又是大學同學，她曾對我說起過那場災難。她當年寫就的「救火」稿件裡，出現有「一位男性」。寥寥數字，戛然而止，並無下文。在「滯後」了約四十年的介紹中，我被告知，這圖板左側六張照片的女生，都是烈士；而右上角的男生，事蹟報到「上邊」，因其母親曾「倒賣票證」，被擱置不理。展覽設計者說：現在這一家人已經「都不在世上了」。

　　上世紀六十年代，大陸處於經濟困難時期，老百姓購買各種基礎的生活用品，均需各式票證。貧窮人家照例獲有一份，只是買不起，將這些票證賣給能夠買得起的人，成為了當時「自由市場」一種「非法生意」。貧窮母親的掙扎，是當年所謂的「罪行」，於是，其兒子在異鄉的奮勇撲火犧牲，便擱置一旁，無有隻字褒獎，更無正式結論，任其淹沒在茫茫知青的亡故名單之中。

　　這樣的細節，當年，有人知道，可是，沒寫，是出於不讓寫。從這裡，我體會的，是當年鐵幕一般的封殺和封鎖。太久太久的封殺，就是被掩埋。太久太久的封鎖，就是被消滅。

　　這一天大的人性悲情，使我想著：關於「知青運動」，我們還「被」忘卻了什麼？

　　子蘊版本的價值，在於「準確地從記憶中取材」。真可謂北疆冰封，迄今不化。美國老鷹樂隊的成名曲《加州旅館》，其中最著名的一句是：你隨時可以結賬，但你永遠無法離開。想來，這天下悽惶，

境內境外同是一樣的滋味。乃至「民國最後的才女」，合肥四姐妹中的張允和早有詩句應對：「十分冷淡存知己，一曲微茫度此生。」

歲月相異，感念如一。子蘊亦當如是吧。

四

二〇〇八年九月，《曾經的黑土地──黑龍江生產建設兵團三十二團知青回憶錄》在滬自行印刷出版。這是當年下鄉到北大荒同一農場知青回憶文本的簡易「彙編」，我寫了序。序的結尾，我表達了自己的「心結」：對於那場知青「運動」，我將牢記，但絕不歌頌。我當年「長年下榻」在辦公室「一隅」，隔壁鄰居是同樣住在裝備股辦公室的陳財武，在同一食堂裡喝了多年大頭菜湯的老朋友，回來後一向疏於「知青活動」，他突然給我來電：那本書我看了，我要為你寫的這句話，專門打個電話來，「我堅決同意，我就是這個看法」。

也有不同的意見。當月十三日，在上海松江大學城工程技術大學舉行「荒友聚會」，一位中學同學以真誠的語態對我說：兵團考驗了我們，更鍛鍊了我們，青年學生「上山下鄉」很有必要，有人講那是「災難」，我要跟他們「辯論」（大意）。在當天發給與會者的《曾經的黑土地》裡，也寫有如是字句：「回憶起那戰天鬥地的時光，我的心依然激情蕩漾。豬圈豈生千里馬，花盆難栽萬年松。青春年華，千錘百鍊，對於我來說是一筆財富，是一首綠色的生命之歌。」

真誠是不能責備的。真誠在證實我們是前三十年「教育」最成功的批量產品。對於那個遼遠的始終不能消失的十多年，你激動得流淚，那是你的權利；我心痛得淌血，那是我的自由。我已經知道，這世界從來沒有過一個誰，通過「辯論」，通過「批判的武器」，能把另外一個誰「教育過來」。經過千溝萬壑的跋涉，步出漫天風雪，我

終於明白和懂得：世界由嘈雜構成，且這份嘈雜是永恆常態，自己就決定堅守這份自由：即使孤寂，也是自我，即使冷落，也是安寧。你當然是從前的你，我必須是今天的我。

我的對「知青運動」的零碎「感念」，在前些年和當下，寫下過這樣的文字：

> 對於中國知青和中國知青「運動」的解說，幾乎無窮無盡，幾乎無法求同。只是，覆巢之下焉有完卵，「文革」劫亂已被徹底否定，而作為其組成部分的「知青運動」，怎麼可能還是唯一單個的完整的蛋。在理應上學的年齡，丟棄書本（請允許簡略表述）去勞動；到本該工作的時段，卻作為超齡「大」學生去讀書。這不能被認可是正常社會的秩序。投身社會，要以背井離鄉為前提；表達忠誠，要以拋棄父母兄妹為尺規，這更不能被判定為道德人生的準則。人類歷史上有因戰亂和災荒的人口大遷徙，但沒有一次人數達一千七百萬之多，時間長達十年，以純粹的年輕人為主體的生命大遷徙。

> 對於北大荒這段知青下鄉時期的經濟狀況，有人說：是知青用尚未完全成熟的身軀，支撐了共和國大廈。其言「壯碩」，實際卻恰恰相反，幾十萬年輕人的到來，製造了黑土地的入不敷出。這在農場大事記中有記載。但是，這後果不是知青的責任，而是國家政治動盪的高額成本。（寫於二〇〇八年）

> 在四十多年「知青運動」的寬銀幕上，有如是我們的形而下的小人物，更有洶湧著的形而上的政經背景。這理當包括上世紀六十年代後期知青「運動」的決策，即「最高

指示」的形成過程，據今天汗牛充棟的資料看，這涉及到當年無比幽深、複雜的「文革」動因。大批知青回城的發端，則在七十年代末，雲南知青赴京，與農業部最高層領導皇城會晤，一拍兩散；繼而是一位「實事求是」的副部長親赴當地，面對下跪的青年群體，做了令人涕淚俱下的講話。最後，以鄧小平的知青、家長、農民「三個不滿意」為結論，在上世紀七十年代末、八十年代初，由「大返城」式的崩潰宣告終結。

其海嘯般的崩潰，被冠以「病退、困退、頂替」的政策名稱。頂替，是父或母退出原單位職工額度，讓子或女就業。一個經濟制度，「計畫」到這個家庭只配給一個飯碗，父母「不吃了」，孩子才「有得吃」。至於病退、困退，超過百分之九十的知青們，都是帶著這頂帽子回城的，而所有人回城後，又都以實際健康或比較健康的身體，去就業，去拚搏，去從頭開始。

病退、困退，尤其是病退，是一場被程序允許、被公開昭示的謊言操作。「知青運動」以謊言始，再以謊言終。把崩潰之路，標名為因「病」之路，因「困」之路，是「切題」的。（寫於二〇一二年）

對於「知青」的歷史遭遇，上輩父母和知青自身，飽含唏噓。只是當年，「勉從虎穴暫棲身」，在那樣的時代，不屈、沉默，是一種行進方式，迎合、阿諛，也是一種自保的步履，至於混沌、「遊戲」，更是排遣無望歲月的無奈演繹。

如果硬要那般表述，「知青運動」有何「正收益」，那就是讓年輕人瞭解了中國農村基層艱難的現實困境。今日

坊間，有論強調今日些許高階官員的知青「出身」一說：其實，「他們」下鄉之後，時間長度遠遠超越鄉村歲月，或學生或官宦的幾十年仕途，在關節點上各式各樣的「攀登情節」，究竟怎樣，對於絕大多數的草根知青而言，哪裡是能夠知曉的；「知青出身論」也實在是把中國官場看得太卡通了。（寫於二〇一二年）

有詩云：「我本將心向明月，奈何明月照溝渠。」正是因為：受難讓人思考，思考讓人受難，故而子蘊曾在自己的部落格裡，刊出這樣一首詩，裡邊有一句：她「唯獨不能⋯⋯歌頌」的，是「知青運動」。這個省略號，是對「溫暖」的一份姿態「優雅」的拒絕。

子蘊的「不歌頌」，與我的「絕不歌頌」，是站在了同一塊歲月的基石上。這是我寫下這篇讀後感的動因和主旨。

是為子蘊《我曾經的名字叫知青》序。

現代中國城市生活的寫真

聞黎明

　　子蘊的回憶錄殺青了，這本書是我慫恿她貢獻出來的，所以對子蘊的索序實有義不容辭之責。

　　二〇〇九年年底，我回到北京，不久就是春節，在北大荒荒友春節聚會上，我見到子蘊。子蘊一見我，就說她開了個部落格，寫的是北大荒生活，還說她把這個部落格地址第一個告訴了我。我的手機換了好幾年，自然沒收到這條信息，但回到家就立刻上網，急著想看子蘊到底是怎麼寫我們在北大荒的那段共同經歷。

　　我和子蘊相識於「上山下鄉」的歲月。一九六八年，我們先後從北京來到位於完達山北麓七里嘎山下的黑龍江生產建設兵團第三十二團，一年後又先後調到團政治處擔任報導員，從拿鋤頭、握鐮刀的農墾工人成為一個新聞工作者。報導組的工作主要有兩項，一是起草對全團工作具有指導性的報告，二是為各級新聞報紙撰寫消息。前者有時間性，不會經常寫，所以我們的日常工作是下連隊蒐集材料和回團部撰寫文章。報導組是個很讓人留戀的集體，大家吃在一起，住在一起，外出採訪時，彼此間問候不斷，回到團部則常常得到凱旋的待遇。「戰天鬥地」年代裡結下的友誼非常珍貴，我想從子蘊的部落格裡，瞭解她究竟記錄了哪些難忘之事，怎樣看待和評論這段生活。

　　看了子蘊的部落格，我很有些吃驚，因為她的回憶超出了我的估

計，其價值也絕非一般意義上的人生紀錄。在我看來，子蘊的回憶就是一部自撰口述史，從家庭寫到學校，從北京寫到邊疆，從連隊寫到機關，從交友寫到戀愛，從返城寫到尋職，我們那一代人的經歷，幾乎都能從她的回憶中找到相應的位置。

子蘊有很好的文學修養，她到三十二團只在基層工作了七個月，就被調到正在組建的文藝宣傳隊擔任創作員。她寫這部回憶，原是以時間順序，想到哪兒寫到哪兒，沒做什麼修飾，因此結構不是那麼嚴密，個別地方還不免有些隨意，行文中也不時蹦出幾個錯別字。但是，她的回憶生動、樸素、真實，一個個生活細節，一件件大事小事，加上父母兄弟、好友親朋、師長同窗、戀人荒友、主任股長等無所不包的人物，處處讓人領悟出她對這些關係的觀察與對人生的思考。

我從事中國現代史研究多年，習慣用史學眼光衡量事物。在我看來，與新中國同齡的子蘊，是用她的個人經歷，再現新中國成立後一個城市平民的家庭演變，而這個家庭和千千萬萬家庭一起，共同構成了現代中國的社會。若從這個角度看，子蘊家庭的搬遷、父母的境遇、個人的歡樂痛苦迷惘等等，作為個體有一定的偶然性，但作為整體，難道不是由於那個時代所造成的必然痕跡嗎？正是由於子蘊的回憶包含著大量信息，為了讓更多的人能夠通過子蘊的經歷窺視現代中國城市社會生活的一個側面，於是我慫恿她把這部回憶勇敢地奉獻出來。

最後，我應告訴每位讀者，子蘊是在難以想像的情況下修改這部書稿的。今年春天，子蘊不慎摔了一跤，一腿粉碎性骨折，前後做了兩次手術，至今腿裡還有幾顆鋼釘。當時我在昆明，只能在電話中表示關心。但是，每次通話，都能聽到她充滿了樂觀的笑聲，每次通信，也字裡行間透露著這部書稿最末處的那段話：「不斷地向前，向前……！」

二〇一〇年六月七日　旅次開封

揮之不去的青春記憶

　　我的回憶今天能夠集結成書並在臺灣出版並再版是我始料不及的，我懷著感恩之心寫下序言。

　　我是中華人民共和國的同齡人，被稱為是跟著祖國奔跑的一代人。我親歷了建國以來六十年曲折的發展歷程。我們這一代從一降生起，就跟著新中國一起，經歷了各種政治運動，各種自然災害，各種天災人禍，我們和祖國同悲同喜、同呼吸共命運。我知識青年的特殊生活經歷，又使我生命中有著解不開的知青情結，正因如此，在生活中我經常會給兒子講我的經歷我的故事。兒子鼓勵我寫下來講給大家聽，並給我開了部落格。就這樣，我本著實話實說、實事求是的原則，在部落格中講開了自己的故事。不曾想僅僅半年，就得到了熱烈的反響。我明白這是因為我的故事代表了整整一代人的心聲，引起廣大知識青年的共鳴。所以，在這裡我第一個感謝的，應當是我的兒子段若陽，是他鼓勵我拿起筆，在敘述自己人生故事的同時，也反思了知青「上山下鄉」運動。

　　知青，這一特定歷史下產生的特定人群，特定稱呼隨著歷史車輪的前進漸行漸遠，逐漸淡出人們的記憶，而作為一千七百萬「上山下鄉」知識青年中的一員，我的記憶卻越來越清晰，直到我寫下來，直到我擱筆，我的心才終於平靜，我才終於釋懷。因為我知道，作為知識青年這個特殊群體這一段特殊經歷，正在被歷史的長河淹沒，雖然我只是這場運動中的一滴水、一片樹葉，但我應該把我的知青生

活寫下來，因為那是我的，我們的歷史使命，因為知青的生活是無法複製的。

　　本該上高中的年齡，史無前歷的文化大革命風暴席捲大陸，最後一堂化學課成為我中學生活的最後記憶；本該上大學的年齡，盛載著我們夢想的高考卻廢止了，毛澤東一聲令下：「知識青年到農村去，接受貧下中農再教育很有必要。」我們不得不背井離鄉，離開城市，離開父母上山下鄉，而農村那一片廣闊天地就成了我的人生大學堂，這一學就是十年。本該三十而立，我們卻從農村重返城市，從零開始，重新打拚自己的生活……我們這一代，可以說前無古人，後無來者，我們的青春和著汗水永遠留在那一片黑土地上，而我們卻兩手空空重回故里。無怨無悔是知青回憶中最常用的辭彙，但我知道，無奈才是最準確的描述，因為我們無權選擇自己的生活，這是我們這一代的宿命，我們只有認同並勇敢地走下去……一個個鮮活的生命，一顆顆年輕的心，在那樣一個充滿理想色彩的年齡，在那樣一個貧窮的，沒有金錢物欲的特殊年代，演繹著自己別樣的青春年華、別樣的浪漫愛情，演繹著自己不一樣的人生。

　　我的青春記憶寫到這兒就該擱筆了。儘管歲月蹉跎，經歷坎坷，但那一段鮮活的青春經歷，那一種純真的情懷卻始終縈繞於心，揮之不去。

　　……

　　我要感謝與我同在北大荒下鄉，同為黑龍江生產建設兵團三十二團政治處宣傳股報導員，我的戰友，曾任中國社會科學院近代史所思想史研究室主任，現為教授，著名民主愛國鬥士聞一多之長孫聞黎明先生。是他支持我出書，並在此過程中提出許多寶貴的意見和建議，親自動筆修改，編纂目錄。可以說，沒有他的幫助就沒有這本書的面世。

　　感謝我的兵團戰友，與我同在北大荒下鄉，同為黑龍江生產建設兵團三十二團後勤處上海知青，現為中國作家協會會員；上海作家協會理事；上海散文創作委員會副主任；上海文匯新民聯合報業集團、《新民週刊》高級記者陸幸生先生為本書再版作序。

　　感謝臺灣秀威資訊科技股份有限公司總經理宋政坤先生對此書的重視，在再版中給予的大力支持，感謝他親自為本書再版作序。

　　感謝叢書主編蔡登山先生，邵亢虎先生給予的無私幫助，感謝責任編輯蔡曉雯小姐為本書的辛勤付出。

　　感謝我的北京女子十二中學（貝滿女中）同學，好友喬林方女士、曲渝邦女士給予我的友誼和關愛。

　　最後，我要感謝我的廣大知青朋友，北大荒戰友們，你們才是這本書的靈魂和主人公！

　　我想用一首歌結束我的回憶，表達我此時的心情：

　　冰雪無痕，歲月有情，你可聽到春天的腳步聲聲？四季不會輪回它的顏色，看林木悄悄更新它的枯榮。嚴冬已消失在霧散的群峰，讓我們守護好彼此的心靈，為山河再搭下一片蔥蘢。

二〇一二年八月二十九日　北京

目次

第一章　我的家庭

我的祖上

　　我出生在北京南城鐵門胡同的宣城會館。我的祖籍是安徽省宣城縣水陽鎮，爺爺叫劉志民，號景文。爺爺年輕時就來到北京，並創建了宣城會館，同時在北京舊警局外四區任文職官員。除宣城會館，爺爺在簾子胡同還有一處房產，生活不算闊綽，但家境還算殷實。我的父親是燕京大學土木建築系的肄業生。之所以沒畢業是因為奉父母之命在學習期間娶了我的母親。年輕時的父親英俊瀟灑，風流倜儻。據說父親有心上人，但迫於父母的壓力，軟弱的父親沒有抗爭，違心娶了剛滿十六歲的母親，這鑄成了父母一生的不幸。母親告訴我，新婚之夜他對母親說，有朝一日父親可以自己做主，一定要娶一個自己選定的愛人。當然父親的宿願沒有實現，因為很快就解放了。但是父親的話深深刺傷了年輕的母親，以致若干年後他們終於離婚。當然這是後話。

　　我的記憶中沒有爺爺奶奶，因為我出生剛滿月，父母就帶著我和哥哥姐姐全家遷到了天津。父親在天津鋼廠財務科任科長。因為不是黨員又不善經營關係，因此儘管業務能力很強但一生也沒有升官。據父親說，爺爺奶奶和父親的一個哥哥、一個弟弟在北京解放前後短短幾年之內，因為肺結核病相繼辭世，本來婚姻不幸的父親更加心灰意冷，把家產變賣一空沒有留下隻瓴片瓦。儘管母親苦苦阻撓，就連父母結婚時置辦的母親最喜歡的德國梳妝臺和爺爺留下的字畫也全部拉出去賣掉。母親說，那些日子打鼓兒的來了一批又一批，都知道這

父親是燕京大學土木建築系學生，後因父母之命步入婚姻未完成學業。

家的主人不想過了。母親恨父親也是因為父親是個敗家子，從來不置家，也不顧家。有一階段父親和我的乾爹一起做生意，進賬不少，父親每天都帶幾個黃金素戒回來。姥姥囑咐母親：「女婿是石榴花木命一陣紅。趁現在有錢自己置一處房產。」不料父親聽後不以為然，反倒輕蔑地說：「你還有這麼多想頭?!」爺爺在簾子胡同的房子每月出租的五塊大洋也歸父親所有，但父親從沒交給過母親，而是自己在外面吃喝玩樂，以至於我們天津的家全部都是公家配置，沒有一點自家的東西和舊日痕跡。

　　父親才華橫溢，寫得一手好字又喜歡舞文弄墨且吹拉彈唱無所不能。在天津時父親和幾個舊時的朋友常在一起唱單弦大鼓什麼的並經常登臺演出，以至於我的姐姐一生喜歡曲藝。父親還拉得一手好京胡，唱得一齣齣全本京劇劇目，最擅長馬派老生。父親在《空城計》中飾演的諸葛亮瀟灑幹練、沉著機智，唱腔高亢優雅，也算是小有名氣的票友，至今我仍保留著父親登臺的劇照和錄音帶。

父親是小有名氣的票友，經常粉墨登場，這是我所收藏父親登臺的照片之一。

　　母親的身世很複雜，母親的爺爺也是安徽人，祖籍合肥，名叫許平坡，是李鴻章的管家。李鴻章原本也姓許，後過繼李姓人家才改姓李。但母親的親奶奶很早就去世了，留下了姥爺和弟弟兩個嫡出的兒子。後來母親的爺爺續了弦，娶了蘇州籍的美女，新奶奶又有了兩雙兒女，忠厚老實的姥爺從此在家裡沒了地位，在新奶奶面前比僕人的地位也強不了多少。後來母親的爺爺去世，兄弟姐妹分遺產，姥爺眼看著珠寶細軟被同父異母的弟弟妹妹們運走也敢怒不敢言。母親說當時家裡有一尊近一米高的金佛，口裡只要放上一枚現大洋，祂就吐出舌頭吞下去，這尊金佛也不知去向了。在分不動產時，安徽籍不少名人如詹天佑、石子清、張廣建等都在現場監督作證，把房地產做成紙條抓鬮。老天有眼，姥爺抓到了什剎海西西條兒胡同一個棗園，棗園很大，有住房和幾百棵棗樹、十幾架葡萄。本以為這下後半輩子衣食不愁的姥爺禁不住新奶奶的哭鬧及自己弟弟二姥爺的不斷糾纏，賭氣低價把棗園賣掉了。據母親講登報三天就有人買走了，而且賣棗園的錢被分走了一半。至此，我的姥爺成了名副其實的無產者，而且自從走出南鑼鼓巷的大宅院，姥爺一生再沒和他的後母及弟妹們聯繫。

　　母親的姥爺是內城官醫院中醫長，一生只有一個獨生女兒——我的姥姥，姥姥知書達禮，生性善良懦弱，是我最愛的人，可惜六十二歲就去世了。姥姥和姥爺的婚事也是父母一手包辦的，內城官醫院的院長就是母親的爺爺。母親說姥姥家也有房產，母親的爺爺親自上門提親，說會盡力照顧好他們的獨生女兒；兩位老人既是同鄉又是同僚且門當戶對，兒女的婚事當然是一拍即合了。姥姥的母親抽大煙，很不安生，總說宅子裡鬧鬼，老先生行醫回來，老太太先讓僕人拿著一銅盆清水到影壁[1]前照，看有沒有鬼魂附身，而且總說院內有白衣人行

---
[1]　影壁，也稱照壁，古稱蕭牆，是中國傳統建築中用於遮擋視線的牆壁。

走，鬧得一家雞犬不寧，終於要了老先生的命。出殯當天，老太太又說房頂上站著一個紅衣小孩，鬧得不可開交……就這樣姥姥出嫁後沒幾年，老太太就抽大煙帶折騰把家產敗光去世了。這就是我祖輩的情況。我常常想，我祖輩家庭的敗落是好事還是壞事？答案是當然是好事，否則解放以後全家的命運將不可預測，父母能否躲過「文革」一劫還很難說……

　　母親在有錢有勢的大家族中也就生活了四五個年頭，隨著爺爺去世、分家，即搬出了南鑼鼓巷的祖宅。姥爺把賣棗園子的錢放一隻箱子裡交姥姥保管，指望著時機合適買處小宅院或做點買賣養家。不料姥姥不會理財，且心地善良樂善好施，誰家有困難都找姥姥幫忙，姥爺怕姥姥把錢倒騰光了，索性屯積麵粉，不料姥姥又大盆、小盆地送麵粉給困難的鄰居。就這樣，幾年之後全家生活就陷入了貧困，搬進了鐘鼓樓附近的一個大雜院。姥姥共生了五個女兒，母親是老大。母親小時候個頭高挑、長相漂亮，深受父母寵愛，在家說一不二，四個妹妹都懼怕她。如此的家庭背景使得母親既不似大家閨秀又不似小家碧玉，性格非常複雜。

　　我的爺爺和姥爺也既是同鄉又是同事，都在外四區警局工作，因此促成了父母的婚事。據母親說結婚之前父母親在中山公園來今雨軒見過面，但那不過是走走形式，就這樣母親在父親極不情願的情況下糊裡糊塗地就嫁了過去，當時還不滿十六週歲。

一九一四年北京的第一座近代公園——中央公園（現今的中山公園）。

我的父親

又是一年清明時，轉眼父親離開我們已經十二年了。這十多年來我無時無刻不在想念我的父親，無時無刻不在後悔——如果當時我多陪陪父親，如果我多給父親一些關心和愛，父親或許能多活幾年。每想到此我就止不住心酸落淚，痛徹心脾。

父親是二〇〇一年十一月二十六日去世的。得到消息趕到醫院，父親已經沒有了心跳，拉著父親還溫熱的手，我痛哭不已。

在此之前，父親已經兩次住院，都是因為發燒不退。第二次住院我們幾個兒女去看他，他已經神志不清。我怕父親不行了，立即跑到西單商場給父親買了一套真絲軟緞的棉褲、棉襖，連同棉毛衫褲等預備下，按老話說可以沖沖喜。沒想到這一招還真靈，父親很快康復出院。那年春節父親就是穿著這套繡著龍的棉衣過的。父親的身體一直很好，他生活規律，吃東西也很簡單清淡，加上生性樂觀開朗，平時愛唱戲，好交友，我一直認為他會長壽。他的身體每況愈下是緣於五年前的一次白內障手術，術後視力下降，漸漸不能獨立行動，從此不能出門，身邊又無子女，孤獨寂寞加上沒有運動很快要了父親的命。父親去世時終年八十二歲。

我們兄弟姐妹四人父親最疼的是我，儘管我家還是舊式家庭，父母和我們沒有特別親密的關係，我還是能感受到父親對我的偏愛。父親一生沒有打過我一下，甚至沒有大聲斥責過我。父親病重期間，不管誰看望他，他都叫著我的名字，足見我在父親心中的位置。正因為如此，我就越加為自己的不孝自責。

父親一生漂泊，解放後先後在天津、北京、石家莊、張家口、邯鄲、沙城等城市工作過。我一直不明白：為什麼父親的工作總是在調

動？一種解釋是父親在河北省計委工作，所以到河北省各中小城市工作是正常的；另一種解釋是父親是黨外人士又是舊知識分子，不招領導待見，且生性儒弱，因此這顆小小螺絲釘就被擰來擰去，最後是從沙城磷肥廠退休回到北京。父親一生都是孤孤單單一人在外，現在想想他老人家的一生多麼不容易啊。

　　因為父親常年在外，我們和父親在一起的時間屈指可數，對父親的記憶也只有若干個片斷。記得剛剛解放在天津的時候，我們家的生活基本穩定，至少全家在一起。那時候母親還沒有工作，我覺得那是父親一生中少有的安定幸福的日子。工作之餘，父親彈單弦唱大鼓、唱京戲，和幾個舊時的朋友一起演出。我只看過一場單弦聯唱，內容是歌頌新社會、頌揚毛主席的，尾聲拖著長腔非常好聽，至今我和姐姐都仍會哼唱。父親還在家裡舉辦舞會，家裡的老式留聲機放著流行舞曲，漂亮的女士和瀟灑的先生成雙成對跳著好看的交誼舞。記得最清楚的是苗平阿姨和她的先生跳得最好。苗平阿姨長得非常漂亮又苗條，據說解放前她當過舞女，後來好像是在「文革」中還是哪次運動中自殺身亡了。苗平阿姨曾帶我去她家玩，並拿出紅指甲油拉著我的小手給我染指甲，她白胖胖的媽媽說：「別給孩子『胡倒飭』（打扮的意思），回頭人家媽媽不樂意。」她聽話地放下紅指甲油，給我換成了粉色的，而我的內心多希望要紅色的呀！父母那時候吵架不多，大概因為母親還沒有工作，用父親的話說就是「翅膀還沒硬」，全家的生計全靠父親一人。父親很少和我們一起吃飯，通常他都吃小灶，就是母親單給他做個好菜。每到週日，父親要睡到中午才起床，我們幾個孩子都到外面玩，為的是不吵到父親。小時候令我記憶最深刻的有兩件事：一是過年時，我和父親坐著洋車到父親的好友周六爺家拜年的情景，我穿著白絨絨毛領子的小外衣，梳著瀏海短髮，坐在父親身上。周六奶奶拿出糖果、花生等招待我，我卻不敢吃，她只好塞滿

我的衣兜。不料回家時我沒等坐穩洋車，就大嚼起來，父親說我好虛偽。我不懂「虛偽」的意思，卻知道那不是好話。還有就是父親常常帶我去天津幹部俱樂部跳舞，我像個小傻瓜坐在舞池邊，看著父親帶著漂亮舞伴跳舞，間或拉上我在樂隊的伴奏下在舞池裡轉轉。

　　大約是一九五七年秋天，父親的工作又調回北京，我們全家又遷回了北京。下火車的那天，我們坐著三輪車從天安門經過，太陽暖暖地照著我們，天安門廣場空蕩蕩的，車和人都不多。看到書本上寫的雄偉的天安門城樓，心裡充滿了新奇驚喜和幾分自豪，這種感覺我至今記憶猶新。大約是為了和舊時的生活徹底決裂，也大約是避免引起痛苦的回憶，我們沒有回南城，而是選擇住在東城區分司廳胡同的一個大院裡。我記得外院是個特大的院子，好像是個煤廠。後面才是個三進的院落，我家住在二進的三間西房。早晨一覺醒來，看到海棠樹影映在有著菱形格子的紙窗戶上，不知名的小鳥在樹枝上又跳又叫，真是新奇又美麗。父親調到北京石景山鋼廠做財務工作，每天早出晚歸，我們很少見到。那時候我家的生活很清苦，我記得光是房租一個月要十二元，而在天津我們住的宿舍是不花錢的。母親剪了短髮不再

五十年代初，父親手上拿著我的布娃娃在頤和園留影。

燙卷,遠離了姥姥全家,家裡也很冷清。那段時間最美好的回憶當屬父親在假日和母親一起帶我們去北海、景山、動物園,去天壇,去隆福寺等北京的古蹟遊玩。在隆福寺父親給我們兄弟姐妹四人每人一角錢,讓我們自己買喜歡的食物。我們每人拿著一角錢,面對琳琅滿目的各色小吃:茶湯啦、艾窩窩啦、奶油炸糕啦、灌腸啦等等真不知道該吃什麼才好。母親帶我們爬安定門城牆,城牆上的縫隙間鑽出一棵棵的酸棗樹,每次爬城牆都要摘酸棗回家,又酸又甜煞是好吃。父母親還帶我們去地壇公園玩。那時地壇很破敗,荒草萋萋,斷壁殘垣,別有一番韻味。對於剛剛從天津來到北京的我,北京顯得那麼陳舊博大,一切都散發著古老的歷史文化氣息。走在荒草中間,我真怕姥姥故事裡的狐仙鬼怪鑽出來把我們帶走。父親還帶我和弟弟去中山公園划船,中山公園是父親最喜歡的公園,父親坐在船頭指揮我和弟弟左滿舵、右滿舵地划船,那情景就似昨天。

這期間發生了一件可怕的事,就是父親的一個朋友吳伯伯從上海來北京工作。吳伯伯是個知識分子,胖胖的,很有派頭;吳媽媽很漂亮,小巧玲瓏的。母親說吳伯伯家解放前是資本家,很有錢。他們到北京後沒有房子住,父親一來為幫朋友,二來也為減輕房費的負擔,於是請工人把我家的三間西房打了隔斷,一間分給吳伯伯住。吳媽媽嬌小可人,又一口吳儂軟語,她總是一臉小鳥依人的幸福模樣,在我眼裡就是一電影中的闊太太。忽然有一天,隔壁傳來撕心裂肺的嚎哭聲,原來是吳伯伯死了。當時正是「反右」運動,吳伯伯的單位把他打成右派,他不堪批鬥凌辱,在隔離期間,趁人不備,用刮鬍刀片割喉自殺了。吳媽媽後來很慘,她回了上海,她的寶貝兒子梅瘦後來也死了。母親曾感慨地說:「人太有文化會變得愚蠢,怎麼能給孩子取這樣的名字呢?『梅瘦』的諧音豈不是『沒壽』,孩子怎麼會落得住呢?」其實父母心裡都明白,孩子沒落下,豈是因為取了個不吉利的名字?

　　父親在這場運動中也未能倖免。父親生性膽小，如果不是大會、小會動員啟發，他不可能敢給「黨」提意見。據母親說，他在會上批評領導：「猴兒帶鬍子──一齣沒有。」意思是他當時的領導既不懂業務又不懂理論。參加了別人的批鬥會後，回到辦公室父親又發牢騷：「這不明擺著殺雞給猴看嗎？以後大家都閉嘴好了！」有人彙報了，父親在多次深刻檢討之後，落了個行政記大過處分。對此，父親很慶幸，他說他沾了業務過硬和聽話老實的光，只是從此他膽子更小了。

　　父親對我們兄弟姐妹的學習很重視，他常常講小時候他和兩位同學一直把持著班裡的前三名，其中之一是我的乾爹，他們的友誼保持了一生。但前三名中誰是第一名卻是不固定的，因為三個人都很強。為了永遠得到第一名，父親就在每次考試前約他倆出去玩或下棋，晚上他自己加夜班複習功課，可見父親骨子裡原也是爭強好勝的。父親對我們說：「只要你們好學，有能力，誰有本事我供誰上大學。」哥哥姐姐學習自不必說，尤其是姐姐，多年來一直是重點學校尖子生；哥哥聰明過人，學習也無須大人過問。因此父親僅是偶爾抽查一下我和弟弟的成績冊，他的獎勵也很簡單，或是一枚玻璃紙的蝴蝶書籤，或是一支筆或筆記本。但每次得到我都很高興。我曾經找父親索要綢子紅領巾和活眼睛娃娃，但是父親卻沒給我買。或許是他手頭不富裕，亦或是我沒達到他的要求，總之，這件事我一直耿耿於懷，甚至生氣地想：「等我長大有了女兒，我一定要給她買這兩件禮物。」可惜上天又沒賜我女兒，所以至今沒能如願。

　　四年級時，我當上了少先隊大隊委員，負責文體工作。因此每學期為各中隊訂少先隊報紙，收費、交費就是我的任務之一。可是我當時畢竟還小，又粗心大意，所以每到此時就對不上帳，甚至錢不夠，總是父親幫我理清帳目為我補齊錢後，親自送我去大隊輔導員處交錢。父親甚至為此給學校提了意見。我不知學校採納沒，因為我很快

下鄉前，我和父親在北京故宮前留影。

「升官」當上了大隊主席，並沒因為自己是個財務不清的幹部而影響「仕途」。因為父親在外地工作，偶爾回京，若天晚了我還沒回家，父親就會到學校去接我；或者他白天到家，母親上班，孩子們上學，家中無人，他就直接去學校看我。記得有一次父親去女十二中時，剛好我們在上課間操，父親站在操場後面認真地看我們做體操。下操之後我跑到父親身邊，父親笑著說：「上千個女孩子做操，只有一個人是認真用力氣的。」我高興得直蹦：「是我吧！」父親說：「只有臺上領操的一個，你們大多都在伸懶腰！」還有一次好像是寒暑假，父親突然回來，我正如癡如迷地看小說《于絮爾・彌羅埃[2]》，我給父親開門，怔怔地叫了他一聲「爸爸」，轉身進屋又接著看書，好像父

---
[2]　*Ursule Mirouet*，巴爾札克作。

五十年代，父親在北京石景山鋼鐵廠工作期間照。

親並不是遠道回來的。父親奇怪，進屋問我話，我不耐煩地說：「您不能等會兒再說話嘛？」父親生氣地說：「你這孩子怎麼這麼不懂事啊！」批評也就僅此而已。倒是我看完書後，覺得自己太過分了，有一句沒一句地搭訕著找父親說話。因為父親偏愛我，所以四個孩子中，唯有我敢和父親開玩笑。有一次父親過生日，我送給他一把極小極小的梳子，意在諷刺父親頭髮少，不料父親笑笑說：「你太浪費了，只要三個齒就足夠了。」

我膽子小，因為住平房，上廁所要到胡同中間的公共廁所，一般情況下我都壯著膽自己去。但是一次下鄉探親回家，我剛剛看完一個朝鮮電影，好像叫《看不見的戰線》吧，裡面有個整容後的女特務，電影很恐怖，父親見我吞吞吐吐的樣子，說：「是不是不敢上廁所？」我點頭，父親說：「看來下鄉也沒見長進！走，我陪你去。」我和父親走在黑洞洞的胡同裡，我拉著父親的胳膊，要求他儘量走胡同中間，免得兩邊竄出什麼來。我進了廁所，父親在外面大聲和我說話，告訴我他在外面，以免我又一驚一乍做蠢事。

　　不知是哪一年父親調往外地的，也忘記是哪一年，父母吵架開始頻繁，大約是從母親也開始工作吧。我對家庭的美好回憶戛然而止。不是回憶停止而是美好生活的停止。父親偶爾回家，父母就吵架不已，到後來父母不再說話，有什麼必須說的話都需要我在中間傳話。他們吵架的原因，現在看來不外乎以下幾條：一是母親對父親的怨恨，那都是母親年輕時受到的不公待遇和委屈。原來母親沒有工作，無力反抗，現在婦女解放了，走上社會，眼界開闊了。回過頭來再審視自己的婚姻和丈夫，母親充滿怨恨。二是父親是個舊知識分子，軟弱又迂腐，沒有挑大樑的大丈夫氣概。三是長年的夫妻分居，使本來就沒有什麼感情基礎的婚姻更加岌岌可危。我記得父親有一次對母親說：「就算我是黃世仁（電影《白毛女》中的地主），解放後這麼多年的表現也該贖罪了。」文化大革命運動中間，街道的積極分子鼓動紅衛兵要抄我家，一向不怕事的母親給父親打電話讓他回京來，因為她一個人很害怕，但父親的答覆是：「不！」父親說他回來非但救不了母親，自己也難保。母親說：「那好吧！運動一結束我們就離婚。」當然最終紅衛兵沒能抄我家，居委會主任攔住了已經抄家抄紅了眼的紅衛兵。

電影《白毛女》的海報。

　　父母真正辦離婚手續已經是七十年代了，父親退休回到北京，但孩子們都在外地，母親不願和父親同在一個屋簷下，父親就住到姐姐家，那時姐姐在通縣潞河中學工作。後來父親又到大興安嶺和我一起生活了幾個月。那時我下鄉在大興安嶺農場局工作，已經結婚生子，先生是北京知青，他在計財處工作，我在勞資處工作。我們的兒子貝貝已經二歲多，剛剛會走路、會說話，正是好玩的時候。父親每天教他背唐詩宋詞和毛主席詩詞，給貝貝講故事、變魔術。貝貝每天睡醒午覺都會發現枕頭底下有葡萄乾、糖果什麼的，因此只要一睡醒就一咕碌爬起來掀開自己的小枕頭找吃的。東北人熱情，聽說父親來住，領導同事們都來看望，請吃飯，送土特產，父親過得很舒心。父親還養了一隻小黑狗，起名「黑煤烏嘴」，每天圍著父親又叫又跳，給父親帶來很多樂趣。我記得父親在我家住時好像是春節前後，我們大楊樹鎮是個小山坳，家家戶戶和四面的雪山上都掛著紅燈籠，甚是好看。那一段時間日子過得很溫暖、很安逸，那也是我一生中同父親接

六十年代，父親到外省市工作，回北京探親時所拍攝。

觸最多的三個月。父親喜歡那裡的人和人生中難得安逸的家庭生活，還寫了不少舊體詩，抒發自己的情懷。那時父母親之間的「冷戰」已持續十多年，因為父親一直在外地工作，日子還捱得過去。父親退休了，日後何去何從令父親很苦惱，但他從未和我談過，我這個自私鬼也從未替父親想過。只是閒暇時，父親寫了大量的詩，從詩中我才深深理解父母感情不好給父親造成的巨大痛苦。記得其中兩首令我印象深刻：

訴衷情·暮年（一九七七年十二月）
情思萬縷掛愁腸
往事俱黃粱
追尋夢裡歡樂
覺來更神傷
年已逝
鬢成霜
益淒涼
此生誰料
昔日鴛鴦
今日參商

祝英臺近·一生（一九七八年一月）
喜花燭，
杯互換，
庭前擺華筵。
荏苒光陰，
情意任消散。

吞愁飲恨多年
月圓花好，
已難說，
向天長歎！

事猶變
已屆人老年殘
恩絕情更斷
反目成仇
不願再相見
終身抱恨難舒
柳前花下
暗悲悵
傷懷無限！

　　我對父親說：「等我回去就好了，咱們闔家團圓好好過日子，一切都還來得及。」

　　後來我返城了，和父親一起回到了北京，因為沒有房子，我們一家寄居在朝陽門父母的家裡。那段時間，父親來往於通縣姐姐家和朝陽門的家之間。忽然有一天，父親找我和弟弟談話，提出要和母親辦離婚手續。當時兄姐不在北京，我和弟弟很意外，但經過和父親談話甚至吵架，我們還是同意了。畢竟父母感情一直不好，為了撫養我們四個孩子犧牲了一輩子的幸福，母親雖然鬧了一輩子離婚，但真到父親提出辦手續反而猶豫了……當然最終我陪著父母去街道辦事處辦理了協議離婚的手續。父親什麼也沒要，叮囑了我幾句好好照顧母親的話就頭也不回地走了。

一九七八年返城後，父親、我和兒子在朝陽門老房子的家中。

　　很快，父親再婚了，這是過了很久我們才知道的。父母離婚以後父親再沒與我們聯繫，他再婚的事是一次弟弟去看節目遇到了新婚的父親和後老伴才知道的。父親的後老伴是一名中學教師，比父親小十七歲。據說他們相識已經很久了。Ｚ老師容貌一般，與我母親沒法比，但她性格開朗有文化，和父親有共同語言。她應該算是解放以後的新知識分子。她中學就參加了志願軍去朝鮮抗美援朝，回國後在第二外國語學院學俄語，畢業以後中蘇關係惡化，中學取消了俄語課，她二次進大學學地理專業，畢業後一直教地理，業務非常出色。她的婚姻是抗美援朝時組織包辦的，結婚沒多久就離婚了，一直一個人帶一個兒子生活，直到遇見我的父親。平心而論，我在內心是支持父親離婚和再婚的，舊社會父母包辦的不幸婚姻讓雙方隱忍了那麼多年，

還不是為了我們幾個孩子！我真心為父親找到幸福的歸宿祝福。但這個結果是母親始料不及的，她的情緒一下壞到極點，對父親也恨到極點，要求我們幾個孩子和父親脫離關係，誰也不准和他來往，否則就不再認我們。令我們欣慰的是父親確實生活得很幸福，他在北京市版權事務所當了財務顧問，每週去上一兩次班，其餘時間就去唱京劇或演出。每次演出，父親的後老伴都跟著給打理行頭、拍照或錄影，可謂「夫唱婦隨」。因為母親有令，且父親生活愉快，也不須我們打擾，我和父親的聯繫就是偶爾打個電話問候問候，父親有時到單位看看我。再就是春節時我們幾個子女接父親和後老伴出來吃頓團圓飯。這樣平靜的生活大約過了近二十年。說心裡話，我有自己的親娘，從感情上我是不會接受Z老師的，但從理智上我又很感謝她，畢竟她給了父親二十年幸福的家庭生活，使父親的晚年充實而快樂，而這是我們做子女的無法給予的。

父親的衰老始於眼睛術後視力的下降，那時候Z老師還在工作，父親一人在家很寂寞且兩次輕度中風導致行動不便。從我的感覺上Z老師對父親也大不如前，大約是因為父親拖累了她吧！從那時開始我們兄弟姐妹去父親家開始頻繁了，但這一切都瞞著母親。而且我每次去耽誤的時間都不長，我總是買許多父親愛吃的西點和一些傳統小吃，陪他老人家聊會兒天，待到Z老師快下班我就趕緊離開。那一段時間父親很悲觀，我詢問是不是Z老師對他不好，但每次父親都搖頭否認。令我後悔萬分的就是這一階段我應把父親接到我家去，那樣父親或許會多活幾年享享天倫之樂。但是我又害怕母親那邊無法交代，而且在我內心深處也認為Z老師對父親也應盡最後的義務，這是我內心深處的矛盾和私心，也是令我萬分自責和愧疚的事。

父親去世了，就這樣悄悄地走了。父親生前沒說過一句母親的壞話，沒有埋怨過一句家庭和子女，沒有抱怨過一句社會和命運，儘管

命運對父親如此不公。父親去世後，Z老師和我們一起為父親舉辦了隆重的追悼會，父親生前好友、戲友、同事、學生來了上百人，追悼廳內外到處是鮮花和輓聯。直到這一天我才發現，一生默默無聞的父親具有這樣強的人格魅力。我和哥哥各送父親一副輓聯，我記得我寫的上聯是：「通達樂觀　廣結戲友　臺上扮盡諸葛孔明　嘻笑怒罵看世界」，下聯是：「生死成敗　一任自然　臺下閒散淡泊　無怨無悔度終生」。哥哥寫的上聯是：「一世聰明過人　才思敏捷　至今有情有義　不肯久留匆匆去」，下聯是：「從來謹小慎微　與世無爭　想起無掛無牽　寧願安詳靜靜走」。我還請人用大幅白布寫了「孤雲出岫　去留一無所繫　朗鏡懸空　靜躁兩不相干」送父親上路。姐姐出資在西山八大處靈光寺為父親做了法事，企盼父親靈魂升天，安享幸福。父親去世後，我請一位在五臺山修行過的懂風水的朋友在昌平龍泉挑了一處安靜的背山傍水的墓地，墓前有盛開的桃花和松樹，Z老師和兄弟姐姐都很滿意。儘管我們什麼都沒說，但我相信大家都覺得虧欠父親，以此來告慰自己愧疚的心。

　　轉眼父親去世十二年了，每年父親的忌日和清明，我們兄弟姐妹都和Z老師相約一起去給父親掃墓，以寄託我們的哀思和對父親無盡的思念。感謝父親給了我不俗的骨血，給了我一顆善良正直的心！親愛的父親，女兒愛您，想念您！

我的母親

　　二○一○年六月二十七日，母親在經過了十個月的病痛後，撒手人寰棄我而去。直到這一天，我才明白，我是如此深愛我的母親，那個端莊美麗、驕傲任性、心比天高、生不逢時的母親。直到這一天

我才懂得,母親一時一刻離不開我,而我同樣一時一刻離不開母親,對母親的愛和責任已融化在我的血液中浸透了我的骨肉。六十年來,我心中只有母親一人,母親的意志決定著我的行動,母親的好惡決定著我的愛恨……母親走了,我的天塌了,曾經有一度,我失去了生活的信心,整天沉浸在痛苦和悔恨中不能自拔,恨不得追隨她老人家而去……

母親的性格很複雜,我對母親的感情也很複雜,用愛恨交織來形容我對母親的感情似乎也不準確。母親是我生命中最重要的人,是我無時無刻不牽掛的人,是我又依賴又想擺脫的人,是把人折磨得恨不能去死,第二天又怨氣全消去看望的人。我對母親的心很重,我雖然有自己的小家庭,但若干年來,我生活的重心一直是母親。

母親生在一個很顯赫的大戶人家,長在窮人紮堆的四合院裡。姥姥姥爺都是曾經見過世面又有文化的人,母親的童年經歷了生活的大起大落,見證了人世間的世態炎涼。三歲時每天早晨和爺爺一起賒藥幫窮人度瘟疫,遇到過一家十幾口人下跪謝恩的場面。七八歲又開始與北京的貧民為伍生活在鐘鼓樓下一個大雜院裡。十六歲就由父母做主嫁給了我的父親。十七歲,自己還沒長大就又做了母親。母親在娘家受父母溺愛,心高氣傲,到婆家後和父親感情不好,爺爺奶奶封建思想嚴重,受盡冷落。母親說那時奶奶晚上打牌,一打半夜,母親還得陪侍在旁,不得休息。母親生我時,月子裡沒人照顧,是奶奶家的傭人何大姐心疼母親,常常偷偷給母親送點營養補品等。父親是個大孝子,下班回來,無論帶回什麼好吃的,燒雞啊、醬肉啊都先去上房送給爺爺奶奶,從沒往母親房裡拿過。父親的一個抽屜中放滿了手工繡有各種英文句子的紗手帕,那大概是父親大學時喜歡父親的女同學送的。母親不明就裡,用了一塊,不料父親回來看到,把一抽屜手帕一把火都燒掉了。母親想回娘家住幾天,但奶奶不讓,年紀不滿二十

歲的母親感到生活實在沒有意思、沒有希望，決定吞金自殺。是幼小的姐姐似乎看穿母親的心事，不聲不響地看著母親，一對對地掉眼淚，母親丟不下姐姐，大哭一場，才又活了下來。母親恨父親，恨父親一家，這種仇恨伴隨了母親一生。

　　母親是個自立好強的人，全家遷到天津以後，她不顧父親反對，先是上夜校拿下中學文憑，隨即又擔任掃盲老師教別的成人。我記得家裡牆壁上掛著一面錦旗，上面寫著：「絕不辜負老師您對我們的熱心教導」，那是母親的學生們送的。她還抽空參加了打字班、護士進修班等等，一心要出去工作。那時剛剛解放，百廢待興，到處一片生機，而母親也才不滿三十歲。母親把自己的名字改成了希明，意即希望光明之意，對未來充滿期待，相信那是母親一生中最快樂的日子。特別是父親給姥爺在天津安排了工作，姥姥一家也從北京遷到天津，和我家同住一個大院，母親愉快的心情可想而知。

全家剛遷回天津居住，母親一心期盼著工作，對未來充滿希望，這是她一生中最快樂的時期。

作為女人，母親是不幸的，愛情和婚姻應該是女人幸福的要素，而母親從未有過愛情，而婚姻的不幸更鑄就了母親一生的大不幸，因為過早結婚生子，母親甚至沒有過過少女時代。好不容易熬到中年，又遭遇「文革」浩劫，四個子女相繼被送往邊疆、送往外地。都說子女是娘的心頭肉，這種割捨，這種生離死別，這種深埋於心底的痛苦，是在母親走後我才逐漸理解的，這恐怕也是造成母親性格憂鬱的外在因素。

作為母親，母親應該是幸福的，因為她有四個那麼孝順她的兒女。母親先後生下我們兄弟姐妹四人，在清貧的生活中我們勤儉自立，在嚴格的管教下我們個個要強上進。父母感情不好沒人嬌慣我們，我們就大的管小的，小的敬大的，四個孩子相親相愛健康成長。最重要的是我們體諒父母的苦衷，非常懂事，從不給父母添麻煩。且無論上中學、讀大學，我們四個孩子都在重點學校就讀。哥哥弟弟從未在外面打過架、惹過事，甚至從沒罵過人、說過髒話。我和姐姐就更是乖乖女了，學校家庭兩點一線，從未讓母親擔過心。我們很小就

會做家務，自理能力特別強。即便如此，由於多年來父親一直在外地工作，母親一人挑起養育四個孩子的重擔還是很不容易的。

　　記憶中母親從沒讚揚過我們，也從沒對我們有過親暱的舉動。要說母親不愛我們那是虧心，母親曾說過，她一生中只落下四個孩子。也許是性格使然吧！母親的愛更多地表現在對我們的管教上，對我們冷暖飢渴的關心上。我和姐姐非常羨慕別人家的母親誇讚自己的女兒，即使女兒是個大呲牙在母親眼裡也是一朵花。因為沒受過誇獎，我們一直認為自己是隻醜小鴨，很沒自信。幸好姐姐學習非常出色，在另一個領域中建立了自信心。而我是有一次到同學家玩，同學的母親摸著我的臉蛋說：「這小丫頭長得鼓鼻子、鼓眼兒的！」我飛跑回家問正在做飯的母親：「鼓鼻子、鼓眼兒是好看還是難看？」母親說：「當然是好看了！」這讓我興奮不已。

小時候母親和我們兄弟姐妹，我站在第一排。

一九五八年因為父親工作調動，全家從天津回到北京，母親參加了工作，生活也相對穩定。

　　母親很驕傲，因為長相高挑兒漂亮，因為思維清晰敏捷，因為聰明和口齒伶俐。母親寫得一手好字，燒得一手好菜，做得一手好針線。母親的耳邊一直不乏讚美之辭。因為心高氣傲，母親不能以平常心對待生活、對待家庭丈夫和子女，從未知足過。母親的一生都在為逝去的、做過的懊悔，因此「當下」從未快樂過，「今天」總是被忽略。

　　很難說清我和母親的關係，是母女？是姐妹？是上下級？我的感覺似乎我是母親的姐姐或家長。很小的時候我就承擔了母親的不幸，為母親擔心和著急是家常便飯：和父親吵架後母親會向我哭訴她的不幸婚姻，告訴我她在奶奶家遭受的一切；工作以後母親因為不會巴結逢迎、不會處理人際關係，經常和領導鬧矛盾，曾經一怒而辭職。看到母親除了上班受累還經常被氣得臉色發青，我曾心疼得趴在母親懷裡大哭，那時候我也就十二三歲吧！而那一次也是我一生中僅有的一次和母親的親密接觸。記得有一次母親下班乘坐十二路無軌電車，和售票員吵了起來，回家後母親氣不出，沒人給母親撐腰，我和姐姐憤而到沙灘十二路無軌電車總站去找領導。後來是車站領導到我家來給

母親道歉了事。我下鄉以後，母親一人在京，她被所服務的傢俱行業調來調去，幾乎東南西北城都走遍了。母親寫信告訴我，我立刻提筆給母親單位的領導寫了一封信。我記得我在信中說：母親熱愛黨，熱愛毛主席，滿腔熱忱為新社會服務，為響應毛主席「上山下鄉」的號召，把四個子女都送到邊疆，送到祖國最需要的地方，母親是財會人員，因為嚴格財會制度得罪不少人，領導應當支持。特別提到組織上如此對待母親，讓她的子女怎能安心邊疆完成屯墾戍邊任務？信寫好了一式兩份，一份寄給母親一份寄給領導。據說看到這封信母親哭了，而母親單位的領導很快把母親調到北京友誼傢俱店外國人員服務部。這一次調動直到退休，母親的工作再沒變動過。至於母親離婚、再婚、生病、報銷、找保姆、退保姆，一切的一切都是我在操辦。甚至為了為母親辦事方便，我和母親單位的同事、和保姆市場的工作人員都建立了良好的朋友關係。

左：六十年代中期，「上山下鄉」前與母親合影於北京。
右：七十年代，當子女們都下鄉時，留下孤身一人在北京的母親。

父母離婚以後，特別是聽到父親再婚的消息，母親受到很大打擊，情緒壞到極點。而我因為和母親住在一起，就成了第一個壞情緒的受害者。母親把她和父親的離婚怪罪在我身上，把她的怨憤發洩到我身上，她認為離婚便宜了父親，不應該同意。在這種烏雲密佈令人壓抑到極點的氛圍中，我終於崩潰了：在一次母親的又一輪埋怨和嘮叨後，我犯了神經病，我一會兒哭一會兒笑，根本控制不了自己的情緒，同時我看到家裡的窗簾一會兒撲向我一會又離得很遠。但我頭腦卻很清醒，我在心裡對自己說：「與其這樣活受罪不如死掉乾淨。」母親終於害怕了，她強迫我吃了鎮靜劑，直到我昏睡到第二天……

母親的再婚是不久以後的事。母親的一個老朋友給她介紹了一名老幹部P叔叔，他是部隊的「紅小鬼」，參加過抗日和解放戰爭，參加過「攻上孟良崮，活捉張靈甫」的著名戰役，時任航天工業部某單位的黨委書記，是一位非常正直淳樸的老革命，且年齡和母親相當。交往一段以後P叔叔向組織上彙報準備結婚，可母親又變卦了，大約是P叔叔過於樸實木訥，不是母親心儀的男子漢吧？這一次我沒饒了母親，我告訴她，婚姻大事不能一而再，再而三失敗，母親已經五十多了，找的是可以相互依靠的老伴兒，人品好是第一位的。如果母親不同意這門親事，我就不同意母親再婚。就這樣由我拍板為母親選中了後老伴。感謝佛祖賜給我一雙明亮的眼睛，事實證明我的選擇是對的。母親和P叔叔感情非常好，這讓我們做兒女的無比欣慰。有意思的是，我父母的再婚均選擇了與自己出身截然不同的革命伴侶，這也許就是所謂夫妻之間須互補才能長久吧！

諸位看官，看到這裡您可以明白說我是母親的家長一點不誇張吧！

母親骨子裡封建意識很濃，表現在重男輕女上。四個孩子中，她一直偏疼哥哥和弟弟，但她依賴的卻是姐姐和我，特別是晚年更是如此。也許是我自作多情，我一直認為母親最疼愛的是我。小時候母

親為了讓我的頭髮長得好，到藥店買了皂角砸碎煮水給我洗頭，我記得我躺在小炕桌上，母親耐心地一遍遍地給我沖洗，不厭其煩。而姐姐從未享受過這種待遇。我家住在天津大院時，母親給我做了一套藍底綠葉紅蘋果的後邊繫扣子的花色衣褲，給我梳上一條辮子，據說非常可愛，院子裡的女孩媽媽們紛紛效仿。一年級時母親給我做紅底白點背帶的裙子，為了第一時間穿上裙子去上學，我記得等在母親身邊，不惜上學遲到。二年級我問母親要帶響的紅皮鞋，雖然家境並不寬裕，母親還是給我買了，不過不是紅色而是棕色。因為是皮底，所以我走在教室的木質地板上確實咯咯作響，心裡好不得意。四五年級時，我玩雙槓扭了腳，母親每天揹著我到鼓樓東大街一個老中醫處按摩。我的牙齒不好，每次都是母親帶我到王府井錫拉胡同的口腔醫院治牙。母親疼我，表現在不斷地打扮我或滿足我臭美的要求。我記得大約是五六年級時，母親給我買了一條白色鑲紅邊的連衣裙；上中學時，母親又讓裁縫給我做了一條顏色鮮豔的塔裙，圖案是印象派的，十分打眼，高年級同學歡迎外賓時特意來向我借裙子穿。有一次我看上一件銀灰色燈芯絨的夾克外套，要十四元，我立刻騎車到母親上班的單位去要錢。儘管這差不多是母親近三分之一的月工資，她還是毫不猶豫給了我。即使我下鄉之後，每次探親回北京，母親都會陪我逛街買衣料找裁縫，給我做當時流行的時髦的服裝。帶我到「老莫」（莫斯科餐廳[3]）、到「新僑」去吃西餐，給我買各種食品犒勞我。當十年以後我終於返城時，母親和哥哥到北京站接我，因為興奮心急，母親扭斷了腳踝，在床上躺了三個月才恢復健康。

　　母親對我失望也是因為我的婚姻問題，我和姐姐一樣，愛上了一個窮小子，而且這個窮小子出身反動軍官，父母遣返回鄉，自己也下

---

[3]　北京莫斯科餐廳建於一九五四年，由蘇聯中央設計院設計，屬於北京展覽館建築群之一，主要經營俄式西餐。北京人暱稱其為「老莫」。

鄉插隊。面對我的選擇，母親的心情可想而知，恐怕「氣憤」兩字是不能概括她的心境的。隨著年齡的增長，我越來越理解母親了。哪一位母親會捨得把自己含辛茹苦撫養長大的寶貝姑娘嫁給一文不名、沒家沒業的窮小子，哪一位母親捨得讓自己的女兒去受罪呢？我常對姐姐說：「我們姐倆是沒有嫁出去的姑娘，是傷透了母親心的不孝女，母親罵我們，恨我們都得受著，誰讓我倆沒出息做了對不起母親的事呢！」

雖然母親自視甚高，但我那時並不佩服母親。我一直認為母親有小聰明而無大智慧，正是母親的小聰明害了自己。母親自詡果斷，但母親的果斷因為沒有經過深思熟慮而應該說是莽撞，而母親為此也付出了巨大的代價。

就說「上山下鄉」這件關乎我們一生命運的大事吧！當轟轟烈烈的「上山下鄉」運動席捲北京城的時候，弟弟恰好是六六屆初中畢業而我應該是六八屆高中畢業。一九六八年的一天，弟弟回家說他要「上山下鄉」去北大荒，讓母親給他買個箱子。母親說：「咱家就剩你們倆了，誰也不許去。」那時姐姐大學畢業已分配到河北三河燕郊中學任教，哥哥大學畢業分配到遼寧阜新電子管廠當技術員，而父親若干年來一直在外地。我出於私心對母親說，反正一家只能留一個子女，弟弟不去我也得去。母親為了留下我，只好忍痛同意弟弟下鄉了。但是弟弟一上火車母親就後悔了，而我也為自己的私心為這句話付出了代價。母親惦念她最疼愛的尚未成年的弟弟，又無力改變現狀，只能天天埋怨我：「如果不是你說那句話，我根本不會讓小朋下鄉！」從此我陷入了良心譴責和無盡的悔恨中。那時弟弟也就十六七歲，在兵團農業連受了很多苦，他個子小身體單薄，扛著裝滿糧食的一百多斤重的麻袋上跳板，往高高的糧囤裡倒，超負荷的勞動真是可以瞬間要了他的小命。面對母親無休止地埋怨和責罵，我先後兩次和母親大吵後衝出家門想報名到雲南，因種種原因均未成行。一年以

一九六九年弟弟在十四連打石頭山上。

後，時機來了，弟弟所在的黑龍江生產建設兵團三師三十二團又來北京招工了。那時我已在學校報名去內蒙古羅北兵團。母親找我談話，讓我去北大荒三十二團找弟弟，說過兩年她也去北大荒找我們。父親聽說我要下鄉馬上從外地趕回北京，苦勸我不要走。我記得我和父親在景山公園附近散步，父親說：「四個孩子現在只剩你一個了，於情於理你也該留在北京，你如果再走，咱家就徹底完了，我連家都不能回了。」那時候父母之間已冷戰多年，已經彼此不講話，父親偶爾回京雖然住在家裡，但有什麼事都靠我在中間傳話。正在我猶豫不決時，母親催我去銷戶口，面對母親的堅持，我賭氣銷了戶口。弟弟聽說我要去北大荒，打電話阻撓不住，馬上坐火車趕回北京。弟弟說他已經下鄉走了，不能再搭上一個，再說按照政策父母身邊也應該留下一個子女。其實這都是善良的我們一廂情願，學校和工宣隊從沒有政

策更沒考慮過我家六口人，目前只剩母親一人的現狀，也從沒說過要留下一人在父母身邊……但一切都晚了，生米煮成了熟飯，我連戶口都銷掉了。當姐姐也聞訊趕回家時，我忍耐了一年的怨憤、委屈、無奈的情緒噴湧而出，大哭不止。姐姐雖然理解我，但也回天無力，只有陪著我掉眼淚的份兒。就這樣，懷著一邊和母親賭氣一邊為自己贖罪的心情我踏上了北去的火車。這一天我永生永世不會忘記，這一天是一九六九年九月九日。而那情景也根本不像有些電影裡演的知識青年們豪情滿懷地鬥志昂揚地自願「上山下鄉」。豪情滿懷的不是沒有，六六、六七年就已經走了，等不到今天。火車開動時，車上車下哭聲震天，一邊是可憐的父母拉著兒女不肯放手，一邊是無法逆轉的歷史車輪。當火車的汽笛慘烈地發出「嗚」的一聲，伴隨著火車啟動的「哐啷哐啷」的節奏時，車下不少家長昏倒了，車上的哭聲淹沒了一切，而一向最愛哭的我竟沒有掉一滴眼淚，反而心情平靜又輕鬆。母親再一次後悔了，這一次的果斷母親付出了更慘痛的代價，想想看她一個人守著三間曾經充滿孩子們歡聲笑語的空房子度日月是什麼滋味？母親開始抽煙，開始給我和弟弟寄包裹，寄巧克力，寄桂圓肉，寄蜂王精膠囊，寄鹹菜，寄松花，寄辣醬。同時為了讓我和弟弟返城，母親從此開始了艱難的申辦孩子們的返城之路，甚至為了製造高血壓，大把大把地吞服安查黱（一種西藥名的發音）。如果說我和弟弟下鄉受到的是皮肉之苦，而母親經受的卻是精神上的煉獄之苦。我無意埋怨母親，「上山下鄉」是「文革」的延續，是時代的大氣候，是政治運動，是任何個人都阻止不了的大潮流，一個小小老百姓豈能螳臂擋車？我和弟弟也從未為自己下鄉後悔過，因為在這洶湧澎湃的「上山下鄉」運動的大潮中，個人根本沒有選擇去留的權利，何況成千上萬的中學生都同等命運，奈何我倆乎？我想說的是，如果母親能不那麼果斷，能理智一些處理這個問題或許她能少受許多磨難。

一九六九年我與弟弟在十四連打石頭山上。

　　如果說上一次的果斷十年後得到彌補，那麼另一次果斷的後果一直沒辦法讓母親的心平靜。那是七十年代末、八十年代初，我返城回北京後沒有房子住，一家三口和母親住在一起；哥哥那時又重新考入北郵研修班，也回到北京。他幫忙把父母的三間平房一個獨院換成了和平里地區的樓房兩居室。那時候我已考進北京經濟學院幹修班上大學了。母親也剛剛退休，每天放學時母親在楊柳依依的陽臺上等著我回家，兒子也已經在地壇小學上四年級了，那一段的生活非常快樂溫馨。不知什麼原因，大概是我和先生總住在母親家，一直沒拿自己當外人，母親怕房子落在外姓人手裡吧。總之母親和哥哥商量又把哥哥住的兩間平房和母親的兩居室合在一處換到西單一個大三居，母親又和哥哥一家搬到了一處。雖然換房之前我和姐姐苦苦相勸，母親執

—一九七〇年，探親假期間母親與我們姐妹倆合影。

意不聽堅持要換。換房的結果是我們一家三口沒有了住房，開始了一段居無定所的借住生活。母親又一次後悔了，開始了和哥哥一家長達二十多年的矛盾和解不開的疙瘩，這一次母親和哥哥均付出了代價。時至今日我也從未埋怨過母親和哥哥，誰讓自己嫁了個出身不好的無房無地無戶口的「狗崽子」，誰家女兒自己成了家不自己解決住房，賴在母親家還是應該的！況且塞翁失馬焉知非福，如果沒有這次挫折，我和先生還不會努力，更不會找單位要房和自己買房，說不定還賴在母親家呢。

　　這就是我的親娘，我的母親，她從不聽取任何人的意見和建議，做任何事都是不撞南牆不回頭！而人生中有許多事是沒有回頭的機會的。所以母親永遠生活在悔恨中。

　　說不佩服母親也不對，母親的每臨大事有靜氣，你不服不行。

　　天津解放時，大炮隆隆響，子彈滿天飛，父親帶著兄姐躲在桌子底下，母親揹著剛剛幾個月的我在院子裡燒菜做飯，毫不害怕。炮聲平息後，解放軍一個軍官來到我家大院，說要借房子給戰士們住，鄰

居們或害怕或牴觸都不肯，母親卻爽快地答應了，並帶著我們搬到樓上住。解放軍問：「要不要搬走糧食？」母親說：「不用，我每天做飯時下樓來取。」解放軍走時，清點東西，母親發現少了一隻翡翠的小烏龜，這隻墨綠的小烏龜放到水裡會變得翠綠，是爺爺留下的僅有沒被父親賣掉的寶貝。還剛剛二十多歲的母親不動聲色，說沒有丟東西，最後解放軍把打碎的一隻煙缸賠了三元錢。事後母親說，當時如果說了，搜出來，偷拿百姓東西的戰士是要被槍斃的，母親心疼那些小戰士，說肯定是哪個孩子覺得好玩拿走了，心疼歸心疼，犯不上為了這個小玩意兒搭上一條人命。解放軍軍官臨走時，誇母親：「這個老鄉好。」母親後來說，他們是四野的，林彪的軍隊。

　　一九七六年唐山大地震波及到北京，子女們大都在外地，母親一人帶著姐姐的兒子蠻蠻住進天安門廣場的地震棚。我從下鄉的大興安嶺大楊樹坐火車趕到加格達奇給北京發電報，找不到母親急得不行。幾天以後母親來信了，說每天早晨在天安門廣場馬（克思）恩（格斯）列（寧）斯（大林）像前刷牙，晚上華燈初上照在綠塑膠搭成的地震棚上，裡面淡淡的綠色就像住在夢幻中非常愜意，她說一點沒有身陷災難的感覺，讓我千萬放心。

　　「文革」後期我們下鄉後回京探親，四個孩子都回家驚動了街道辦事處，夜裡「小腳偵緝隊」（街道辦事處的治安組織）來查戶口，母親披衣下床把她們擋在門外，硬是不讓進屋。因為沒有北京戶口，當時我們嚇得不行。沒經歷過那段苦難歲月的人不會理解，可當時就是這麼荒謬，明明我們是回家看母親，明明我們是北京公民，可因為沒有了戶口，隨時會有被趕出北京的危險。

　　母親不善交際，朋友不多，但母親愛聽京劇，愛看書——這一點和我的父親以及繼父的愛好相同。母親讀書的品味很高，她喜歡讀史書、名人傳記，一些耳熟能詳的古詩詞曲賦她都能背誦。她喜歡

唐山大地震實況。

李煜李後主和李清照的詞。「雕欄畫柱今猶在，只是朱顏改。問君能有幾多愁？恰似一江春水向東流。」年輕時的母親常常吟誦。我記得那時候母親的床頭就貼著李清照的詞「尋尋覓覓冷冷清清淒淒慘慘戚戚」「簾捲西風人比黃花瘦」等等。母親用的扇子讓父親寫上「清風徐來」四字，令一把普普通通的團扇增輝不少。她喜歡京劇中的青衣，認為只有京戲中的女人才算女人，才能把女人的柔媚表現得淋漓盡致。她喜歡看三十年代的電影，喜歡周璇、上官雲珠、李麗華、白光，認為那才是女人，才能說漂亮。對於現代的演員，她只喜歡龔雪，喜歡演技派演員斯琴高娃。母親愛唱歌，她的嗓音纖細而高遠，很有周璇唱歌的味道，而那也是她最愛唱的歌：「春季到來綠滿窗，大姑娘窗下繡鴛鴦，忽然一陣無情棒，打得鴛鴦各一方。」「天涯呀海角，覓呀覓知音，小妹妹唱歌郎奏琴，郎呀，咱們倆是一條心……」而且母親喜歡曲劇，甚至因為曲劇的不振興，給在電影《楊乃武與小白菜》中飾演小白菜的曲劇大師魏喜奎先生寫信，而魏喜奎還真的給母親回了信；她感謝母親對曲劇事業的關心，希望母親繼續在報紙、雜誌上大聲呼籲。魏喜奎的離世讓母親著實難過了好一陣

子。大約是因為在北京長大的緣故，作家中母親喜歡京味兒作家老舍，《駱駝祥子》、《龍鬚溝》、《四世同堂》自不必說，老舍的《月牙兒》、《我這一輩子》母親更是欣賞得不行。母親說，老舍把老北京窮人的生活寫絕了，那夏天的酷熱，那曬軟了的燙腳柏油路，那汗流浹背的三輪車夫，那送水的軋軋作響的水車⋯⋯不但講給我聽，還買了《老舍全集》讓我去看原著。由老影星張伐主演的電影《我這一輩子》，母親看了又看，母親說，那不是電影，那簡直就是母親住在鐘樓灣兒那個窮四合院生活的寫照。外國小說她喜歡《琥珀》[4]，她佩服一個鄉下女子靠個人奮鬥躋身上流社會；一本《歐亨利短篇小說選》也都被她翻爛了。

母親很有政治見解，她對我們所學的歷史書中關於抗戰部分的說法很不以為然。我上中學時她就給我講過國民黨宋哲元的二十九路軍抗日的情景，講了北京市民對二十九路軍大刀隊的支持愛戴，她說那些抗日將士們因為殺日本鬼子，刀都捲刃兒了。她還給我講過由李宗仁領導的著名的臺兒莊戰役，說：「這麼重要的戰役怎麼能不提呢？至少和林彪領導的平型關大戰在抗日戰場上的功績是一樣應載入史冊的。」對發生在身邊的「文革」、「四五」、「六四」運動，母親都有自己的評價和見解，並從不忌諱在孩子們面前議論。在這一點上母親比父親膽大得多，父親對這些諱莫如深，我想他是被五七年的反右運動嚇怕了。

我敢說我們兄弟姐妹是最孝順的孩子，我們體諒母親的苦衷，對母親做到了唯命是從。母親想把姥姥姥爺的墳遷到北京，姐姐就託人託到市民政局，並親自陪同母親去天津把姥姥姥爺的墳遷入北京太子峪公墓。而這一次遷墓使姐姐受了陰氣侵襲，好久走不了路，但卻了卻母親一樁心事。哥哥六十多歲了，母親責罵他從不還口，在母親面

---

[4]　Katherine Winsor著。

前一直唯唯諾諾。姐姐更是逆來順受，她心靈手巧，給母親燙髮、剪髮、織毛衣，無所不能。而且不管到哪兒玩都帶著母親，大連、北戴河、承德……姐姐陪母親住在承德避暑山莊，一住半個月。姐姐說，每天晚上，姐姐都聽到湖上隱隱約約的哭聲，清晨攜母親去看，尚能看見霧一般的仕女在湖中梳洗打扮……母親嚮往江南水鄉，哥哥帶她去蘇州看小橋流水、亭臺樓閣，到杭州遊西湖、拜靈隱寺。母親懷念住平房的生活，我在香山飯店一層包了兩個房間，和姐姐一道陪母親住了進去，實指望住上十天半個月，讓母親也過把癮。孰料第二天母親就不幹了，吵著鬧著要回家……我還慣著母親花錢，衣服、化妝品、鞋、首飾，只要母親喜歡，我從不手軟，以至於我給她買了棉衣還沒拆封，就讓她捐給災區了。母親「口兒正」，這是弟弟的原話，意即美食家吧，我們帶著母親吃遍北京四九城，北京飯店、貴賓樓、北海仿膳、中山公園來今雨軒、頤和園聽鸝館都不在話下。記得一個大雨天，我和先生開車帶母親到紫竹苑，先生在母親的輪椅上支上一把釣魚的大傘，我們倆冒著瓢潑大雨推著她遊紫竹苑，大雨砸在湖面上，開出朵朵蓮花，閒鴨野鶴在雨中伸翅沐浴，母親高興地說：「好美好舒服！」而我和先生卻成了真正意義上的落湯雞。我們兄弟姐妹的宗旨是：只要她老人家高興，可上九天攬月，可下五洋捉鱉！母親曾一怒而上飛機去了烏魯木齊找妹妹，我們姐弟還沒回過神兒來她老人家又飛回來了……我們寵著母親就像寵著任性的孩子，儘管我們生氣、著急、無可奈何，我們依然百依百順。

　　厄運始於二〇〇九年九月三日，那時母親的身體已經很衰弱，已經好幾天不舒服，不愛吃飯，中午我和小阿姨推著母親到「白魁老號」吃些小吃後去地壇公園散心，說起家事，話不投機，母親賭氣轟走了我，當晚就心肌梗塞住進中日友好醫院。接到弟弟電話，我立即趕到醫院，我不顧醫護人員阻撓，衝進搶救室，抓住母親的手大哭：

「媽，是我給您氣病的，我錯了，您原諒我吧。媽，您不能死，您死了我也活不了了！」母親在病情那麼嚴重的情況下，平靜地對我說：「你幹嘛往自己身上攬這事，我本就病入膏肓了，和你沒關係！」我被醫護人員拖出來，我坐在搶救室門口就下定決心，母親原諒了我，我卻不能原諒自己，我一定要把母親搶救回來，只要母親活著，我就全心侍候她，絕不再做讓自己後悔的事。那一天，我給普陀山的法川師父打了電話，請求他為母親做消災延壽的法事，這一做就連續做了三十天。同時，我把母親轉到了全部自費的國際醫療部，住進了寬敞明亮的單間病房。醫療部的主任，是母親的堂弟，他親自監督母親的治療。雖然有保姆，我和弟弟仍堅持每天輪流值白夜班，親自服侍母親。記得每天清晨不到七點，我就買好早點，或永和豆漿或宏狀元粥送到病房。吃過早點，母親和我坐在落地的大玻璃窗下，給我講述家族中過去的故事。秋天溫和的太陽透過玻璃窗暖洋洋地照進來，雖然在病中，但穿著粉色病服的母親，顯得分外漂亮。中午母親親自點餐和我一起吃午飯，飯後我和小阿姨推著母親去醫院後門的土城公園曬太陽……十六天後母親康復出院，那一個國慶日我們過的是何等舒心何等高興啊，因為母親又回來了，回到她老人家深愛的那麼眷戀的家。

　　人說福無雙至，禍不單行，這句話真就應驗在了我身上。就在母親病情日漸好轉時，二〇一〇年的三月，也許是過度的緊張和勞累，也許是命該如此，我從母親家下樓時，鬼使神差竟沒有乘坐電梯，而是選擇了步行下樓，一下子摔斷了腿，造成三踝骨折，被送進了醫院。一直以來為母親撐起一片天的我也終於倒下了，家裡頓時塌了天。一向自詡堅強樂觀的我精神徹底垮了，擔心自己跨不過這個坎兒，擔心再也見不到母親，擔心弟弟一個人扛不住這麼多災難，擔心兄姐的身體吃不消……傷痛還在其次，心痛無法醫治，在醫院裡我不吃不喝，整日以淚洗面，一想到好不容易戰勝死神的母親，從此沒

有了舒心的日子，不但自己生病還要為女兒揪心，對母親的擔心、歉疚使我痛不欲生，無法安眠。母親常常誇讚我孝順，可在母親人生的最後階段，我卻成了給母親催命的小鬼，使母親的病雪上加霜，我無法原諒自己，無法補償對母親的愧疚，這成為了我解不開的心結，成為了我心中永遠的痛……

那一段時間是我人生中最黑暗、最艱難的日子，做完手術，我就回到母親身邊，我每天拖著打著石膏的僵硬的腿從床上挪上挪下，搖著輪椅侍奉在母親床前。這種狀況持續了十多天，眼看母親身體和精神一天好似一天，我又要二次入院手術，母親的情緒又開始波動。我告訴母親，十五天之內我就回來。因為勞累和緊張，我進了醫院就一頭栽到病床上昏睡，直到大夫叫醒了我……因為惦記母親，二次手術後未及換藥，前後不足十天我就又回到母親床前……

就這樣，自從母親第一次心梗發病以來，我和母親一起相依相伴走過了人生中最艱難困苦的十個月。因為和母親日夜相守，我心無遺憾；但親眼目睹母親的病痛而無力回天，又令我痛徹心脾，抱憾終生。

……

母親走了，走得那麼突然，那麼果斷。我明白母親的良苦用心，母親曾多次對我說：「佛祖若知我心，或給我幾天健康，讓我和兒女們一起過幾天舒心日子，或讓我早早歸西，免得拖垮了你們。」或許母親看到兒女們為搶救自己已拚上了身家性命，確是心力交瘁，或許母親已厭倦了輸液打點滴、吃藥、出入醫院的苦難生活，六月二十七日下午，母親終於決定在自身性命和兒女之間選擇了愛，毅然割捨下親情，在我毫無心理準備的情況下，乘蓮直飛極樂天……

我們兄弟姐妹四人對母親生前盡孝，死後盡心。六月二十九日，我在普陀山為母親做法事超渡亡靈，祈求阿彌陀佛接引母親到九品蓮花上；七月二日，姐姐在北京法源寺佛學院為母親再辦法事，八十

多名僧人為母親唸經助力，母親的兒女子孫和眾僧人一起，祈願母親心無罣礙，直飛西天極樂世界，見大光明。七月三日，是母親的告別儀式，母親的妹妹及堂弟妹，母親的兒女子孫，從天津、從新疆、從北京的四面八方，來到母親的面前。母親看著長大的孩子們，兒女們的中學、大學同學、朋友同事們計百多十人都來為母親送行。母親躺在鮮花叢中，在莊嚴吉祥的佛樂中安然入睡，顯得那麼慈祥。七月十日，我們兄弟姐妹按照母親的遺願，到天津港為母親海葬，母親最疼愛的兒孫們乘上快艇，開向海的深處，將母親的骨灰和著菊花瓣，灑向渤海海灣。我因為腿傷未癒，不能上船，站在海邊為母親祈禱。哥哥還按照天津的習俗，在大堤上燃放二萬頭鞭炮為母親壯行……

　　天高海闊，海天一色，親愛的母親這個世界上我最親最愛的人，願您的靈魂在浩瀚的大海中得到自由和永生！

　　感激您，我的母親，您給了女兒自強自立、自尊自愛的品格，給了女兒不俗的容貌氣質，您永遠活在女兒心中。

九十年代我們兄弟姐妹在母親西單的家中相聚合影。

美人兒二姨

母親和二姨是一對美人胚子，母親的美是端莊典雅，不苟言笑，典型的中國式美女，而二姨則是美麗活潑，性感迷人，活脫兒一個西洋派美人兒。

常言道：「自古紅顏多薄命。」母親和二姨的一生都坎坷不幸，母親的不幸更多的還是情感和精神層面的，而二姨則更多地經歷了生活的不幸和磨難。

母親和二姨，雖一母所生，性格卻相差甚遠，可以說是大相逕庭：母親性格憂鬱，不善表達自己的內心情感，從不輕易誇讚別人，而二姨卻樂觀開朗，總是讚揚孩子們。二姨稱呼我總是叫「我的寶貝」，可母親一輩子也沒這樣叫過我。當然我聽到最多的稱讚也是來自二姨，諸如可愛啦，漂亮啦，每次我咧著大嘴傻笑時，二姨都會說：「我們小蘊笑起來多好看……」母親就會說：「你真虛偽，不告訴她咧那麼大嘴笑多沒樣兒，還誇她！」二姨甚至當著我的面批評母親：「姐姐你知足吧，你有這樣好的四個孩子還想怎樣？」母親卻不說話，其實她心裡是贊成二姨的話的……

姐妹中，母親和二姨最親，因為她倆年齡相近吧。母親比二姨幸運的是，她在顯赫的大家庭中至少生活了幾年，享了幾年福，可二姨一天好日子也沒過過。姥爺姥姥從鑼鼓巷的大家庭搬出來住在鐘樓灣大雜院時，母親和二姨甚至還曾在一個沈姓人家的襪廠織過襪子。因為長得漂亮，曾經有人上門找姥爺，要收母親為徒學京戲，被姥爺一口回絕。二姨則不然，一個北大的學生，應稱革命者吧，上門找姥姥，力主讓二姨上學，母親說：「那個窮學生一邊慷慨激昂地動員姥

姥，一邊吃桌上的一盤鹹菜，動員完了，桌上的鹹菜也吃完了。」他走後，姥姥開玩笑說：「快去看看，他是走著還是飛了？」（意思吃鹹菜吃多了變成了蝙蝠……）當然姥姥聽了他的話，把母親、二姨都送去他任教的平民學校上了學。後來時局不穩，他又到家裡來，跟姥姥說，要帶二姨去一個平等自由的地方，那個地方人人有衣穿，個個有學上（估計是延安）。這下姥姥急了，堅決不肯，一個十幾歲的孩子怎麼可能讓老師帶走？最後的結果當然是那大學生革命者一人奔向革命聖地延安了！後來聊起天來，我們都認為二姨應當跟著老師走，那樣也許她的人生會平坦得多吧！

　　母親說，二姨的工作是母親坐在家裡找的。那時母親已經結婚，二姨央求母親給她找工作，母親就每天買報紙天天查信息。有一天查到什

什剎海冰場。

美麗活潑的二姨。

年輕時的二姨夫震叔。

剎海一家咖啡廳召女招待，收入不低且離家很近，母親即打電話聯繫，讓二姨去應聘，沒想二姨一去就行了。老闆是個慈祥的長者，看二姨年紀小，長得又漂亮，且能寫會算，就讓二姨做了收銀，那也是咖啡廳的招牌吧。

　　年輕時的二姨真是美得很，她皮膚白皙，一雙動人的大眼睛似會說話，又活潑熱情，笑起來真是燦若星辰，極富感染力。自從二姨上了班，咖啡廳的生意一下子火爆起來，周圍的學生、軍人等等紛至沓來。老闆看二姨年齡小，冬天穿得又單薄，每晚回家怕路上不安全，特地在店裡為二姨安排了住處，待二姨如自家子女。可隨著生意火了，麻煩也來了，一些富家子弟和愛慕者都來追求二姨，追得最緊的是我的震叔（後來成了二姨夫）和一個國民黨空軍飛行員，他們甚至在咖啡廳大動干戈，那場面總讓我想起電影《海魂》中的一個鏡頭。老闆看這小姑娘太惹事，只好忍痛解聘了二姨。二姨丟了工作，追求二姨的人卻並沒放棄，一直追到家裡。震叔當時是大學生，長得很帥

氣，有一股英武之氣，又特別會哄姥姥。知道姥姥沒有兒子，告訴姥姥，以後他就是姥姥的兒子，會對二姨及家人負責。最終震叔在追求者中勝出，而那個空軍飛行員留給二姨一張照片後悵然離去，這張照片二姨一直交母親保管著，母親也給我看過，相當英俊。

其實震叔並沒說謊，他的家境不錯，是武官出身，父親好像是遠征軍的一個軍長，職位很高，幾年前給震叔的母親留下一腰帶金條後走了，再沒與家中聯繫過。傳說後來他投了共產黨，是呂正操的部下，解放後震叔找過卻沒找到。震叔的確像是武將的孩子，他雖沒當過兵，卻站有站相，坐有坐相，總透著一股精氣神兒。他熱情、衝動、勇敢卻缺乏智謀，二姨嫁了震叔，一生的坎坷命運就算註定了。震叔因為這樣的身世，一直漂泊不定，他沒有能力給二姨一個穩定的生活，以致二姨後來隨姥姥全家去了天津，而震叔卻留在了北京。

二姨在天津的那些年（五十年代）是我和二姨接觸最多的幾年，我認為也是二姨生活快樂的幾年。那時二姨帶著孩子與姥姥姥爺生活在一起，她在一個紡織廠工作，姥姥為她帶著一雙兒女。她年輕漂亮又能歌善舞且善交際，周圍總有一幫朋友圍著。而且二姨的打扮與母親也不同，母親一直穿旗袍，而二姨卻總穿布拉吉（連衣裙），渾身上下洋溢著青春氣息。震叔常來天津探親，每次來天津，都會帶我們這幫孩子們出去玩，給我們買玩具、照相，我的小企鵝和一雙漆的木板鞋都是震叔給買的，但是那時二姨常為此生氣。後來在北京，我和二姨有過一次長談，那是我返城以後，二姨從新疆來北京，我陪她和母親去東單，母親去春明食品店購物，我跟二姨坐在東單公園的一塊大石頭上聊天兒。二姨跟我講了許多心裡話，有些話我想她是連親女兒也不會說的。我告訴二姨小時候我很怕她，二姨說：「你震叔是個混人，每次回天津，真希望他交給姥姥一些錢貼補家用，可他來了就是帶著你們幾個孩子瘋玩，糖豆兒、大酸棗兒的胡買，我能不生氣嗎？」

　　還記得小時候在天津那些年的趣事，每天早晨我們起床後，哥哥姐姐會主動地把洋爐子的灰清乾淨，再把地掃了，然後才去上學。弟弟小，會和母親一起睡懶覺到九十點。我這個「三不管」既沒上學又沒人摟著我睡覺，只好自己穿衣起床然後到對門姥姥家去混吃混喝。姥姥每天都帶上我和小威（二姨的小兒子）去南市買菜，給我和小威買果子（北京叫油條）或炸糕吃。碰到二姨休息，她常差我去給她買煙。記得姥爺抽「哈德門牌」，二姨抽「大嬰孩牌」。二姨抽煙很有樣子，一縷縷清煙縹緲，透過煙霧看著二姨的樣子，總有一種遙遠神祕的感覺。有一次我對二姨說：「二姨，您抽煙特別像電影中的女特務。」這下二姨生氣了：「小孩子不許胡說！」其實我並無惡意，只是奇怪二姨會吸煙。另外，二姨漂亮，怎麼看也不像現實中的人。

　　大約是一九五七年，父親工作調動回了北京，我們一家告別了姥姥家遷回北京，但每年暑假我都和二姨的大兒子小強結伴去姥姥家住。那時小強在北京上小學，住在新街口奶奶家。小強總拎個小皮箱，裡面裝著他的換洗衣服；我沒有皮箱，也不記得帶什麼「行頭」。他去找媽媽，我去找姥姥，再說還有正在天津上中學的四姨、五姨，暑假很快樂。除了院子裡的小夥伴我都認識外，和小強、小玲姨、表弟妹都能玩出「花兒來」。小強很有性格，在妹妹面前有絕對權威。記得有一次，他打了妹妹，並讓妹妹承認他打得對。我不平，去多管「閒事」，他責問我：「你是哪廟的和尚？哪個盆兒裡栽的蒜？」那時因為我剛到北京不久，還聽不懂北京這些土話的含義，只好哭著找姥姥告狀。姥姥自然偏著我，使我在天津住著也頗感理直氣壯。後來小強兄妹和好了，小強又為妹妹梳頭剪瀏海兒，那一刻我真的感受到我是外人的滋味。

　　再後來二姨來了北京，住在交道口水獺胡同外貿部宿舍，而我家住在安定門內分司廳胡同，離得不遠，我常常去二姨家玩，記得那時二姨

家還有個年輕的保姆。到底是自由戀愛後結婚，二姨和震叔感情特好，他們也活潑快樂，夏天的晚上，坐在小院子裡，震叔就會唱起歌來：

> 空庭飛著流螢　高臺走著狸貓
> 人兒伴著孤燈　梆兒敲著三更
> 風淒淒　雨淋淋　花亂落　葉飄零
> 在這漫漫的黑夜裡
> 誰同我等待著天明　誰同我等待著天明
> ……
> 啊　姑娘
> 只有你的眼　能看破我的平生
> 只有你的心　能理解我的衷情
> 你是天上的月　我是那月邊的寒星
> 你是山上的樹　我是那樹上的枯藤
> 你是池中的水　我是那水上的浮萍

　　震叔唱的是電影《夜半歌聲》插曲，唱完了還會給孩子們講故事，聽得我毛骨悚然，後背冒涼氣兒。二姨也常常唱：

> 心上的人兒，有多少寶藏，
> 他能在春天，給我希望，
> 心上的人兒，有多少寶藏，
> 他能在黑夜，給我光亮……
>
> 哎呀我的小妹送大哥，
> 哎呀我的小妹送大哥，

我送我的大哥過凌河
凌河裡面有對鵝，
前面的公鵝嘎嘎叫
後面的母鵝叫哥哥！

　　二姨的聲音有些沙啞，聽著好迷人。記得有一次震叔下班回來，一進屋就抱起二姨在屋裡轉圈兒轉呀轉呀，令我驚訝不已，因為我的父母從沒這樣相愛過……

　　五十年代末，震叔被中國外貿部下放了，其實更準確說是流放了。因為下放去新疆烏魯木齊，那時候的烏市可不是現在的概念，我們認為那真是太遙遠了，甚至還沒有通火車……二姨因為那時已有四個孩子，且離不開姥姥，執意不肯去，怎奈震叔的「混血一上來」（母親的原話），竟然用刀威脅二姨，若不去，他就用刀自己斷臂，二姨無奈，只得屈從了。母親說：「這點你震叔遠不及你爸爸。」因為六十年代初，我們剛到北京沒幾年，父親就又被調動了，去河北省某城市（好像是邯鄲），父親對母親說：「這次你們不能跟著我走了，孩子們上學要緊（兄姐均已上中學了），我一個人來回跑吧！」在父親的堅持下，我們和母親一起留在了北京，這件事母親多次跟我說過。因此和表弟妹相比，我們是幸運的，因為有個理智的愛我們的好父親……可是我們若一直跟著父親跑，父母的婚姻興許不致破裂……哎，人生無定數，誰能說得清呢！

　　那一年，年輕的二姨帶著三個幼小的孩子隨著震叔走了，被流放了。她的小兒子因為是姥姥的心尖尖，姥姥死活不讓走，而我的大表弟和兩個表妹則不得不隨父母離鄉背井，離開生養他們的北京和天津，遠赴新疆。臨走時，二姨深知再也回不來了，趴在地上給姥姥姥爺磕了響頭。二姨走了，摘走了姥姥的心頭肉，從此後姥姥天天哭，淚水就沒斷

過，兩三年後終於精神不支撒手人寰……母親說，二姨是姥姥姥爺最疼的孩子，她性格好，也比母親孝順。因為母親結婚早，奶奶又管得嚴，不能常回家，二姨掙錢一直交給姥姥，特別是在天津時，雖結了婚也未離家。姥姥去世了，二姨在班上接到的消息，她哭得死去活來。但烏魯木齊離天津千里之遙，交通不便又沒有錢，二姨沒能送姥姥一程，成為她心中永遠的痛。

　　二姨在新疆的生活我知道的不多，只知道最初幾年過得相當艱苦，且不說生活上的不適應，光是想姥姥想親人就讓二姨痛不欲生。這還不算，沒過幾年，該詛咒的文化大革命運動也席捲到新疆，而且新疆武鬥之風甚囂塵上，可想而知，在「文革」中，像二姨、震叔這樣的人肯定是在劫難逃。聽二姨說，她被造反派批鬥又關押，好長時間回不了家，見不到家人。大女兒被下鄉，小女兒還小，幸虧大兒子中專畢業留在了工廠，否則不知二姨怎樣熬過那段艱苦歲月。

　　六八年「上山下鄉」運動掀起後，我看了新疆兵團紀錄片，裡面有一首歌《邊疆處處賽江南》：「人人都說江南好，我說邊疆賽江南，朝霞染湖水，雪山倒映映藍天，黃昏煙波裡，戰士歸來魚滿船……」描繪了新疆兵團好一派繁榮昌盛景象。我當時天真地想，若北京實在待不下去，乾脆去新疆兵團，反正有二姨在新疆會好得多。我給二姨寫了信，如石沉大海，我哪裡知道，二姨、震叔正處在水深火熱中。

　　還有一段不得不說的故事：二姨走後，二姨的小兒子小威跟著姥姥在天津過，可傷心過度的姥姥很快生病去世了，四姨、五姨都還年輕，母親毅然將小威從天津接來北京，並天天跑派出所去哭，去「蘑菇」。母親說，她心疼姥姥早逝，心疼二姨離鄉背井，心疼小威小小年紀離開了最疼他的親人，所以每次進派出所，不等開口就淚流滿面。也許是母親的真情感動了上帝，誰知居然就給小威報上了戶口。小威在北京上了小學。小威極有音樂天賦，嗓子非常好，據說下了課

校長、老師常讓他去辦公室唱歌。小小的他，唱《高原之歌》、《懷念戰友》堪稱一絕。後來不知為什麼，他還是被二姨接走去了烏魯木齊，這讓母親後悔了一輩子，總說：「早知你們都下鄉走了，說什麼也不能讓小威走，有他留在我身邊，我還能多活幾年。」有趣的是，小威到新疆後，不認自己的親爹娘，很叛逆。下雪天他不回家，團雪團兒往自家玻璃上砍，一邊砍一邊嚷：「你們不是我爸媽，我媽在北京！」父母不在家時，他帶一幫大街上的維吾爾族孩子到自家院子裡，把震叔窖藏的羊拉出來，請大家烤羊肉串，鬧得烏煙瘴氣、天翻地覆，那情景很像電影《三毛流浪記》的鏡頭。消息傳到北京，母親又難過又得意：「好兒子，大姨沒白疼你！」小威一直視母親為親娘，他後來考上了新疆軍區文工團，拉小提琴，成了文藝兵。每次母親後悔不該讓小威走時我總勸她，小威留在北京肯定從事不了音樂，沒人培養他。而在新疆，二姨一家都極有音樂天賦，震叔和小威的哥哥小強都會拉小提琴，大表妹小玲唱歌極好聽，我覺得她是用情用心在唱；還記得她來北京時，我們姐倆躺在不開燈的黑洞洞的屋裡聽她唱歌：「深深的峽谷喲，烏黑的天囉，十五的月亮，望不見囉，波濤啊你等一等，急流啊你閃開點，讓我飛到他身邊，細細地看他兩眼……」每次聽她唱這支歌，都令我癡迷，都會在我心裡描繪一個淒美的愛情故事……家庭的薰陶及個人的天賦使我的小威弟弟最終成了一名出色的小提琴手！

八十年代後，孩子們都長大了，二姨家生活也越來越好，從那時起她和震叔及表弟妹們經常回北京，母親也兩次去新疆看望二姨一家。我們兄弟姐妹四人也都先後去過烏市，我更甚，曾先後四次去烏魯木齊，可見我們全家和二姨一家的感情有多深。

最難忘的是一九八五年夏天我帶兒子去新疆過暑假。姨表弟妹們白天都要上班，震叔整天抱著金庸的武俠小說看，沒工夫理我，我就天天陪著二姨去二道橋呀、紅山呀農貿市場和賣服裝的地方逛。我穿著連

衣裙，頭上紮一條紗巾，以致當地的少數民族總是誤認我為維族人，鬧了不少笑話：一次買牛羊肉時，我站得比較靠後，賣肉的維吾爾族大叔用牛耳尖刀指著我：「嘿，你！到前面來！」我不明就裡，嚇得夠嗆，二姨高興地說：「他以為你是維吾爾族姑娘，讓你到前面去呢！」還有一次，我和二姨去一個小吃店買饢，店主熱情地嘰哩呱啦跟我說話，我趕緊說：「對不起，我聽不懂。」店主操著生硬的漢語一字一頓生氣地說：「你——應——該——懂！」為此小玲妹警告我：「小蘊姐你要是再這樣紮頭巾，我不帶你出去了！」其實我心裡特得意，而且我特別喜歡維吾爾族人，喜歡他們的熱情狂放，喜歡他們的音樂。小芳妹因為在新疆長大，已經被同化，她有許多維吾爾族朋友，她酷愛音樂，她給我唱的歌，我至今記得那迷人的旋律：你像天上的月亮一樣，閃爍著迷人的光芒，我是天上的小星星，緊緊圍繞在你的身旁，啊……，黑眼睛的姑娘啊，你占有了我的心房……

　　母親和二姨雖遠隔千山萬水，但她們之間的熱線電話卻彌補了這一切。電話聊天是她們姐倆重要生活內容，每次一打電話就一兩個小時，也不知怎麼會有那麼多說的。儘管二姨的孩子們也非常孝順，但母親和二姨通話的主要內容是給孩子們告狀，訴說不滿。我曾跟母親和二姨開玩笑：「您二位互為黑高參，不給對方出好主意，讓我們做小輩的好比黃連，活得好苦啊！」每次母親都會說：「還是你們做得不好！」二姨聽到會在電話中哈哈大笑：「要是你在，二姨就開心了。」

　　二姨愛漂亮，母親買什麼衣服都想著二姨。記得有一年春節，我和姐姐去西單商場給母親買了一件非常合身的黑色羽絨服，樣式很別致，那時物資短缺，且剛剛興起羽絨服，我們姐倆是擠在櫃臺前像打仗一樣搶到手的。可進門母親一穿，特喜歡：「快去再給二姨買一件！」我們這倒楣的姐倆進屋還沒站穩，馬上腳不沾地兒地往回

跑。我心裡不平，跟姐姐埋怨：「她們姐兒倆相好，咱姐倆招誰惹誰了……」埋怨歸埋怨，我們執行母親的指示從不含糊，還真給二姨搶到了。事後我在電話中繪聲繪色講給二姨聽，二姨又是樂得喘不過氣兒：「幸虧我有個疼我的好姐姐。」合著沒我和姐姐什麼事兒。

　　二姨熱愛生活，生性快樂，儘管她受了那麼多苦，卻並沒被苦難壓倒，無論她到北京來還是我們到烏市去，二姨都是把最快樂的一面展示給我們小輩，儘管她和母親傾訴時總是掉淚……

　　晚年的二姨經歷了她人生中另一件大不幸，她的大兒子小強突然離世，讓二姨經歷了白髮人送黑髮人的切膚之痛。小強是個非常好的人，他正直憨厚又淵博，他喜歡歷史、文學，對《易經》也略懂一二；他多才多藝，小提琴、手風琴他都會拉，還是業餘鋼琴調音師。他是二姨最疼愛的孩子，可惜五十四歲那年他突然意外地走了。記得那一天剛好是北京申辦奧運成功，電視裡剛剛傳來喜訊，我還沒來得及高興，就接到了新疆小芳表妹的電話，我就在北京市民衝上街頭放鞭炮的歡慶聲中哭了一夜……害怕二姨和弟弟妹妹們承受不住，我和姐姐立刻飛往烏魯木齊，幫助操辦了小強的葬禮，也算對二姨、震叔盡了孝心，對小強盡了姐弟之情。

　　二〇〇八年夏秋之際，二姨在遍嘗人間的苦難後，突然腦梗離世。我想二姨是太想姥姥姥爺和她心愛的大兒子了，不然她怎麼在毫無徵兆的情況下才七十多歲就突然撒手人寰呢？她去世的消息表弟妹們瞞了很久，怕母親受不了打擊。我知道消息後，痛心不已，曾寫過兩首詩痛悼二姨：

　　　（一）
　　　朝起心不定　惶惶日不終
　　　夜闌聞噩耗　無處掩悲鳴

熱淚沾滿襟　心痛不欲生
但得夢魂來　慰我思姨情

（二）
曾經年少別親娘
大漠荒沙各在天一方，
想娘親，愁斷腸
誤了紅顏，白髮如霜。

而今魂斷離恨地
天上人間生死兩茫茫，
思二姨，痛斷腸
幾番哽咽，淚灑衣裳。

轉眼二姨已去世四年，僅紀念我深愛的二姨，祈禱我親愛的母親和二姨在天堂相聚，和父母相聚，無憂無慮，永享安康。

我的兄弟姐妹

母親共生了我們兄弟姐妹四人，大概因為父母感情不好，我們兄弟姐妹之間感情非常深，相互關心愛護，相互幫助，即使成家立業，即使天各一方也沒淡化我們之間的手足之情。

姐姐

姐姐是家裡的老大，母親生姐姐時只有十七歲，自己還是個孩子。由於先天不足，姐姐身體一直瘦弱。因為父母都上班，沒人照顧

我們，姐姐在某種程度上充當了家長的角色，既是姐姐，又是媽媽。姐姐生得端莊秀麗，性格沉穩內斂，自制力很強。因為是老大又缺少父母之愛，養成了姐姐獨立簡樸、屈己從人、處處犧牲自己成全別人的性格。

據母親講，生姐姐時爺爺奶奶都還健在，家境也還不錯，雖是女孩卻也在鐵門胡同搭棚慶祝三天，收的禮品帳子和美國產的奶粉、餅乾無數，但都被奶奶收著，別說姐姐，連母親都摸不著。姐姐週歲時抓週，面對琳琅滿目的果品、玩具，姐姐一手抓了一把剪子一手抓了一支毛筆，這令父母和爺爺奶奶非常高興，認為這女孩兒不俗。事實果真如此，姐姐一生聰明好學，不僅從小學到大學都是名牌學校的高材生，且心靈手巧，無師自通地給弟妹們裁剪縫製衣服，織毛衣等等無所不能。

姐姐六歲就上學了，因為我家的後門就是天津私立的惠青小學，姐姐常趴著窗戶看人家上課，老師喜歡，就建議母親讓姐姐上學，母親同意了，學校的工友到家裡扛走一袋冰船牌麵粉，就算交了學費。因為當時物價飛漲，錢已不值錢，交學費要用實物。姐姐當時太小了，雖然聰明，但還不甚懂事。母親說，有一天早上母親給她穿衣服，還沒穿完就不見了，原來姐姐著急上學，穿著內褲就跑學校去了……老師喜歡這個聰明的小丫頭，總逗她：「小蹦豆兒，我把你裝我大衣兜裡都有富裕。」後來姐姐先後就讀於天津一區一小，天津女七中（南開女中）和北京女二中，一直是學校的尖子生。

我記得很清楚的幾件姐姐令全家人驕傲的事：一是大約一九五六年暑期，姐姐被推薦參加北戴河中蘇少年夏令營。之所以記憶深刻，是因為母親帶著我去天津團市委參加家長座談會。會上，有兩名學生家長代表發言，母親身穿藍旗袍領口上別著橫八字鑽石領花，樸素又大方，發言也簡短平和。另一位男性家長則激動萬分，發言中他不斷

姐姐獻花給伏羅希洛夫。

地感謝老師，感謝學校，感謝共產黨，感謝毛主席，不斷地給臺上臺下的老師校長鞠躬，甚至給牆上的毛主席像鞠躬。由此我知道了能參加中蘇少年夏令營肯定是件非同小可的事，我的姐姐也肯定是非同小可的人物。

另一件令全家人驕傲的事情是：大約一九五七年姐姐和一名男孩到天津機場代表天津市迎接前蘇聯領袖伏羅希洛夫（Kliment Yefremovich Voroshilov）並獻花。本來姐姐和那個男孩獻完花兒就完事兒了，可就在伏羅希洛夫要上飛機的一瞬，姐姐突然摘下了脖子上的紅領巾，戴在了伏羅希洛夫的脖子上。伏老很激動，親吻了姐姐的額頭，在飛機窗口還擺弄著紅領巾向姐姐致意。同在機場的彭真等國家領導人誇讚她，姐姐說是賀龍元帥悄悄告訴她的。賀龍元帥還囑咐姐姐好好用功，長大去蘇聯留學深造。可是後來中蘇交惡，去蘇聯留學即成為小時候的一個夢……那一天的《天津日報》頭版登了一幅大照片，

照片下面寫著：「伏老親吻了小姑娘劉燕。」從不誇獎子女的父親那天買了報紙回家讀給我們聽。

還有就是姐姐在北京女二中期間，給中學生雜誌投稿介紹自己是怎樣學習俄語的，雜誌的封面還配有姐姐的照片，引來了團中央領導和前蘇聯學生們的來信。一位團中央的年輕領導寫信給姐姐稱讚她，姐姐沒當回事兒也沒回信。過了一些天，那個領導又來信了，說：「既然不回信，請寄回我的原信。」這下姐姐著急了，連原信都找不到了，幸虧有心的哥哥給收了起來，才算了了一場小小風波。可見姐姐那時多麼單純幼稚……

姐姐考大學時，哥哥也已經上高中，我和弟弟也上初中了。姐姐本想考北京醫科大學，但父親要同時擔負四個孩子的學費很吃力，為了保證弟妹們都能如願上自己喜歡的學校，姐姐報考了全部公費的北京師範大學物理系。兩年後哥哥考上了北京郵電學院。姐姐工作以後每月工資分給哥哥一半供他上學，一直到哥哥大學畢業。可別小看姐姐的這一次讓步，它決定了姐姐的職業甚至婚姻，以致一生的清貧。

我們姐弟四人，只有姐姐一人是真正讀到大學畢業的，她是六六屆的北師大畢業生，也就是說她真正是解放以後從小學讀到大學畢業

六十年代是我們兄弟姐妹正值青春熱血的學生時代。

的第一批學生，而且也僅此一批學生，因為後來的我們遭遇「文革」浩劫，都再沒有書可讀。哥哥雖然進了大學，但還沒有學完，社會就開始運動了。我曾開玩笑說，姐姐是十七年修正主義教育路線的產物（這是毛澤東對建國以來教育路線的評價）。姐姐畢業那年趕上了文化大革命，那時候校黨委、行政領導都被打倒了，取而代之的是革委會的造反派們，學生根本不能按時畢業分配，全部留校參加「文革」運動。北師大當時也是文化革命鬧得特別兇的大學之一，造反派譚厚蘭赫赫有名，在學校內大造資產階級教育路線的反，教授老師都被批鬥，鬧得學校烏煙瘴氣、天翻地覆，但姐姐有自己的政治立場和觀點，看似懦弱的她，沒有參加任何造反組織，相反，她對林彪說的「毛主席的話一句頂一萬句」、對康生的「懷疑一切，打倒一切」提出質疑，還和外系的學生合作給當時炙手可熱的左派理論家關鋒寫匿名信駁斥他的觀點。後來學校雖然追查一陣子，搞得心驚肉跳，但沒有人出來作證，也就不了了之。我對姐姐在那個混亂的顛倒黑白的亂世中，保持了一個知識分子的清醒、正直和良知十分欽佩。

　　姐姐非常疼愛我，母親生我時姐姐已經六歲了，小時候的我非常矯情，哭起來沒完沒了。因為我愛哭曾把姥姥氣得夠嗆，姥姥說她抱著我在二樓的陽臺上，我的哭聲引得街上的人駐足觀望，氣得姥姥說：「你有本事把這樓哭塌了！」有一次母親因為我愛哭打了我，姐姐生母親的氣，抱著我到大街角坐著掉淚不肯回家，直到傍晚母親找到我們。這件事使母親愧疚，是我長大以後她自己講給我聽的。小時候我的許多東西都是姐姐省下自己的飯費和零花錢給我買的。我在北京少年宮布穀鳥合唱隊時，姐姐給我買了曲譜夾子，到今天我還記得封面上是嫦娥奔月的圖案，我非常喜歡，後來小學音樂老師借走沒有還我，我難過得夠嗆，那裡面不僅夾滿了歌譜還有姐姐送給我的寶貴夾子呀！上中學時，我心血來潮要學吉他，姐姐花了十二元在寄賣商

店買了一把舊吉他送給我，要知道那時姐姐一個月的飯費才十二元，
她要攢多久才有十二元呀！姐姐非常寵我，她把父親的領帶拆了給我
做紮頭髮的蝴蝶結，把奶奶留下的斗篷給我改做綢子的裙子，還把家
裡杏黃的單面絨給我改做偏扣兒的上衣。儘管姐姐做的衣服不按著規
矩走，有的領子上歪了，甚至袖子一長一短，但一點不影響我的高興心
情，為此我還在班上有個外號叫「港人兒」。有一次我把我的雅號告訴
母親，母親笑著說：「有你這樣的破港人兒！」過年的時候姐姐也只打
扮我一人，姐姐給我織線襪子，給我買新鞋，給我紮辮子，好像忘記自
己也是個女孩，也需要打扮。

　　當然我也是姐姐的粉絲和跟屁蟲，姐姐到哪兒我跟到哪兒，姐姐
在女二中時，她們在北海公園五龍亭過班日，我也跟著。我記得她們
合唱《祖國頌》，有一女聲領唱：「江南豐收有稻米，江北滿倉是小

我（前）和姐姐（後）對感情都抱持著愛情至上，幾經波折後，八十年代在朝陽門老宅相聚。

麥，高粱紅啊棉花白，密麻麻牛羊蓋地天山外……」歌聲飛出五龍亭在北海的水面上蕩漾，真是好聽極了。姐姐還鼓勵我給大家唱歌，我記得我唱了一首民歌：「小小兒來小乖乖，你把那牛兒趕過來，這邊的青草長得好啊，我們大家在一塊，同把那山歌唱起來，哎囉囉……哎……囉囉……」姐姐在北師大上學時，每到週末我就到北師大找她，和她一起到圖書館看書，到大食堂打飯，和她擠在一個上鋪上睡覺。我覺得上大學好幸福啊，什麼時候我也能上大學啊！當然我的美夢沒能成真，一場史無前例的文化大革命和轟轟烈烈的「上山下鄉」運動把我送到了廣闊天地勞動鍛鍊，這一去就是十年。

我和姐姐之間也有許多有趣的故事發生。記得姐姐上女二中時，讓我到交道口書店去買一本毛澤東的著作《反對黨八股》單行本，我一路走一路背，快到書店時一想：「不行，反對黨的書怎麼能買呢？一定是我記錯了。」又匆匆跑了回去。記得上大學時姐姐也沒得消停，她得經常隨學校到農村參加諸如「社教運動」、「四清運動」等等。有一次姐姐到山西參加四清運動，寫信說快回北京了，我馬上寫了一封詩配畫的信寄給姐姐，告訴她我要去接她，內容是：「我在北京站，眼睛咕兒咕兒轉，人群之中找啊找，我的姐姐在哪邊？忽見一個胖娃娃，笑眯眯地把我拉，抬頭一看是姐姐，心裡開了花，淚珠臉上掛。」大約從山西回北京的火車是在永定門停車，姐姐怕我接錯站趕緊回了一信：「我在永定門，眼睛四處尋，尋啊尋啊尋，哪個是小蘊？東頭西頭看，找來找去找不見，原來她在北京站，氣死我老漢！」

我和姐姐的婚姻母親都是反對的，當我們長大成人甚至做了母親，對於母親的良苦用心終於理解了，她希望自己的女兒嫁得好，生活富裕幸福。問題是我們從小到大都生活在健康的書卷氣十足的家庭氛圍中，在我家，婚姻和感情是從未被提及的話題，家裡的空氣是純

而又純的。再加上我們那個時代的教育，我和姐姐都是愛情至上，對婚姻大事沒有任何功利思想。姐姐的初戀愛人即是我的姐夫，是姐姐的同班同學，廣西壯族人，百色地區高材生，是沒有任何家庭背景的窮學生。姐姐把他帶回家介紹給家人後，母親勃然大怒，堅決反對，甚至把姐夫趕出了家門。這讓性格懦弱的姐姐受到巨大打擊，哭得死去活來。試想如果母親換一種方式，和風細雨地講道理開導姐姐，結局也許會是另外一樣。在經歷了多次衝突和長時間的堅持後，姐姐終於嫁給了自己選中的愛人。姐夫除了對姐姐的愛以外一無所有，姐姐從此過上了清貧的小家庭生活。不能說姐姐的選擇不對，畢竟姐夫一生忠於自己的所愛，他把自己的全部愛和精力都投入到經營自己的家和照顧姐姐的生活中。可以說在姐夫眼裡一生只有姐姐一個女人，從這點上說，姐姐的婚姻是幸福的。但平心而論，在我內心深處，總感到作為男子漢，作為姐姐的丈夫，姐夫給姐姐的生活過於平庸。且無論是氣質、容貌、學識，姐夫都遜於姐姐，雖然姐夫退休前已做到某高校的黨委書記一職。

　　姐姐的一生雖然比我平穩，但也多災多難，她生孩子剛好是一九七〇年，「文革」還在「深入」，醫療界搞什麼針灸麻醉，就是手術不用麻醉藥，而是用一支小小銀針針灸麻醉，那時報紙、紀錄電影鋪天蓋地宣傳針麻的優越性，據說林彪還批示有利於備戰、備荒為人民，結果讓姐姐這倒楣蛋兒趕上了。姐姐剖腹產用的就是針麻，可針灸怎麼可能起到持續麻醉作用？可憐的姐姐經歷了一次活生生的「開膛破腹」、「大刑侍候」。更可氣的是，大夫、護士們看針灸麻醉不行，不敢補救，卻滿頭大汗給姐姐唸《毛主席語錄》：「下定決心，不怕犧牲，排除萬難，去爭取勝利！」姐姐沒死還真是奇蹟，這件事大家聽著會覺得太荒誕了，可這是千真萬確地發生在那個年代我姐姐身上的事兒。

　　母親和姐姐姐夫的矛盾，因姐姐的兒子也是她唯一孩子的降生而煙消雲散。母親對這個小外孫疼愛至極，也許因為這個孩子有一半少數民族血統，也許他來之不易，他聰明異常，頑皮可愛，母親視其為掌上明珠，儘管後來母親已有了外孫、孫兒孫女五人，但在母親眼中始終只有小蠻蠻這一個寶貝疙瘩，這也許算是母親對姐姐婚姻的補償吧。

　　姐姐先後在北京的重點中學教物理，當副校長及至調到北京市政府任職。她一生勤懇敬業，對生活沒有任何奢求。如今已過耳順之年的姐姐，因為連續生了幾場大病，身體大不如前，但她依然端莊嫻淑、高雅秀麗，和姐夫相濡以沫，過著寧靜平凡的幸福生活。

　　我愛姐姐且對姐姐時時牽掛在心，唯願她平安健康長壽，與姐夫相扶到百年。

哥哥

　　哥哥聰明絕頂，自視甚高，一生懷才不遇，頗有些生於末世運偏消的意味。

　　哥哥是家中的老二，比姐姐小三歲。因為是長子且長相酷似母親，端正而不苟言笑，所以非常受寵愛。不但爺爺奶奶姥姥對他非常疼愛，就連嚴厲的母親對哥哥也是偏愛有加。哥哥的失寵是在他結婚以後，以致母親晚年對哥哥偏見很深，令哥哥痛苦萬分。此是後話。

　　在我們兄弟姐妹四人中，哥哥是特立獨行的，他思想叛逆，不甘平庸，亦不迷信權威，與父親信奉的儒家思想中庸之道相去甚遠。他不似姐姐和弟弟與我異常親密，但我們兄妹之間感情還是很深的。在我印象中，似乎從未看到哥哥用功學習過，他還不到年齡就上學了。學習對他來說輕而易舉，學業一直順利異常。先後就讀於天津一區一小、北京六十五中和北京郵電學院，他是我家唯一沒在男女分校就讀的孩子。哥哥愛看書且涉獵廣泛，但據我所知他偏愛史書、古書，

《封神榜》、《岳飛傳》、《三國》、《水滸》爛熟於心，說起其中的人物他如數家珍，對唐詩宋詞倒背如流，晚年在他開的部落格《愛晚亭》上，還專門開了《惡搞唐詩宋詞》欄目。他文筆好，手頭快，據說「文革」時在學校有「黑秀才」之稱。

我對哥哥小時候的事記憶不多，因為他和我們在一起的時間不多。只記得他很小就在天津某歌舞團的少年合唱隊唱歌，有時候還參加演出，並受到一位叫森林的前輩的喜愛，演出之後常常親自送他回家。還記得母親帶著我去看這個歌舞團的演出，有些歌曲至今我記憶猶新，例如榆林小曲《五哥牧羊》、東北民歌《小拜年》等，當然歌名是我長大以後才知道的，當時只覺得曲子好聽。我一生喜愛民歌恐怕和從小就聽這些歌有很大關係。後來到了北京，哥哥又參加了少年廣播合唱團，上中學時他迷上了外國音樂，常常和同學一道在家聽廣播。哥哥喜歡古典音樂，什麼貝多芬、蕭邦啊李斯特啊，很有些陽春白雪之風。那時候女高音歌唱家劉淑芳、郭淑珍都非常有名，外國民歌二百首非常流行，什麼《鴿子》呀，《星星索》呀，《西波涅》呀……收音機總在播放，哥哥也很著迷。他曾經為了聽樂曲《波麗露》，上課中間騎車回家聽完廣播再回去繼續上課。我們兄弟姐妹四人都喜歡音樂且擅長唱外國民歌，我和姐姐的二重唱《紡織姑娘》堪稱一絕。哥哥還是個天才的活地圖，中學時期的他就對北京的各大交通線路、全國鐵道線路瞭若指掌，母親常說哥哥長大以後讓他考鐵道學院。由此可見小小年紀的哥哥有多麼聰明。

小時候我和哥哥很少一起玩，回憶也只是星星點點：一是他給我講《漁夫和金魚》的故事：「從前有個老漁翁，一家兩口非常窮，打魚累得他要死，他總算打了一車子。」他的聲音抑揚頓挫，而且中間不停頓，十分好笑。一是他坐在我家住的分司廳胡同大院二進門的門墩兒上，教我唱的一支大約是陝北民歌：「打開了南溝岔，老百姓

歡迎他。」我心想這歌怎麼這麼難聽呢？在我心目中，哥哥是個驕傲自大看不起別人的人，他言語犀利刻薄，很傷人自尊心，這一點和我的父親相像。我記得我第一次登臺演出《骯髒的小姑娘》時，他也只有小學四五年級吧，面對興奮不已的我，他蔑視地說：「你也就配演骯髒的小姑娘。」而這句話令我傷心不已以致記了一輩子。當然我也嘲笑過哥哥，那是「文革」運動中間，哥哥到瀋陽辦事，因為騎車帶人違反了交通規則，被當地警察截住，讓他當眾跳「忠」字舞，否則不放行；哥哥不會跳舞，沒奈何，只好笨拙地做了一段《毛主席語錄操》，把那些人樂得前仰後合（千萬別以為我在神侃，跳忠字舞在當時的中國大地上曾風行一時）。這件事也成為我取笑他的把柄。

其實哥哥並不是冷血，只是他過於自我或不擅表達內心的情感罷了。我上初中時，一個不認識的男孩一直跟著我尾隨我回家，我怕得要死，跑進家門告訴哥哥，當時哥哥正躺在床上看書，他丟下書本跳下床，光著腳丫跑出大門去追那小子，嚇得那小子抱頭鼠竄，再也沒敢來過。

母親偏心哥哥的記憶已經淡忘，只記得他從不用幹活，從不挨罵，姐姐讀書要等幹完家務活後獲得許可，而哥哥考大學前母親在隔壁給哥哥單租一間房讓他和同學一起複習功課，而且還讓我給端水送飯。有一次給哥哥炸雞蛋時，為母親的不公我氣憤地把雞蛋摔進鍋裡，不料濺出的熱油燙傷了我的腿，我忍痛還得給他和他的同學端過去。他上大學時得了胃病，當時物資匱乏，母親到處託人買「平安丸」為他治病，並讓我到東單一個叫「春明食品店」排隊買麵包乾給他送學校去。不單母親喜歡他，據說爺爺更是視哥哥為心尖兒。父親說，當年父親帶哥哥回北京，年邁的爺爺親自到火車站去接，當爺爺遠遠看到他的長孫跑過來時，竟丟下拐杖，蹲下身去抱住哥哥，老淚縱橫。姥姥喜歡哥哥更甚，總說這個孩子忠厚老實。姥姥有好吃的也先攢著給哥哥，直到二姨的兒子小威出生取代了哥哥的位置。

　　哥哥記憶力非常強，講話也極具煽動性。有一次他看了不知是羅馬尼亞還是阿爾巴尼亞電影《密碼》，回家給姐姐弟弟和我講述，他連講帶做打鬥動作甚至抱起了板凳兒，那樣子真是神乎其神，我們姐兒仨聽了覺得不過癮，立刻步行到東單電影院去親臨其境。不料電影冗長而枯燥，還沒有哥哥講的生動，令我們仨大失所望，哥哥的口才由此可見一斑。

　　有意思的是：上中學時我在女十二中（原貝滿女中），弟弟在男二十五中（原育英男中），我們姐倆的學校僅一牆之隔。姐姐大學在北京師範大學而哥哥在北京郵電學院，他們姐倆的學校也是一牆之隔。這是上天給我們的安排，好讓姐姐照顧弟弟。我和姐姐確實履行了職責，姐姐經常去給哥哥洗衣服，而我不但要給弟弟送衣送傘，甚至幫他開家長會。

　　哥哥上大學時很是風光，他長相英俊又有才華，是許多女同學心中的偶像。我記得「文革」中間我去郵電學院滑冰，根本不用哥哥管，幾個女同學陪我玩兒，還有的站在冰場邊幫我拿著大衣、帽子。我隨哥哥的文藝宣傳隊外出演出，乘坐汽車，也總有女同學照顧我，甚至把自己位子讓給我，把自己的手套摘下來給我戴。「文革」時哥哥是造反派，他在革委會負責宣傳，寫文章搞宣傳隊，也風光了幾天。但是他既沒有打砸搶，又沒有參與抄家等過激行動。不是因為他是我哥我為他辯解，我是憎恨紅衛兵造反派的。之所以哥哥能成為造反派，我覺得和他思想中一貫的憤世嫉俗、愛挑戰權威、反對條條框框和自負有關。我印象中他什麼都看不慣，誰都看不起。當然，這種風光是轉瞬即逝了。有一天我又到北郵去找哥哥，大概是工作組進駐了，剛剛開完哥哥的批鬥大會，在眾目睽睽之下，他陪著我在大操場散步，並且傷感地問我：「你看我像不像反革命分子？」想到前幾天哥哥的熱情似火和今天的境遇，我頓時傷心地哭了。「文革」中哥哥火速入黨但又很快被告知入黨無

效，現在聽起來令人費解，但現實即如此，那時候用小說《紅樓夢》中的一句話「亂烘烘，你方唱罷我登場」來形容再恰當不過，真是令人啼笑皆非。因為哥哥沒有什麼現行問題，也沒受什麼處分，只是畢業後發配到遼寧省阜新市了事。但這一段經歷對哥哥人生態度影響很大，他從一個充滿理想的熱血青年變成一個心灰意冷、很消極、很現實的人，當然還繼續關注政治，繼續憤世嫉俗，只是角度變了。

我的嫂子是哥哥的同學，是眾多追求者之一。嫂子長相中等，談不上漂亮，之所以勝出是因為她熱情洋溢、學生氣十足。母親見到她後認為她沒有小市民的庸俗之氣，很單純，在哥哥猶豫不決時投了贊成票，這對哥哥擇偶是至關重要的因素之一。況且嫂子是蘇州人，吳儂軟語加上會體貼照顧男人，哥哥很快被嫂子俘獲了「芳心」。「文革」後期嫂子分在江西南昌，但很快她就要求調到遼寧阜新，和哥哥一起組建了簡陋但不失溫暖的小家。

嫂子出身高職，父親原來是老郵電部的高級工程師，非常愛國的舊知識分子。哥哥姐姐都是解放軍部隊中的軍官，大姐及孩子們都在美國定居。嫂子是個有口無心的人，大概因為她從小離開蘇州在北京上學，一直上寄宿學校的緣故，對人情世故知道不多，不會說話，且不大會處理包括同事、婆媳以及和大姑、小姑關係。幸虧我和姐姐都是「善佛爺兒」，不太計較（這是母親的原話）。母親曾開玩笑說舊社會的大姑子、小姑子在兄弟媳婦面前是狼兒、虎兒，是家裡主事的人，可我們姐倆一對善佛爺兒。母親和嫂子關係不很融洽，平心而論不能全怪嫂子一人，母親也有責任，哥哥更是難辭其咎，倘若哥哥會處事，會化解矛盾，嫂子也會少落埋怨。好在嫂子心寬，什麼事都不放在心上，且不記仇，今天發生了摩擦明天就忘了，所以她一直是個快樂的人。

我在兩次升學前哥哥均參與了意見：一是小學升初中時他希望我報考幼兒師範，一是初中升高中時他希望我報考郵電學校，當時哥哥

已經在郵電學院讀大學。如果我當時聽了他的意見，我的人生將會是別樣人生，至少可以少受許多磨難。但是我一心要考大學，誰的話也不聽，且初、高中都考入了女十二中，其結果是高中沒讀完就文化大革命，其後就是轟轟烈烈的「上山下鄉」運動，而我就像一片樹葉被捲進了北大荒且一待就是十年。我的婚姻問題哥哥也參與了意見，且是持不同「政見」者，但我仍是誰的話也沒聽，堅持了自己的選擇。由此可見，哥哥在我的人生大事上對我是負責任的，至少盡到了兄長的責任。對此我一直心懷感激，儘管我沒聽他的話。

　　弟弟下鄉後，哥哥曾到北大荒去看望弟弟，看到剛剛十六歲的弟弟住在爐子一熄火就滿地結冰的宿舍裡，哥哥心痛得淚流滿面。離開弟弟後在火車上哥哥又哭了，並寫下了「心如赤子志如鋼，壯士思親不斷腸，卿卿我我由它去，一夢南柯北大荒」的詩句。哥哥在連隊裡託付了弟弟的校友、學兄左英對弟弟多加照顧，而左英也成為我們兄妹一生的朋友。我下鄉到北大荒後，哥哥又來看我，那時弟弟已返城，哥哥知我愛吃水果，買了一籃帶來，不料旅途遙遠，見到我時已壞掉一半，所剩無幾。後來哥哥寄來一信，把在火車上匆匆寫下的短詩寄給了我：「二上北大荒，我心多惆悵，弟已返京城，剩妹獨自闖，我心難安寧，再赴黑龍江。漫捲詩書喜，輕舟過瀋陽，勃利七臺河，鈴兒響叮噹。妹工作出色，心下稍安康，時間不長久，打出一片場。前程如墨染，明日赴何方。我回天無力，一別匆匆忙，兄妹難分手，淚灑小路旁……」婚後我調往大興安嶺工作時，哥哥第三次跋山涉水來到邊疆，到大興安嶺去看望我們一家。這一次他帶來了他的兒子蘇蘇。蘇蘇當時不到三歲，很怕生，白白胖胖，撇著小嘴總像要哭似的，我抱他他不讓，讓他坐熱炕上也不肯，只肯坐在哥哥帶來的一個大旅行包上。原來小傢伙在為爸爸看著財物，唯恐別人動他家的東西。我對哥哥說：「看來你生了個把家虎，三歲不到就這麼財迷了，你可以後顧無憂了。」

　　當然我也去阜新看望過哥哥，那是我婚後與Ｄ一同回北京時特地繞路去的。哥哥工作的阜新半導體設備廠很小、很破敗，哥哥住的一間半土房更是糟心，房頂是紙頂棚，地面是土地，外間屋地上一個灶臺，前面一個土坑，歪歪斜斜的架子上放著鍋碗瓢盆等雜物，這就是一向自負的哥嫂的蝸居。我們去了，沒地方住，只好把Ｄ安排到鄰居家。哥哥的兒子蘇蘇更是可憐，哥嫂上班去，把他放在土炕上，他就這麼乖乖地不聲不響地坐等著父母回家，真的還不如我和Ｄ下鄉的境遇。我心想，這恐怕就是造反派的下場，運動初期被煽動利用完了，一腳踢開，打入冷宮，堂堂的北京郵電學院的兩名大學生，居然過著如此狼狽的日子，讓我這個做妹妹的不知說什麼才能表達當時的心情……

　　還好，哥哥後來靠實力再度考回郵電學院幹修班，畢業以後，幾經周折，在姐姐以及同學好友的幫助下，哥嫂重新回到北京，後又幾經奮鬥下海做生意，直到意外腦中風才離開了生意場，回家過上了寓公生活。哥嫂的感情非常好，一直甜膩膩的。哥哥常說討到我嫂子做老婆是他一生的幸事，如果有來生他還會與我賢嫂共結連理。

　　哥哥好酒且酒量了得，他知道我在北大荒練就了喝酒的本領，有一年春節要和我較量一下。我哪裡是他的對手？一頓年夜飯下來我已吐得稀哩嘩啦……因為喝酒他曾病了一場，醫生告誡他：「你要酒還是要命？」哥哥回答：「不喝酒，要命有什麼用！」每次家庭聚會我們兄妹倆都要喝酒，但我們不再較量，因為我們都老了。

　　哥哥好交友，全國各地都有朋友，大學的、中學的、小學的同學到現在都有來往，無論職位高低、富貴還是貧賤，只要談得攏都是朋友，酒過三巡，談天說地、議古論今，很是瀟灑。

　　哥哥才華橫溢，胸懷大志，可惜生不逢時，且胸懷不夠寬廣，性格不夠豪爽，否則他會成就一番大事業。

　　惜哉，子儀兄！

弟弟

　　弟弟小我三歲，排行老四，是兄弟姐妹中最小的一個。

　　要說親密，我和弟弟的關係甚至勝於姐姐。這是因為父母忙於工作，兄姐忙於學習，家中相伴的只有我和弟弟。還有一層關係，就是我倆小學一個學校，中學毗鄰而學，「上山下鄉」我們又同在一個連隊。用相依為命形容我們姐倆一點也不過分。最可貴的是即使我們各自成家立業，彼此並沒有疏遠。

　　小學二年級時我們全家已到了北京。我在東公街小學上學，弟弟還沒上學。我記得弟弟插班上小學還是我去找的校長。校長叫沈榮欣，是個和藹可親的人，居然就同意弟弟來上學了。弟弟上學時還剛剛六歲，第一天上課他不停地在課堂上哭。課間時我去看他，他說肚子疼，其實我知道他是膽小害怕。我哄了他半天，答應每堂課後都來看他，他才不哭了。從此我這個姐姐就充當了弟弟家長和監護人的角色。

　　記得我們上小學時沒有地方吃飯，母親為我們姐倆的吃飯問題沒少操心：先是在東公街聯繫了一家幼稚園，每天中午放學我就領著弟弟到這家幼稚園吃飯，那是我們姐倆最幸福的一段時光。幼稚園的飯菜好吃，且做飯的大師傅胖胖的，特別喜歡我們姐倆。他每天親自照顧我們吃飯，飯後還帶我們倆玩，給我們姐倆講故事。有一次不知為什麼我們在幼稚園吃的晚飯，想必是母親有事不能按時回家吧，我和弟弟坐在幼稚園院子裡的搖船上，胖師傅坐在旁邊給我倆出題智力測驗，夕陽的餘暉灑在我們身上，灑在胖師傅的臉上，這溫馨的一幕永遠定格在我的記憶中。可惜好景不長，不久就有人提意見，我們姐倆也就再不能在幼稚園吃飯了。後來母親又把我們姐倆託付給鄰居陳大媽，我們每天和陳大媽的女兒陳姐姐一起吃飯。記得院子裡有丁香樹和珍珠梅，陳大媽在院子裡放上小炕桌，我們就坐在院子裡吃飯。我記不得飯菜的香味，但一陣陣的丁香花香卻永遠忘不了。後來我們

長大一點，母親在交道口給我們聯繫了一個食堂，不知道食堂什麼性質，只記得臺階高高的，吃飯的大人居多。有一次母親來看我們姐倆，我和弟弟興奮地買了許多菜招待母親，生平第一次過了一把埋單的癮。母親給我倆的菜金一個月花不完，我們就到管理員那兒換成現金出去買零食，直到有一次母親給我洗衣服，在我衣兜裡發現許多髒兮兮的糖漬青梅，才知道我倆的把戲。也許是這種經歷造就了我和弟弟長大以後花錢大手大腳，而兄姐一生都儉省從不亂花錢。

我對弟弟不似姐姐對我那樣寬容忍讓，而是針尖對麥芒，我們姐倆經常吵架。記得一次我在院子裡給弟弟洗衣服，不知說哪句話不對頭就大吵起來，我越想越氣：「給你洗衣服你還敢跟我吵架！」於是把洗乾淨的衣服扔在地上亂踩……弟弟先是吃驚地看著我，臉都漲紅了，隨即衝上來和我撕扯在一起。氣極敗壞之餘看到我倆身上又是泥又是水，我們又大笑不止。這場架的結局可想而知：弟弟打水我洗衣，兩人同心協力，最糟糕的是還多洗兩身髒衣服。

每次洗碗也如此，我倆互相推諉扯皮，誰都不願洗，最後以剪刀石頭布的方式決定誰洗，這種辦法延續到我倆二三十歲，直至結婚以後仍如此。可氣的是每次都是弟弟贏，姐姐為我抱不平，總幫著我賴皮，可還是弟弟贏。我這個倒楣蛋就不僅要洗碗還落一個名正言順。

弟弟很單純，上中學後我去給他開家長會，老師對我說：「你弟弟幼稚程度也就小學四五年級。」那時他在男二十五中（原教會學校育英中學）而我在女十二中（原教會學校貝滿女中）就讀。有一次下雨我去給他送傘，看到弟弟在大操場上冒雨倒騎著一頭到學校運貨的小毛驢，同學們特別是高年級同學大聲起鬨叫好，而我這個傻弟弟則快樂無比，樂在其中。

「文革」期間學校同學之間分為兩派，四三派和四四派，弟弟哪派也不參加，認為都是瞎鬧騰。過了幾天又搞大聯合，兩派頭頭

一九六八年剛滿十七歲的弟弟，下鄉時住在帳篷裡。

又痛哭流涕握手言歡，敲鑼打鼓慶祝，弟弟在黑板上寫上「魚鱉蝦蟹大粘合」，用這種玩笑的方式表達了心中的不屑！說弟弟幼稚，遇到事情卻異常清醒，外校紅衛兵到我家住的院子造房東的反，還用皮帶抽人，我在院牆寫《毛主席語錄》的小黑板上寫上「要文鬥不要武鬥」，弟弟馬上擦掉並說：「你找死啊，你也就是搭上一條小命而已，根本攔不住。」果不其然，第二天這幫紅衛兵就湧到我家，又查出身又問立場，並亮出皮帶嚇唬我，要抄我家，幸虧街道居委會主任李香巧趕到救了我。

弟弟因為我的私心，先我一年下鄉，第二年我下鄉決定去找他，他電話攔不住馬上坐火車趕回北京力阻。但為時已晚，我的戶口已銷。由此我們姐倆開始了長達四年艱苦的患難與共的歲月。弟弟所在的農業連是全團有名的老大難連隊，風氣很壞。弟弟怕我吃虧，處處護著我。我住的宿舍關不上門，弟弟就利用休息時間給我修門；冬天沒有煤燒，來一車煤各個宿舍都得半夜出去搶，佳木斯、哈爾濱男青年個個身強力壯，膀大腰圓，女生根本搶不到，弟弟就和同宿舍的北

京青年商量給我們分一點，這讓和我同宿舍的女孩沾了不少光。可惜幹農活他幫不了我，我們農工男女排是分著的，所以再苦再累的活也得我自己去幹。當然我也幫弟弟，那時時興包被頭，就是怕被子髒得快，在被子邊上包一塊白布，待到髒了只拆這一塊布洗就行了。我為了省事，在團部商店買了一種黑白相間花色的布給弟弟的被子縫上，這讓弟弟同宿舍的戰友們十分羨慕，因為耐髒啊，髒了也看不出來。

　　弟弟和連裡的兩家老鄉關係好，而這兩家也就成了我的避風港。老董是部隊轉業兵，山東人，是農機排的。他常去山裡打獵，野雞、兔子什麼都有，有了好吃的他的媳婦王胖子就來叫我們姐弟。奇怪的是，那時候伙食那麼差，一點點葷腥都沒有，王胖子做的兔肉我卻死也不吃，她做成丸子騙我也不吃。若干年後我生了一個屬兔的兒子才明白，哦！原來是虎毒不食子啊！我們每次回北京探家，都會給老董的兩個孩子金平、金枝帶禮物，衣服、鞋帽什麼都有。老董打了珍稀獵物也會送

我和弟弟在探親假期間，與父親（中）在中山公園來今雨軒吃飯。

給我們。有一次他送給我們一隻黑貂皮，黑亮亮的，可以做大衣領子或帽子，應該算非常珍貴的東西了。可在北京休探親假時，我們倆「敗家子兒」花光了自己的錢還不過癮，決定去賣這貂皮。到了寄賣商店，工作人員看了看，給了我倆二十六元錢，我們還挺高興，「就地分贓」後開心地各奔東西，去買自己喜歡的東西了。另一個老鄉老仉頭是轉業老兵，是抗美援朝戰爭中上甘嶺戰役的功臣，也是山東人，當時擔任我們連的連長。他們夫婦對我們姐倆也特別好，春節回不了家，我們就到她家過年三十，我有想不通的難事就到老仉頭的愛人馬姨那裡尋求幫助安慰。為此母親還專門寫信給馬姨表示感謝，我返城後還接馬姨到北京住了一段時間。

秋天弟弟到山裡打石頭，休息日我買了絨衣帶著我的兩名小粉絲，北京九十六中六九屆的女孩去山裡看弟弟。那一天太陽特別好，山裡青松翠柏，鳥語花香，碎石中間流水潺潺，汩汩而出，真是美不勝收。弟弟嫌高領絨衣不舒服，心靈手巧的淑就立刻用剪子把領子剪開，坐在石頭上飛針走線地把領子改了。作為回報，弟弟到清可見底的小溪中捉來活蝦，給我們仨做了一頓蝦仁拌麵，那味道真是好極了。最有趣的是，這位淑同志後來進了我們劉家門，成了我的弟媳。而他們的相愛結婚極具戲劇性。

我很幸運，只在農業連幹了七個月就被調到團部，先是在團宣傳隊搞創作，後又到團宣傳股搞新聞報導，而弟弟依舊在連隊幹農活。弟弟常到團裡看我，帶一些連裡收的瓜果什麼的。那時候我沒有手錶，弟弟說：「你總去連隊採訪沒錶怎麼行？」就上了一支會。即：十二個戰友每人每月拿出十元錢（那時我們知青每月每人掙三十二塊錢），根據抓鬮兒先後輪流使用，而弟弟說服大夥兒他第一個月用。弟弟用這一百二十元給我買了一塊上海手錶……

　　大約是一九七二年吧，母親來信說，根據政策我們姐倆可以返城一個，她想辦我，因為我畢竟是女孩她不放心。我沒和弟弟商量就給母親回了信，讓她辦弟弟回城。因為弟弟膽大又莽撞，幹活兒從不偷懶，進山打石頭、到煤礦挖煤、修水利等臨時任務他都報名去。打石頭排啞炮最危險，從來都是他幹，那時團煤礦總是坍方，總是出事，我一天提心吊膽，唯恐他有閃失。而我在團政治處，是脫產[5]的，和連隊相比，相對舒服得多。

　　母親接受了我的意見，很快辦好了弟弟的返城手續。弟弟離開三十二團回北京那天，我正排著隊往團部大禮堂走，弟弟遠遠地看著我向我招手，我沒有送弟弟，怕他看到我的眼淚。弟弟走了，在遠離故鄉的北大荒他是我唯一的親人，我更加孤單了。但是我又無比的輕鬆，我終於用自己的行動贖回了我的罪過，把弟弟重又送回母親身邊。

　　返城後弟弟已二十歲出頭，還沒有對象，母親和姐姐開始給弟弟張羅女朋友。弟弟那時高大又帥氣，女孩子們沒有不同意的，有的僅見過一次面就開始寫情書甚至給弟弟織毛衣，但弟弟一個也沒看上。原來弟弟已有心儀的人，他決定自己去找已經返城的淑，向同在一個連隊的男生打聽。那個男生還不說，大約他也想追求淑吧！總之，費盡周折弟弟終於找到了淑的家。弟弟來信說「從屋裡蹦出了發呆的意中人，我把準備好的紙條和馬戲票塞到她手裡，立刻腳不沾地兒地跑了」，其結局是淑如約去看了馬戲，「現在我們正以大躍進的步伐向前邁進」。這是弟弟的原話。弟弟找了淑做媳婦真是福氣，她聰明賢慧，善解人意，是過日子的一把好手，且事業上也小有成就，退休前已在某知名的投資公司做到審計處長一職。更可人疼的是，她和母親的關係非常融洽，母親那麼挑剔的人對淑卻相當滿意。

---

[5]　在本書中均指「脫離生產崗位」。

　　一九七八年，在度過了十年的知青歲月後，我終於回到北京。那時弟弟正準備結婚，看到我回來二話沒說，打了一個行李捲就搬到單位去住了，為的是給我騰房子。他結婚是在單位分的一間筒子樓裡。那時我先生還沒回京。弟弟惦記我一人帶個孩子不容易，經常回來看我。記得有一年大約是中秋節吧，弟弟帶著媳婦和大概兩歲的兒子到北竹竿胡同我的住處看我，不料我這個想得開的人帶兒子去看話劇了。生氣的弟弟為報復我，讓小侄子上我的床上拉屎，並且在門框上放上拖把，半夜三更我回家一開門，先被拖把砸個暈，開燈一看，床單上還有乾乾的一角兒屎，不用猜只有永遠長不大的弟弟幹得出來這種糗事，讓我哭笑不得。如今我的小侄子已娶妻生子了，有一次我問他：「你怎麼那麼會做人，你既聽爸爸話在小姑的床上拉了屎，可又屁下留情拉了乾屁屁，誰都不得罪。要是你在小姑床上拉了稀，估計當天晚上小姑會拿著拖把打上門去。」

　　弟弟為人憨厚大度，人緣非常好，在單位管人事從不為難員工，和員工們稱兄道弟親如一家。大約是八〇年左右吧，單位內部銷售幾臺日本原裝的錄放機，一臺得上千元，誰先交上錢就歸誰。弟弟樓上樓下跑了一圈，很快湊齊錢買到了錄放機。但還錢時犯了難，沒記住借了誰的錢也記不清誰借了多少。弟弟只好拿著錢一個個問，你說借了就借了，你說多少就還你多少，一圈下來錢還清了一分不差，足見弟弟的為人。但弟弟也有弱點，就是不愛學習、不善鑽營，用東北話說就是「白瞎了」自己的聰明才智。好在弟弟志不在此。他認為工作是否有成就不在為不為官，給老百姓多辦實事、辦好事，有一個好口碑比什麼都強。弟弟的小家溫馨得很，夫妻恩愛、夫唱婦隨不說，兒子兒媳乖巧孝順，結婚以後自己有房不住也得和父母在一起，一家人無論去哪兒都是全體出席，一個也不能少。用母親的話說就是：「車動鈴鐺響，誰也離不開誰。」如今弟弟有了一個孫子，這是我們大家

庭第一個第四代，全家都歡喜得不行，弟弟弟妹更是樂不可支。小傢伙也真爭氣，長得虎頭虎腦非常可愛。本來我家和弟弟家就不分彼此，親如一家。這下可好，我愛這個小侄孫愛得邪乎，以至於不顧自己死活，照顧母親之餘還經常偷著跑到弟弟家，為的是抱抱小胖墩兒。說偷著是因為全家人都心疼我，怕我累病了，但我樂此不疲。

弟弟生性豪爽，俠骨柔腸，我愛弟弟亦如小時候一樣，無論他多大多老，還是那個因為害怕不願上學哭著告訴我肚子疼的傻弟弟。

第二章　青少年時代

童年趣事

　　我的童年是在天津和平區寧夏路四十四號大院度過的。因為母親是全職太太，沒有工作，因此我也沒有上過托兒所幼稚園，但無拘無束的生活給我留下許多美好的回憶。

　　我們住的大院是日本租界，一排二層小樓的對面是由日本軍用倉庫改建的平房。我家就住在二層樓的底層，房間很大，分三層，前後間是平房，中間一間高出地面，前後有拉門，地上鋪著厚厚的榻榻米。我們四個孩子就住在有榻榻米這間屋。我們家在天津定居後姥姥全家也從北京遷到天津和我們同住，姥姥家就住在我家對面的平房。

　　小時候我很傻，膽子又特別小，但是我長得不難看，奔兒頭窩瓜眼兒，頭髮還是自然捲像個小洋人。據說未生我之前，因為已經是老三，父母答應把我送給父親的把兄弟，在上海做生意的乾爹，但是生下我後母親就捨不得了，後來乾爹家收養了乾娘妹妹的女兒，我們一生都有來往。小時候的事我大都記不得了，但幾件趣事卻是至今歷歷在目。

　　記得那時母親參加了打字班、護士培訓班等等，一心要出去參加工作，但是父親堅決不同意，那情景就如六十年代上海電影製片廠電影《萬紫千紅總是春》似的。沒辦法母親只好擔任了識字班的夜校老師。這樣一來晚上我們就沒人管了，聽大人講故事就成了我們晚上最開心的事了。那時候給我們講故事的有幾個故事大王，一個是姥

姥，一個是五姨，還有一個因姑姑。姥姥看的書多，什麼《三國》呀、《封神榜》呀、《聊齋》呀，所以姥姥肚子裡故事特別多，且大都是才子佳人、狐仙鬼魅的。姥姥一開口必是「從前有個官宦人家的小姐，長得千嬌百媚的⋯⋯」因姑姑講的都是神話故事。因姑姑是東北人，長得很漂亮。據母親講，因姑姑跟著名作家蕭軍是好朋友。平時因姑姑說話就很生動，講起故事來就更是神乎其神了。我記得最清楚的是她講的神燈，因姑姑盤腿坐在床上，我們幾個孩子圍坐在她身邊，神燈的呼風喚雨、神燈的神奇魔力，被因姑姑渲染得無以復加，我們則個個聽得目瞪口呆。講故事有創意的是五姨，五姨講故事邊畫畫邊講。別看五姨小小年紀卻畫得一手好畫，她沒有老師，純屬自學成才。五姨的故事大都也是狐仙鬼魅，開始時畫得認真，小姐也是珠環玉佩、綾羅綢緞的，故事也精彩，但等到五姨累了不想講了，為及時收場，小姐們不是上吊就是投井，畫面也是陰風慘慘，寒氣襲人。想想看我聽的故事都是神呀鬼呀的，膽子能不小嗎？不但膽小如鼠且神經兮兮的。雖然我人不斷長大但膽子從未長大，直至今天我仍是個膽小鬼。

　　記得有一次我在床上爬來爬去瘋，一不小心從床靠牆的夾縫中掉到床底下，我只覺得四面漆黑一片，好似無底洞，恐怖極了，我哇哇大哭起來。床太矮，哥哥姐姐鑽不進去，只好在外面劃洋火照亮兒，讓我向著亮光爬出來。可見我當時還多麼小。

　　我們大院裡有幾個和我同歲的小姑娘，記得有王海音、小雪、小多多、于秀敏等等。小雪、王海音都長得很漂亮，五姨和姐姐放寒暑假時，每天給我們排戲：有歌舞劇，有京戲，有小話劇。比如歌舞劇《喜鵲與寒鳥》、《螞蟻搬大豆》及《拔蘿蔔》，京戲有《白娘子與小青》，平劇有《劉雲打母》等等，當然都是片斷。主角總是讓王海音呀、小雪呀演，我總是演配角。我曾經問姐姐為什麼不讓我演白娘子，姐姐回答得很乾脆：「因為她們比你皮膚白！」我們演戲功夫不

在戲上而在化妝、著裝上。我記得五姨給我們塗上大紅嘴唇，頭上插著各種廉價的珠子。白娘子的服裝就記不得了，反正我一直演小青，披的是家裡一個淡綠色的線毯。我們還排演《兄妹開荒》，不知為什麼，每次都是兩個哥哥、兩個妹妹，每到這時姐姐、五姨就齊上陣擔任兩個哥哥，我則和另一個女孩演妹妹。《兄妹開荒》是延安的秧歌劇，反映的是王震將軍在延安開展勞動生產，自給自足期間，全延安的老百姓都開荒種地的事兒。五姨和姐姐頭上纏上白頭巾，扮作哥哥，一出場先唱一段，再按著鼓點節奏道白：「我小子，本姓王，家住在本縣南街第二巷，兄妹二人都長大，父親母親也健康……」再伴著音樂做開荒狀。這時妹妹上場了，邊舞邊唱：「肩挑擔子上呀麼上山崗，一頭是黃麵饃，一頭是熱米湯，哥哥本是莊稼漢那麼伊呀嗨，送給他吃了，要更加油來更加勁兒來，多多開荒，那哈咿呀嗨，那哈咿呀嗨……」我們排戲從不帶男孩玩，但哥哥和弟弟例外，排《螞蟻搬大豆》時，哥哥飾演青蛙哥哥，當我們大家一起唱：「青蛙哥哥你好嗎？咿呀啦啦啦啦，咿呀啦啦啦啦……」時，哥哥兩手屈肘擺在胸

在天津時的童年時光，由左至右依序是姐姐、哥哥、我、強表弟、弟弟、玲表妹。

前做前腿，隨著歌聲橫著就蹦出來了。另有一個小劇叫《小老頭兒和小丫頭兒》是由弟弟演小老頭兒，我的姨表妹小玲演小丫頭兒。我記得旁白由姐姐或五姨說：「有一個小老頭兒上山砍柴頭兒，砍完了這頭兒砍那頭兒，砍完了那頭兒砍這頭兒，從南邊來了一個小丫頭兒，嘴裡叼著小饅頭兒，手裡拿著小窩頭兒……」胖嘟嘟的弟弟和瘦小可憐的姨表妹小玲就合著旁白的節拍做砍柴等劇情需要的動作，非常滑稽。

　　稍大一些，姐姐開始教我識字做算術，每天一大早姐姐就把我叫醒和她一起學習，不管我情願與否。夏天我家的小院牆上爬滿了牽牛花，我叫它喇叭花兒，地上種的是五顏六色的不知名的小花兒。姐姐搬一個小炕桌和兩個小板凳我們就開始上課。不知是我特別笨還是姐姐教得太快，反正我老是因為學不會挨打。那時候我快該上學了，可我不記得父母為我著什麼急，只有姐姐每天苦心地教我這個、教我那個。終於到了考學校的那一天，那時候上學需要考試，特別是想上天津一區一小，那是姐姐哥哥就讀的重點小學。考試的具體情節我記不得了，只記得害怕得不行，問什麼不知道不說，還咧著大嘴哭。放榜的那一天還是姐姐帶我去的，我沒有考上，這回輪到姐姐哭了。姐姐拉著我的手回家，一邊走一邊哭，我則像傻二個一樣跟著姐姐，似乎並不難過。在院裡碰到了母親，姐姐哭著告訴母親這個消息，沒想到母親卻說：「考不上就再玩一年。」於是我這個傻二個丟下傷心哭泣的姐姐，立刻跑去和小朋友玩了。這真是恥辱的歷史，至今想起來我還臉紅，為自己的傻和笨，為自己的沒心沒肺，我是姐姐人生中第一個學生，也是最笨的一個學生。後來姐姐考上了北師大物理系，畢業以後先後在燕郊中學和潞河中學任教培養了許多優秀的人才，恐怕我是唯一一個讓她嘗到失敗滋味的人。

　　我最喜歡過年，因為雖然家裡四個孩子，但好像只打扮我一個，至少我記憶中如此。姐姐把父親領帶中鮮豔漂亮的剪成蝴蝶結繫在我

頭上，我穿上母親給我做的一身藍綠葉相間掩映著小紅蘋果的花衣花褲，心裡別提多美了。至於吃了什麼我沒有太多印象，可見對我來說臭美是第一位的。父親帶我坐著三輪車去他的把兄弟、票友、朋友們家拜年，並帶我到天津幹部俱樂部跳舞，父親拉著我合著樂隊的節拍在舞池中轉呀轉呀，直到我睏了躺在旁邊椅子上睡著了，嘴裡的糖化了，流在新衣服前襟上！

　　看小人書也是我們小時候的樂趣之一。我記得在萬全道口有一個小人書鋪，書鋪很小，牆上貼滿了小人書封面，我們就看這些封面挑自己喜歡的書，再把書名告訴老闆，老闆按要求租給我們。在店裡看一分錢一本，借回家看二分錢一本。那些小人書給我的童年帶來無限樂趣。小人書主要分為電影版的和繪畫版的兩種，內容包羅萬象，《三國》、《水滸》自不必說，《聊齋》故事什麼《辛十四娘》、《聶小倩》呀，應有盡有。許多戲曲故事如《牡丹亭》、《四進士》、《陳三兩爬堂》、《搜孤救孤》等等，從小我就知道並有濃厚興趣。反特故事如《衣角》、《一貫害人道》等等該不該看的我都看，因為選擇權不在我而在五姨、哥哥姐姐手裡，我只是蹭看，當然他們也講給我聽。那時候租書從沒有押金、證件什麼的，但到時我們都乖乖送回去，從不丟失損毀。這種愛好延續到北京，在分司廳胡同住的時候哥哥仍舊帶我和弟弟到位於交道口的一個小教堂似的建築裡面租小人書看，姐姐已經上中學，既沒時間也沒興趣了。

　　看戲也是我小時候的快樂時光。我家對面是天津市工人文化館，晚上經常演戲，票價只一毛錢。每到演京戲時，我就先拿上一張票到禮堂給姥姥占座，等到開演前打起鑼鼓點時姥姥才會來。如果戲裡是才子佳人我就陪姥姥看到完，比如《鎖麟囊》、《拾玉鐲》、《西廂記》等等。我最喜歡看《鳳還巢》，天津話特逗趣兒！最不喜歡看的是《釣金龜》，一個老太太坐在那兒沒完沒了地唱，逢到這時我就先

五十年代，震叔（二姨夫）回天津帶我和哥哥在外面玩，遇雨後在照相館拍照。

撤了。這一點我有幸和文化先驅魯迅兒時的感受一樣，真是不勝榮幸之至！

　　童年真好啊，儘管家裡沒什麼錢，我也沒什麼玩具，但是我們跳房子、跳橡皮筋、演戲、過家家、聽鬼故事，玩的花樣層出不窮，我就這樣沒心沒肺地瘋玩到了八歲才上了小學，丟人吧。

　　至於政治風雲的變幻在我的童年時代對我似乎沒有太大影響，只有幾個零星片斷的記憶：我是通過我家門口文化館擴音器裡慷慨激昂的講話和整天播放的歌曲：「雄赳赳氣昂昂，跨過鴨綠江……」知道抗美援朝的。抗美援朝的勝利在我的兒歌裡：「嘿啦啦啦啦嘿啦啦啦，天空出彩霞呀，地上開紅花呀，中朝人民力量大，打敗了美國兵呀，全世界人民拍手笑，帝國主義害了怕呀！」史達林逝世也是通過文化館大喇叭播放沉重的哀樂和降半旗知道的，反胡風集團是我在我

家廁所看到一本發黃的小冊子上知道的。至於三反五反，我跳橡皮筋時的兒歌就告訴我：「猴皮筋兒我會跳，三反運動我知道，反貪污反浪費，官僚主義我反對。」我有幸住在文化館對面真是幸福，我在不經意間學到了許多知識，大都是通過大喇叭放的歌知道的，真的，就連修康藏公路我都知道：「二呀麼二郎山呀高呀麼高萬丈，枯樹荒草漫山野，積石滿山崗，羊腸小徑難行走，康藏交通被它擋。解放軍，鐵打的漢，下決心堅如鋼，要把那公路修到那西藏！」當然我小小年紀並不都懂，許多政治運動是我長大以後才對上號的。至於反右派、除四害、大躍進、三年困難時期我的感受就不那麼輕鬆了，因為我長大了上學了且到了北京，我已經能夠和全國人民一起體驗承受災難和不幸了。

快樂小學

　　終於上學了，我揹著母親用白線鉤的書包，書包的襯裡是淡青色，也稱竹布色的，美滋滋地走進了學校。我就讀的小學是天津一區中心小學。因為上學晚，我個子又高，在班上女孩中是最高的一個。而且我一到班上就被老師任命為班長。我的年齡比同學們大，因此也比大家懂事。這兩年姐姐的苦心沒有白費，老師教的課大部分我都會，因此一年級、二年級我的成績冊上從沒有四分，全部是五分。我還記得二年級時一次測驗，有一個生字我不會，急得趴在課桌上哭了，結果第二節課上老師就宣佈，剛才的考試難度太大不記分，從而保住了我的全五分成績。可見老師多麼偏愛我。不過我從沒為此得意過，因為當時我哥就不屑地說：要是他「八十歲」才上學一樣也是全五分。我們雖然生活在天津，但母親不准我們說天津話，這在天津話的包圍中

很難得，因此我經常被老師叫起來帶大家朗讀課文，有時候還替老師照顧大家上自習課做作業。

有一次全校匯演，我們年級有個表演唱《骯髒的小姑娘》，合唱部分是：「你呀小姑娘，你呀骯髒的小姑娘，你在哪兒把手弄得這樣髒。」小姑娘獨唱：「我在那太陽底下躺，我讓手掌曬太陽，所以嘛它就曬黑了。」一共要唱三段，敘述小姑娘的髒和她的辯解。然後合唱部分是：「這話當真？事情真是這樣？好吧好吧肥皂拿來，骯髒全給你洗光，我們來幫你擦乾淨。」最後的合唱：「你呀小姑娘，現在白淨又漂亮，根本不是曬成那樣，原來這是髒……」合唱時小姑娘一直要在前面跳舞、隨著情節表演。為了挑選領唱的小姑娘，全年級女孩們都爭著報名到音樂老師那試唱。為了得到這個角色我也參加了比賽試唱，而且真的選中了我，我高興得飛跑回家告訴母親這個喜訊，當然我如願地參加了演出，而且演得很成功！

還有一件我記得清晰的有意思事，就是學校讓我們大家看電影，記不得是《上甘嶺》還是《董存瑞》了，我們真是都入了戲，大家跟著劇情同喜同悲，激動不已。我們班有個叫朱愛琴的女孩兒看到炸彈爆炸了，英雄沒有了，禁不住站了起來對著銀幕大哭不止，看到敵人的碉堡被炸飛了又高興得大笑大叫，這一幕深深地印在我心裡。一來我懷念那時候的電影多麼感人，另一方面我感慨那時的孩子們靈魂多麼純潔無瑕，當然我更懷念兒時的夥伴。五十多年過去，親愛的同學們，不知你們生活得可好？

我先後有兩任班主任，一個姓汪，一個姓李。汪老師短頭髮，圓圓的臉戴一副眼鏡，李老師梳著長長的齊腰的大辮子，她們教學規範，親切但不失嚴格。我記得老師們教我回答問題，必須站起來往右（坐在左邊一排的往左）跨出半步，左手扶在桌面上站得筆直回答問題。當我轉學到北京時也這樣回答老師提問時，同學們感到很怪異，

久而久之我的這些好習慣就丟失了。我很愛汪老師、李老師，她們大概不會想到她們的教育對我一生都有益，她們教給了我自尊和自信，幫助我從一個膽怯自卑的小女孩樹立健康的心理，使我一生受益。可惜我二年級第二學期就轉學到北京離開了她們，但我一生都沒忘記我的啟蒙老師，一直在心裡懷念、感謝她們。

　　到北京以後我在東公街小學上學。我的班主任老師叫王瑁，她教我們語文同時兼全校少先隊輔導員。她很喜歡我，但對我要求很嚴格，課餘她常帶我們去北海公園玩。那時北海人很少，真的像歌裡唱的，海面倒映著美麗的白塔，四周環繞著綠樹紅牆。但是我們沒有划船，因為我們還太小。王老師是個很有內涵的人，我記得她教我們唱前蘇聯歌曲：「當我走到湍急的河畔，坐在陡直的河岸上，瞭望我那親愛的家鄉，和那綠色的可愛牧場。我的故鄉啊親愛的故鄉，世界上最自由的地方……」她的聲音低沉，充滿情感加上憂傷的旋律，令我小小的心也憂傷不已。我忘了是幾年級加入少先隊，反正帶上紅領巾的同時我就成為了中隊長。四年級她在全校少先隊大會上推薦我當大隊長候選人，她領著我站在大操場的一個高臺子上向大家介紹我，忽然臺下哄堂大笑，原來我在衝大家做鬼臉，她嗔怪地拍著我的頭，繼續向大家推薦。她對我的愛和希望都在她的眼神裡，令我至今難以忘懷。我如她所望，當上了大隊長，而且是文體委員。她還希望我指揮全體少先隊員唱歌，但我僵硬的動作非常搞笑，她只好作罷！

　　我們每天清晨做早操，一節課後吃早點，早點都是孩子們自己帶，上課之前值日生送到食堂有大師傅幫熱一下，一班用一個大網兜兜著。吃早點時值日生提著一壺水給大家倒水。那時我們的早點無非是饅頭、窩頭、烙餅什麼的，或者是前一天晚上的剩飯，有的甚至帶著大米飯用醬油拌好放在飯盒裡，但是熱氣騰騰的，大家吃得津津有味，那感覺一點不比吃麥當勞、永和豆漿的早點差。中飯也很有意

思，一個個大搪瓷盆裡蒸著大米飯，一盆米飯分成八個角，八個孩子分一盆。每天早晨小黑板上都寫著當天的菜單。有一天早晨，我看見黑板上寫著，午飯的菜名兒叫「猴兒鑽筒」，我好生奇怪：「該不會讓我們吃猴子吧？」因為惦記中午的菜，上課也沒心思聽。這一上午時間好難捱，好容易到了吃午飯，看看分到碗裡的菜，原來是小蔥炒黃豆！我生氣地跟炒菜的大師傅說：「哪兒有猴子呀？你騙人！」大師傅哈哈笑著說：「你沒看見，黃豆鑽進蔥筒裡了……」原來黃豆就是猴兒。

班裡功課好的同學都由老師安排幫助一名功課差的同學，每天放學要兩個人一起做作業。老師給我安排的是個男孩，叫長江，他家住在鼓樓東大街一個深深的大雜院裡，我每天下學都得先到他家去，幫助他做功課。而這位同學非常可氣，到家第一件事是抱貓，對著貓又親又啃好半天，找各種藉口不做功課，我得耐心地等、耐心地勸，就好像我該他的一樣（可憐我小小年紀招誰惹誰了），直到他做完作業我才能回家。有意思的是，若干年後我從下鄉的東北兵團返回北京，一次同學聚會，我又見到了他，他好像搞裝修什麼的，我問他還記不記得我幫他學習的事，他很不好意思。不料聚會後他打聽到我上班的單位，揹著大口袋的白麵給我送去，說是算作報答。這回是我不好意思了。其實我是在開玩笑，誰料長大了的長江還是個紅臉漢子。這之後他還真的給我送了一段米麵，不收都不行，讓我好感動和為難了一陣子。

我在東公街小學上學時有兩件記憶深刻的大事：一是一九五九年建國十週年大慶，二是少先隊建隊十週年大慶。

建國十週年參加慶祝活動的都是五六年級的孩子，我雖然才四年級，但因為是大隊委員，也獲准參加了慶祝活動。那一天我起得特別早，穿上白襯衫、花裙子，辮子上紮上蝴蝶結，帶上鮮豔的紅領巾，和同學們一起站在天安門廣場英雄紀念碑前面。廣場上都是少先

隊員，紅旗飄揚，歌聲震盪，那種神聖歡樂幸福的感覺我終生難忘。我們手舉各色鮮花，看著前面的彩旗，彩旗是什麼顏色我們就舉什麼顏色的花。遊行隊伍從我們面前一隊隊走過，接受天安門城樓上毛澤東主席的檢閱，「毛主席萬歲」的歡呼聲響徹雲天。忽然，毛主席從主席臺上走下來，到離我們更近的一層城樓的西南角向我們招手，我們，所有的少先隊員一起湧向天安門城樓，沒有了隊伍，沒有了界限，我和所有的孩子們，歡呼著，奔跑著，竭盡全力奔向天安門城樓，奔向毛主席，拚命揮著自己的小手，真心希望毛主席能看到自己。

少先隊建隊十週年印象中也在這一年的十月，在剛落成不久的人民大會堂舉行了盛大的慶祝活動。我和姐姐同時出席了會議。這次會議上我見到了令我敬佩的當時任團中央書記的胡耀邦，他為我們發表了熱情洋溢的講話。姐姐是北京市優秀輔導員，我是北京市優秀少先隊員。會議的具體內容我記不太清，只記得姐姐得到一套蘇聯教育家、列寧夫人克魯普斯卡婭的有關教育的著作。我是否得到什麼了記不得了，只記得因為能夠進入人民大會堂參加慶祝活動興奮不已的心情。

我們的學習生活也隨著政治時局的變化而增加新內容。大約是一九五八年吧，大煉鋼鐵時，學校操場上建起了土高爐，老師們都不下班，夜裡煉鋼煉鐵。我們則手裡提著小筐，手裡拿著鉗子，到處撿釘子、撿鐵片，恨不得眼睛變成吸鐵石，好隨時發現廢銅爛鐵。老師還動員我們從家裡拿廢舊的鐵鍋、銅壺捐獻，我反正沒捐，因為我還有哥哥姐姐，他們上中學，家裡的鐵鍋、銅器早被他們拿走捐了，輪不到我。我們當時很興奮，為十五年之內超英趕美，為一千零七十萬噸鋼而奮鬥！這個數字我記了一輩子，可見當時運動的深入。當然我們沒有達到這個指標，其結局只是到處堆滿了大鐵坨子，破磚爐子，更沒有超過英國、趕上美國，這只不過是當時決策者頭腦發熱導演的一齣鬧劇而已。

　　另一項運動就是除四害、講衛生，四害是蒼蠅、蚊子、老鼠、麻雀。這一回我們的小手裡換成了蒼蠅拍和一個小瓶子，還有一個小木棍上綁著一顆針。無論在家在路上還是在學校，我們都要打蒼蠅，打死的蒼蠅要用小木棍上的針扎住再放到瓶子裡，老師每天要記錄你打了多少隻蒼蠅。牆上還有插滿小紅旗的光榮榜。想想看，我們每天手裡拿著盛滿蒼蠅的瓶子到處跑，有多麼不衛生！我們也沒有消毒紙巾什麼的，中午又在學校吃午飯，可我不記得有誰得傳染病，我們個個都跟小牛犢一樣健壯。

　　更荒謬的是消滅麻雀的「人民戰爭」打響的時候。根據北京市某部門的統一指揮，有一天所有的房頂上都站滿了搖旗吶喊的人，大街上院落裡也滿是敲鑼打鼓的人，我也和母親、弟弟一起站在後院一個平房頂上，哥哥姐姐都參加學校的「戰役」。戰役的要求很簡單，就是不讓麻雀落下來，讓牠不停地飛呀飛，累死「丫子」！那一天不僅僅是麻雀，相信所有的飛禽都遭遇了滅頂之災。好多小鳥累得從天上掉下來摔死口吐鮮血。我記得母親當時就不讓我們搖旗吶喊，說：「造孽呀！小鳥招誰惹誰了，太可憐了。」之所以消滅麻雀，據說是牠和人爭糧食吃。具有諷刺意味的是，麻雀雖然消滅光了，可造化弄人，天災人禍誰也擋不住，接下來的三年自然災害著著實實讓六億五千萬中國人嚐夠了飢餓的滋味。

　　我在東公街小學有兩個好朋友，一個是馮丁華，她家住在小經廠，我家住在分司廳，我倆經常一起上學、一起回家。馮的媽媽是上海人，是個家庭主婦，對馮很寵愛。她家對面有一個實驗劇場，馮常有劇院的票，我們倆就結伴一起去看話劇。記憶中我在那兒看了話劇《慳吝人》、《哈姆雷特》、《貨郎與小姐》、《第十二夜》之類的外國話劇歌劇，還看過川劇。川劇很有意思，總是一個人在臺上唱一句，後臺有許多人合唱呼應一句，而且總有小鑼，也許叫鈸吧，敲著

節奏，有種神祕淒慘的感覺。也許這就是啟蒙教育，我至今愛聽川劇，更愛看話劇，尤其是北京人民藝術劇院的話劇我幾乎每劇必看。

我還有一位和我友誼延續至今的好朋友瑞，她當時是少先隊小隊長，長得白白淨淨，總是乖乖的很討人喜歡。課餘時間我們倆常在一起玩。她家是獨門獨院，離學校很近，因此中午午睡時間我就到她家去。我們那時女孩子都玩抓拐，所謂拐就是羊的小關節骨頭，用一個乒乓球配合著，把拐翻來翻去擺成統一的層面。中午我們不睡覺光玩抓拐。有一天玩得正高興，老師來檢查午睡了，我們一頭撲在床上假裝熟睡狀，可惜乒乓球不配合，在地上蹦來蹦去給我們露了馬腳。老師不動聲色地說：「哎？這個小乒乓球好神奇啊？怎麼不睡覺自己還貪玩呢！」我們只好灰溜溜地爬起來向老師認錯。還記得那個老師姓呂，她親切和藹，非常愛我們，後來不知為什麼，她調走了。她走的那一天，我們哭成一團，我抽泣著說不出話，只是拉著老師不肯放手⋯⋯

瑞後來考進了北京女一中，而且高中仍舊就讀女一中。「文革」後期，「上山下鄉」運動開始了，她不得已去了雲南農場。瑞家三個男孩，只她一個女孩，家裡條件好，媽媽對她嬌慣得很。不料瑞一下鄉就沒了蹤影，開始還有信給家裡，後來就沒消息了。瑞媽媽急得給她同下鄉的同學寫信，到探親回京的同學家去打聽。同學們還真夠朋友，個個守口如瓶，不向瑞媽媽透露半點訊息。一年多以後瑞小姐抱著兒子回來了，原來她結婚了。丈夫是昆明市下鄉的。當時嵐君負責看水庫，瑞小姐工餘常到水庫玩，一來二去兩人就熟悉了。嵐長得高高大大很威猛，但卻細心體貼得很，每次都給瑞燒魚吃。瑞回了連隊，嵐則經常騎車給瑞送涼薯，殷勤得很，兩人迅速墜入愛河。不久，膽大妄為的瑞小姐未跟家裡任何人打招呼就和嵐君結婚了。瑞的媽媽心疼女兒，瑞小姐把兒子往媽媽手裡一放就又回了雲南。這個兒子就被姥姥和眾舅舅帶大了。因為和瑞是兒時好友，返城之後我

們仍舊很親密，我仍舊常到她家玩。嵐君燒得一手好菜，且好酒量，我戲稱他是我的酒友。酒足飯飽之後，我總是打趣他：「你小子幾袋子涼薯就把我們北京的大家閨秀騙到手了，你可真是外表忠厚內藏黑叉！」嵐君總是笑而不答。

我常跟瑞說我們倆是酒肉朋友，因為我倆在一起沒有正經事，就是臭美。我倆一起逛商店買衣服，並且你穿我的衣服，我戴你的圍巾，連鞋子都換來換去。我很欣賞瑞的生活態度，她從不為難自己，活得高高興興、輕輕鬆鬆，不似我這麼累，又考學校又進修。也別說我這個酒肉朋友，還真為瑞兩肋插刀一次。那是因為瑞沒有專業文憑，被所在學校校醫室「優化」出來，我馬上託人多方聯繫，最終給她謀到某大學資料室工作，瑞一直在這個單位工作到退休。雖說我倆是酒肉朋友，但我們一直不離不棄，並為彼此跨越五十年的友誼自豪。

小學五年級因為搬家，我又轉學了，轉到黃化門小學上學，這回我當上了大隊主席。黃化門小學文體生活很豐富，有鼓號隊，有文藝匯演，有經常性的大隊日、中隊日、小隊日等等。學習對我來說依舊很輕鬆，但豐富多彩的業餘文藝活動使我的學校生活五彩繽紛。

在黃化門小學就讀期間，有這樣幾位老師對我影響最大。一位是少先隊大隊輔導員周老師，她的愛人就是大名鼎鼎的北京市少年宮友誼合唱團的指揮鍾維國先生，夫妻兩人都做少年兒童工作。周輔導員很幹練，典型的南方女人。她總是行色匆匆的，非常敬業。我們學校的少先隊活動因她的努力也有聲有色。她組織我們去春遊，組織紅五月歌詠比賽，組織乒乓球比賽。我還記得春遊去頤和園的情景，頤和園真大啊！藍色的昆明湖碧波蕩漾，白色的十七孔橋跨越兩岸，巍峨的佛香閣掩映在青山翠柏之中，還有富麗堂皇的石舫憨態可掬的銅牛。老師帶我們穿行在長廊中，給我們講解畫中的故事，古老的歷史和美麗的現實交錯令人心馳神往。

　　還有一位是圖畫于老師，是個男青年，我覺得有三十歲左右吧。五年級的第一節圖畫課他就指定我做圖畫科代表。同學們起鬨說我給老師送了禮。後來于老師告訴我，是因為課餘看到我在黑板上畫仕女，覺得有點潛質。于老師的課內容很豐富，他告訴我們畫畫是內心對大自然對外界事物的反映，是自己內心情感的宣洩。你心情好，大自然在你的筆下就陽光明媚、山青水秀；你心情憂鬱，大自然在你筆下就會黯然失色，就會是陰鬱的、悲哀的。不知為什麼，于老師在我眼中一直是抑鬱而悲哀的，我總覺得他是鬱鬱不得志似的。他給我們上名畫欣賞課，大概因為時代所限，他給我們介紹的都是前蘇聯畫家列賓[1]的畫，有《伏爾加河上的縴夫》、《流放歸來》等等。有一幅不知是誰的畫，反正也是前蘇聯的，好像叫《又得了二分》，畫面上是個沮喪的男孩，一隻小狗跟在旁邊，家長們責怪的臉色……也是油畫。于老師通過色彩的搭配逐個給我們分析人物內心活動。他還給我們上過風景畫欣賞課，介紹名家油畫，但我也不記得曾經介紹過誰了。我非常愛上于老師的課，因為是科代表，于老師還常給我看他的畫作，並帶我們到動物園去畫大象，畫長頸鹿。我很喜歡畫畫，也許是小時候受五姨的影響，老師也誇我有靈氣。父親住院時認識了《少年報》的編輯，還介紹我和畫《小虎子》連載的沈培老師認識。我記得我去報社找沈培老師，他很年輕，是南方人，他和愛人（也是畫畫的）以及其他的幾個老師圍著我給我畫了幾張素描，告訴我如果喜歡畫畫，應該從素描開始，觀察人在動態、靜態的姿勢，隨時練筆等等。而我從報社一走了事，再沒去過。雖然沒有認真學習過畫畫，但這項愛好給我的生活增色不少。那時候的晚報每天都有速寫畫刊登，印象中有邵宇、葉淺予、李克瑜、李濱聲等等。邵宇一般畫的是風

---

[1]　俄國畫家，Ilya Repin，巡迴展覽畫派的主要人物。

景、亭臺樓閣，葉淺予、李克瑜都是人物速寫。我最喜歡葉淺予、李克瑜畫的舞蹈速寫，實在是太傳神了，簡單的幾筆，把舞中女孩的靈動和美躍然紙上。晚報二分錢一份，有時候我買，有時哥哥買，他看什麼我不知道，我倆各取所需。反正只要有我喜歡的畫我就剪下來貼在一個厚本子裡。那時候王府井書店有葉淺予、李克瑜畫冊，還有黃冑的畫冊。我也喜歡黃冑的畫，雖然黃冑以畫毛驢著稱，但我還是喜歡他畫的人物，新疆的各少數民族女孩本來就漂亮，在他的筆下更是妙筆生花。我常像賣火柴的小女孩似的站在書店櫥窗前看著畫冊流口水，要是我能有一本他們的畫冊該多好啊！可惜的是我沒錢。

蔣老師也是我喜歡的老師之一。她好像是部隊轉業軍人，湖南人。她教我們音樂課。除了課本上的歌兒以外，她還教我們湖南民歌和當時流行的歌曲，諸如《瀏陽河》什麼的。電影《洪湖赤衛隊》熱映時，她為我和另外幾個女孩排練了表演唱《手拿碟兒敲起來》，還為我和另一個女孩編排了《劍舞》，音樂配唱是岳飛的《滿江紅》，悲壯的音樂加上我倆莊嚴地認真地舞劍，令蔣老師十分滿意。這兩個節目在一次全校的春節聯歡會上都演出了。蔣老師喜歡我，下學時我也常到音樂教室和蔣老師膩著，她開玩笑說：「快長大吧！長大做我的弟媳婦。」後來我考上了北京市少年宮布穀鳥合唱團，她常讓我把學到的歌唱給她聽。

那時候家裡沒有洗澡設備，洗澡要到交道口一個洗澡堂去淋浴。有一次我洗澡時遇到一個女人總看著我對我笑，笑得我直發毛。洗完澡出來，她在門口等我，問我：「多大了，想打籃球嗎？」原來她是什剎海業餘體校籃球教練，看我腿特別長，讓我去她執教的隊打籃球。我其實並不喜歡體育，但我還是去了（不知我怎麼想的，缺心眼兒吧），總之我在訓練隊沒待多久，就因為吃不了苦而自動「退役」了。更有意思的是，初一時什剎海業餘體校的排球林教練到女十二中挑隊員又選中了

我。而我這個傻瓜居然又去了。在教練的休息室林教練興奮地拿皮尺給我量比例，說他找到了好苗子。不料李教練一看是我，非常生氣：「這孩子可不行，你會後悔的！」可林教練不信：「那是你沒能耐，這回看我的！」因為打了賭，林教練對我特別用心，可我讓他顏面掃地。一是我沒有體育細胞，彈跳啊反應啊都不行，二是學倒地滾翻接球時我怕摔疼了站著不動。暑假短訓結束，留下幾個好苗子，我被林教練客客氣氣送出了體校的大門。

六年級我又心血來潮報考了解放軍藝術學院舞蹈專業，因為體形好，初、複試都過了，最後一試時，是哥哥陪我去的。老師們圍著我就像挑馬似的，前前後後地看，捏胳膊、捏腿不說，還讓我張開嘴看我的牙。她們竊竊私語一陣就刷下了我，通過的孩子就到另一個大廳去隨音樂即興跳舞了。我沒考上當時很難過，但後來想想也對，不然我長大以後也得刷下來，因為後來我長得人高馬大，硬胳膊硬腿，豈是跳舞的料？

課餘時間我們還到什剎海體校去游泳，游泳之前必須體檢，有健康證才可以進，不像現在交錢隨便進，那不就是傳染病的大染缸嗎？所以我現在從不去游泳池。游泳票一毛錢，泳池人也不多，如果趕

小學六年級畢業要升初中了，我（右）與同班同學薛紀華（左）的分別照。

上剛換的水，冰涼的水清可見底，那就更開心了。游完泳出來花一毛五分錢買一個上海義利廠產的果子麵包，如果兜裡還有錢還可以再買一瓶北冰洋汽水，那就太奢侈了。直到如今義利果子麵包仍是我的最愛。有時候我們晚上還到什剎海業餘體校租乒乓球案子打乒乓球，一個小時才幾毛錢。這幾毛錢AA制，誰玩誰出一份。我的球打得特爛，可那也攔不住我高漲的熱情，每天照打不誤。

　　我的班主任老師姓魏，是四川人，胖胖的總穿著布拉吉[2]，大約四五十歲的樣子。她不喜歡我，大概因為我太活躍了。不過她也說不出我什麼，我功課好、守紀律，熱心文體活動也無可非議。令我難過的是，我什麼都喜歡，但什麼都不精通，什麼都不肯下功夫，所以至今一事無成。

　　也是在這兩年吧！因為反右、因為冒進、因為和蘇聯交惡、因為三年自然災害，總之天災人禍使得我家和全國人民一道過上了忍飢挨餓的苦日子。

　　先是街道成立了食堂，大家都去食堂吃飯，但這對我家似乎沒什麼太大影響，因為這之前我們一直在學校食堂吃飯。但很快商店裡就什麼也沒有了，貨架上空空如也，糧食、油、雞蛋、肉都憑票供應。我們都還小，又是長身體的時候，吃不飽飯學校只好放假，美其名曰「勞逸結合」。哥哥姐姐都回家了，只是父母還在工作。父親在外地，母親在大紅門木材廠工作，早出晚歸。姐姐就成了我們的家長，帶著三個弟妹度過艱難的困難時期。姐姐每天給我們煮稀稀的蔬菜粥，有時做兩樣麵的發糕什麼的，但不許隨便吃，有定量。因為吃不飽又沒有副食，我們很快就餓了，我和弟弟就圍著姐姐轉：「姐姐我餓了，姐姐我餓了！」姐姐沒辦法，就給我們每人一毛錢，讓我們

---

[2]　俄語音譯，即一種短袖連身裙。

去看電影。這一段時間我們可沒少看電影，中國的、外國的都有，外國影片有《稱心如意》、《三劍客》、《白夜》、《復活》、《密碼》等等。晚上母親回來從單位帶來叫「瓜菜代」的東西，是一種糧食代用品，不是真糧食，吃到嘴裡沙沙的，特牙磣。母親心疼哥哥，他十四五歲了，是大小夥子了，正是長身體的時候。母親常常歎氣說：「看你哥又沒吃飽，吃完飯也不放筷子。」為了告訴母親我們也沒吃飽，我和弟弟也不放下筷子，現在想想實在可惡，這不是徒增母親煩惱嗎？姐姐體質弱，吃不飽飯還要照顧弟妹們，很快就浮腫了，臉蠟黃蠟黃的，腿一按一個坑，好可憐啊！不單是姐姐，我周圍許多同學、鄰居都浮腫了。當時唯一的土辦法是吃炒黃豆，可哪裡去找黃豆啊？我們每月每人有半斤點心，要憑票供應，姐姐讓我們自己買自己的一份當作一頓午飯。別人都省著慢慢吃，連弟弟都不捨得一頓吃光。只有我這個有今天沒明天的「破落戶」（哥哥給我定的成分，很準確），即使撐著也得一頓吃光，省得惦記。我家雖然困難，也還過得去，因為父親偶爾回來還帶我們去改善改善。當然去飯館吃飯也要交糧票，但總可以見見油星兒啊。可憐的是，還有許多家境比我們更差的家庭。我的同學家好像有七個還是九個孩子，我記得她家成分是小業主，做鞋的。兄弟多，飯量大，院子裡有一棵柿子樹，兄弟們餓極了就吃生柿子，又澀又硬。結果有一個兄弟把胃脹破了，半夜三更讓救護車給拉走了……若干年後我才知道，那一場全國範圍的大饑荒，餓死了至少三千萬人。因為我們身在首都，對飢餓的滋味也就是剛嚐到一點挨餓的滋味兒，想起來心裡好害怕……

　　這階段有個男孩叫振的，我想應該寫寫他，因為他帶給我那麼美好純真的回憶：他長得有點像蘇聯人，眼珠黃黃的，他學習中等但字寫得好。不知為什麼我的作業本後面都被他寫上「東風壓倒西風」幾個字。有時候上課他會給我寫條子，但都是嘲笑擠兌我的話。中學我

考上了女十二中，我們沒有任何聯繫。但是大約初二三年級吧，突然有一天我收到了一封他的信。說他在游泳池見到我了，非常高興，希望能和我通信。怕我有顧慮，他還說：「我們從前是同學，現有是同學，將來仍舊是同學。」就這樣，我們建立了通信聯繫。他有時會給我寄個筆記本、書籤什麼的。在袖珍版的《毛主席語錄》緊俏時，還給我寄過。但我們從未約會過。直到「文革」大串聯時，我在廣州的一輛大巴上，看到他和另一個男同學走在大街上，我從車窗探出頭大聲叫他的名字。他看到我立刻追著汽車飛跑，其拚命的樣子和速度之快令我吃驚，他居然就追上了我乘的大巴。原來我們在廣州住的是同一所學校。在廣州期間，我的同學大汪汪，和振的一個男同學共四個人，也曾一同去其他學校參觀過，但很快我們就兵分二路，按照計畫我和汪汪去了上海，而他倆去哪兒我忘了。這之後就是「上山下鄉」運動，聽說他去了大慶油田，而我去了北大荒，我們再也沒有了彼此的消息。不過這份濃濃的情誼我珍藏至今，他奔跑著追趕我乘的大巴的樣子永遠定格在我的純真年代裡。

歌聲伴著我長大

六十年代位於景山腳下的北京市少年宮是少年兒童實現夢想的地方，是兒童樂園。少年宮裡設有武術、舞蹈、合唱、美術、圍棋、書法等等班。合唱共有兩個團，一個是友誼合唱團，鍾維國是指揮。一個是布穀鳥合唱團，指揮是許輔導員，伴奏是陳輔導員，他們的名字我記不清了。我有幸考入了布穀鳥合唱團，開始了我少年時代最快樂的一段生活。

　　布穀鳥合唱團是唱民歌的，客座指揮叫張樹楠，印象中應該是中央民族樂團或歌舞團的。秋里[3]也曾指揮過我們唱歌，秋里大約是中央樂團的。我們團和友誼合唱團的歌各有側重，逢重大活動才在一起排練演出。許輔導員親切和藹但不修邊幅，陳輔導員則很洋氣、很時尚。平時我們排練陳輔導員彈鋼琴伴奏，但有小型演出時陳輔導員則拉手風琴伴奏，她是個熱情快樂的人。我參加入團考試時就是陳輔導員給我伴奏的，我唱的是《少先隊員頂呱呱》：「少先隊員頂呱呱，翻身騎上小飛馬，快馬加鞭向前奔，不怕日曬和雨打。小飛馬呀快快跑，快快跑呀小飛馬。跑呀跑呀跑呀跑呀，叔叔伯伯大躍進呀，我們完成小計畫。」考樂理試唱是許輔導員，試唱的是聶耳的歌：「雪花在天上飛，莫打濕了娘的衣，莫打濕了爺的背，娘衣濕了無衣穿，爺背濕了要心碎。雪花飛雪花飛，雪花雪花慢慢飛，慢慢下……」我唱得很好，不但節奏對，還唱出了感情。許輔導員非常高興，不但考上了還被分配在小演唱組。

　　合唱團每週只週日活動一次，第一次活動是許輔導員指揮老團員給我們表演。他們唱的是大合唱《歌唱二小放牛郎》，一共分四個聲部。開始是各聲部用鼻音哼唱主旋律，那聲音悠遠而悲涼，一個小姑娘（如果我沒記錯，她叫吳乃西）用非常美的聲音獨唱：「牛兒還在山坡吃草，放牛的卻不知道哪兒去了，不是他貪玩耍丟了牛？那放牛的孩子王二小。」合唱跟入：「他哪裡去了……」四聲部的合唱變化很多，忽而悠揚忽而鏗鏘，忽而悲傷忽而激昂，我彷彿看到秋天的荒草淒淒、冷風陣陣，看到弱小的王二小昂首挺胸走在荷槍實彈的日本鬼子隊伍面前。我一下子被感動了，一下子喜歡上了合唱，一下子愛上了布穀鳥合唱團。

---

[3]　秋里（一九二六～二〇〇八），中國著名指揮家。

　　許輔導員給我們排練的歌最多，記憶深刻的是他自己作曲的一首合唱，是歌頌人民公社的，非常熱烈，曲調很像秧歌調：「敲起鑼，打起鼓，敲鑼打鼓放鞭炮。唱起歌，跳起舞，秧歌扭得真熱鬧。穿新衣，戴新帽，姑娘戴花，小子放炮，人民公社成立了，千家萬戶把戲瞧！」中間還穿插鑼鼓點。我們一群天真的孩子美麗的童聲唱出來，無比歡快好聽。許輔導員還給我們排練了電影《狼牙山五壯士》的插曲：「棋盤砣山崖高，壯士的血花紅，血花紅血花紅，我們的八路軍，五位好英雄。」曲調悲壯哀惋常把我們自己打動，流著淚唱。他給我們小演唱組排練了各種適合於表演唱的甚至有劇情的歌。比如《一個紅薯滾下坡》：「社裡有條清水河，河岸是個小山坡，社員坡上挖紅薯，鬧鬧嚷嚷笑呵呵，忽聽河裡一聲響，河水濺起一丈多。嚇得我急忙大聲喊：喂！有人不小心掉下河囉！哈哈哈哈哈，大家一聽笑呵呵，大姐、二姐回答我，不是有人掉下河，是個紅薯……咕隆咕隆咕隆隆隆咚，滾下坡囉！」領唱的是個男孩，我們一邊配唱一邊表演，非常受歡迎。他還給我們排練了兩首歌唱爸爸媽媽的歌。我們和少年宮舞蹈隊的少年一起外出演出。大頭娃娃舞我們配唱：「冬天的大雪紛紛下，爸爸成天不在家，不在家，去把河泥挖，滴達滴達達，積肥就數他，達滴達滴達，叔叔伯伯奶奶媽媽，都說爸爸積肥動勞大功勞大。」獨舞我們伴唱：「我的媽媽本領大呀，公社食堂她當家，做出的飯菜香又香，節約糧食有辦法。社員們吃罷幹活去，鋤頭一揮山也塌山也塌，我們的媽媽本領大呀，公社食堂好當家。」

　　張樹楠給我們排練輔導的並不太多，一般都是有演出任務時他才來，但我記憶深刻。一支是非常詼諧有趣的《數鴨子》：「一隻鴨子一張嘴呀，兩隻那個眼睛兩條腿，走起路來左右擺呀，擺到那個池塘正當中。呱呱依則則咧依則則咧，呱來呱去水上飄呀飄到那個池塘正當中。」張老師指揮的樣子非常活潑，表情豐富，我們唱的也歡快有

趣。還有一支是男女聲對唱，女合：「人民公社一茲（枝）花呀」，男合：「似地嘛（是的嗎）」，女合：「這茲鮮花黨來擦（插）呀」，男合：「黨來擦呀黨來擦呀！……」張樹楠的歌都是地域性非常強、鄉土氣息特別濃的歌。他總強調民歌是歌曲的靈魂，是中國的國寶，中國疆土廣闊，民歌資源雄厚，要熱愛民歌，唱好民歌，長大發揚光大！他說：「只有民族的才是世界的。」我同意他的說法，理解他作為老的民歌歌唱家的憂慮。可我對現在把原生態歌曲捧上天的做法不敢苟同。原生態歌曲是自然的未加工的原始的聲音，是簡單而淳樸的，但並不好聽。只有經過音樂家的再創作，保留主旋律，加工潤色才能有美妙動聽的效果。要不何來王洛賓？何來雷振邦？我們又到哪裡去聽「半個月亮爬上來」？到哪裡欣賞電影《劉三姐》、《冰山上來客》的不朽歌曲？

秋里是特邀來指揮我們唱歌的，是為一臺人民大會堂的演出來給我們指揮排練的。他英俊瀟灑，指揮非常帥氣。他一共給我們排練指揮了兩首歌，一首是根據革命歷史書《紅旗飄飄》的民謠譜曲的《山歌向著青天唱》，一首是《我們的生活多麼好》。這兩首歌一首是秋里譜曲，一首是鍾維國譜曲。兩首歌都好聽極了。演出時，我們穿著統一的白襯衫、花裙子、白球鞋，帶上鮮豔的紅領巾，我們自豪地大聲歌唱：「我們的生活多麼好，我們的祖國多麼美，六萬萬人民齊歡唱，萬水千山放光輝。總路線的紅旗前面飄，大躍進的戰鼓像春雷，人民公社無限好，三面紅旗萬萬歲！」我們虔誠地感恩：「山歌向著青天唱，東方升起紅太陽，太陽就是毛主席，太陽就是共產黨！」歌聲飛出人民大會堂飛到天安門廣場，把我們……和共和國一起誕生、一起成長的純潔少年的心聲傳揚。

我一生喜愛唱歌，放學晚時胡同裡人少，我揹著書包蹦蹦跳跳地唱：「金糞叉銀糞筐，糞叉糞筐帶身上。」「花花襖黑扣扣，鞋頭

的蝴蝶絨線繡，清早出門下地去，我和同學撿豆豆。」有些我曾經那麼喜愛的歌，那些歌頌建設的歌，現在看來確是一種愚昧的破壞生態環境的野蠻行為！「我們來到了什麼地方，古老的森林哪裡去了？紅眼睛的兔子不來歡迎，穿花裙子的山雞不來歡迎，藍色的喇叭花好像躲著我們，古老的大樹也不見了模樣？明亮的小河哪裡去了？銀色的魚兒多使人嚮往。啊……不是我們走錯了方向，是這裡改變了原來的模樣，高大的煙囪代替了樹林，一片片的草地蓋滿了廠房……」我不能再唱下去了，這真是莫大的諷刺，因為我們的無知和瘋狂的砍伐破壞，人類付出了多麼慘痛的代價！在兵團時趁晚上宿舍沒人，我也會引吭高歌：「一條大河波浪寬，風吹稻花香兩岸……」「夜半三更哎，盼天明，寒冬臘月哎，盼春風……」

我一直以為，歌曲是時代的印記，一首歌可以勾起我們的許多相關回憶，我們的童年、少年甚至青年時代就是唱著這些革命歌曲長大的，這些歌曲可以說與我們的人生密不可分，對我們的人生有著積極作用。但是時隔這麼多年，有人卻把「唱紅歌」搞成一項政治運動，藉以實現個人的政治野心，甚至想讓歷史倒退，對此我是堅決反對的。

我一生喜愛合唱，更偏愛多聲部無伴奏合唱。陝北民歌《三十里堡》，那旋律、那合聲有多美、多動聽啊。「提起那家來家有名，家住在綏德三十里鋪村，四妹子和了個三哥哥，他是我的貼心心人。」還有許多蘇聯無伴奏合唱：「靜靜田野裡，沒有聲音，只有憂鬱的歌聲，在田野上蕩漾。」「哎嘿紅玫花兒喲，哎嘿白蓮花兒喲，你可別生長在那峻峭的山崖上喲。」相信當你聽到這些優美的無伴奏歌曲時，會認為世界上任何樂器都是多餘的。

我喜愛大合唱，《黃河大合唱》自不必說，五十年代的大合唱《祖國頌》，把人民對美好生活的愛、對祖國的愛，通過深情的歌

表現得多麼充分：「太陽跳出了東海，大地一片光彩，河流停止了咆哮，山野敞開了胸懷，我們偉大的祖國進入了社會主義時代……」「文革」期間的《長征組歌》我百聽不厭，而且每首曲子我都會唱。瞿希賢的「山連著山，海連著海，全世界無產者聯合起來，海靠著山，山靠著海，全世界無產者聯合起來……」多麼氣勢磅礡，誰能相信是女人創作的呢？因為喜愛合唱，逢到「俄羅斯軍隊亞力山大紅旗歌舞團」來時，我不惜花上千元買票一個人去人民大會堂聽。我喜歡歌曲《卡林卡》，領唱瓦西里施特羅夫茨的聲音太漂亮了，因為我這個歌迷太熱情，且座位靠前，我又是招手又是飛吻，以至於謝幕時，主唱把鮮花獻給了我，令我激動得一夜未眠。

　　童聲合唱當然是我最鍾情的了，我曾經一個人到中山公園音樂堂去聽暑期專場童聲合唱，也曾兩次斥鉅資去聽維也納童聲合唱音樂會。領略了具有天籟歌喉的來自奧地利皇室男童合唱的絕妙演唱，聽著他們的歌真使我陶醉在仙樂飄飄如天使降臨的感覺中……那些歌聲、那些旋律喚起我對童年的美好回憶，洗滌我被歲月磨礪和污染了的粗糙的心靈，讓我回歸純潔回歸童年，回歸大自然。

　　指揮中我喜歡中央芭蕾舞團（簡稱「中芭」）的李心草，他激情滿懷，有很強的感染力。有些頂級大師如卡拉揚等我並不會欣賞，大概我是門外漢，他太深奧了吧，總覺他缺少激情。但我狂熱地喜愛著義大利指揮理卡爾多‧穆蒂。我的兒子和我一樣喜歡他。兒子不僅和我一同看他的演出還給我購置了他的DVD和錄影帶，前幾年逢到我心情不好時，我會整夜整夜地看他的帶子。兒子拿我開心：「如果你有機會見到理卡爾多‧穆蒂你會怎樣？」我告訴兒子：「我只會躲在一個角落遠遠地看著他欣賞他，要知道愛是多種多樣的，對藝術家的愛是傾慕，是崇拜，是信仰，把這種愛默默地藏在自己的心裡就是一種莫大的幸福！」

令我魂牽夢繞的女子十二中學

大約是一九六二年吧，我該上中學了。因為姐姐在女二中上學，女二中的風氣是樸素嚴謹，母親認為姐姐在這所學校讀死書、死讀書，快成書呆子了，不讓我報考這所中學。於是我報考了校風活躍開放的女十二中，即原教會學校貝滿女中。而且我如願考進了這所令我非常熱愛的學校。

貝滿女中十九世紀中就成立了，是一所美國教會學校，據說是第一個將西方教育引進北京的貴族女子中學，曾經蜚聲海內外。解放以後更名為北京第十二女子中學。五六十年代女十二中是北京十所重點中學之一。我的母校不僅歷史悠久，且培養了許多才女、名女人。政界的人我記不清，但著名作家謝冰心、曾榮獲世界南丁格爾獎的著名醫護人員王秀瑛、著名戲劇家周總理的養女孫維世、著名鋼琴家鮑蕙喬，還有我說不上名字的化學家、物理學家等等……

左：女十二中（貝滿女中）標誌性建築的教堂，在六十年代初是學生們開會的大禮堂。
右：初中一年級上課的兩層樓教室。

　　女十二中校址位於燈市口同福夾道。我入學的那一年，燈市西口有大教堂的大院落是女十二中初中部校址，大約是初二時吧，把這個大校舍劃出去成立了燈市口女子中學。我們遷入了同福夾道女十二中本部，這一待就是六年。我的母校很美，春有春的風采，秋有秋的韻致。燈市西口原初中部，全部是美式的建築，大教堂巍峨聳立，玻璃五光十色，那是我們開大會的禮堂。教堂前面有兩棵高大的銀杏樹，一到秋天，滿樹金黃的樹葉，風一吹撒落了一地，太陽透過樹枝星星點點照在落葉上。冬天的雪後，白雪覆蓋著校園，覆蓋著教堂，很像托爾斯泰筆下《復活》的一幕。教堂前面是學校的大操場。我們的教室在一樓，但要上十幾級臺階，教室房頂很高、很明亮，我的初中一年級就在這個教室度過。後來我們遷入了燈市東口同福夾道，校舍全部是中式建築，風格迥異。據說明朝時期是大奸臣嚴嵩之子嚴世藩的府第。胡同叫戎府街。到了清朝又落入皇親國戚一等承恩公佟國康、佟國維兩兄弟之手，又改稱佟府夾道。後來才改為同福夾道。這個府第很大、很氣派，院落分為幾進我已記不太清了，但我記得最後一進的高三小院，院裡有桃花、丁香花等，只有高三年級四個班在這個安靜優美的小院落學習。我那時真羨慕高三女生，盼望著我能快快長大進入神祕的高三小院。女十二中的教師也以女性為主，且有許多教師本就是過去貝滿女中的學生。我記得教英文的潘老師和一個美國回來的老太太、教語文的彭老師、教數學的楊老師都曾在貝滿就讀。這些老師有些與眾不同，那時她們還穿旗袍，英文老師上課總戴著長及肘上的網眼白紗手套。語文彭老師腦後梳個大髮髻，上下班還坐人力三輪車。潘老師非常漂亮，白白的皮膚，大大的眼睛，很貴族化。這些老師和我小學時的老師不太一樣，有些傲氣，有些讓人敬畏，但她們教學水平很高，因此我一樣很愛她們。

　　那一年的九月一日，我懷著期待和興奮的心情進入了女十二中，踏上了我的中學歷程。考入這所學校的女孩們都是各學校成績上的佼

佼者。我們的班主任是個印尼華僑，我記得第一節課她就公佈了我們入
學的名次。我們班是一年級一班，以全校第一名考進來的瀟雨被任命為
學習委員，我的名次也比較靠前擔任了少先隊文體委員。而我和瀟雨也
自此開始了我們長達五十年的生死與共的友誼。我的同學們以知識分子
家庭出身的居多，其次是高幹、革幹出身的也不少，唯獨少有工農子
弟。因為全是女孩子，大家無所顧忌，又正值青春發育期，在這樣一
個單純的輕鬆的大環境中生活和學習，實在是一種享受。我不明白為
什麼「文革」以後取消了男女分開上學的學校，這真是教育界一大損
失。我認為青春期的女孩不和男孩子接觸，有利於心智的發育，精力
集中有利於學習，無所顧忌有利於性格發展。如果說小時候我就比較
活潑，那麼女十二中這個溫暖開放的大家庭最終使我成長為一個心智
健康具有積極向上的樂觀開朗性格的人。都說性格決定命運，我的一
生儘管坎坷，可我從未放棄希望和努力，我的人生儘管普普通通卻也
不乏精彩，這都應感謝我的母校給予我的教育，感謝我親愛的老師們！

　　我們的課程安排很滿，一天六節課，晚上還有晚自習，但並不算太
緊張。自從進入中學，我再不是成績第一名的學生了，因為成績棒的孩
子太多了，再說我也不太用功，我也就排個中上等吧！我記得有一次數
學課下我去問楊老師一道數學題，老師不給我解答，還說：「你這個孩
子腦子夠用，就是太浮，瞪著大眼睛聽課，腦子不知跑哪兒去了。我不
給你講，自己想去！」她雖沒給我解題，我也心服口服。她說得很對，
我的愛好太多了，不夠我忙的，心真的浮躁得很。我一直喜歡語文、歷
史、外語、政治等文科科目，數學幾何也還可以，特別是幾何解題非
常有興趣。不喜歡物理、化學、地理，特別是物理、化學，我這個習慣
形象思維的腦袋很難理解。可我的姐姐卻是學物理出身，北師大物理系
的高材生。可見雖一奶同胞，相差卻天壤之別。我不喜歡化學卻當了化
學科代表，很讓人費解。其實原因很簡單，就是因為老師喜歡我。她姓

丁，也就三十歲左右，白白淨淨，梳著短辮子，很溫柔，很安靜。記得我初中考高中時，大約是一九六五年，父親說，家中已有兩個在讀大學，應該改改門風，讓我去紡織廠當工人。我不甘心，就讓父親去問丁老師（初三時她是我的班主任），丁老師堅持讓我考本校，將來去大學深造。父親聽了丁老師的話，我才有機會高中又考入本校。

　　初中在我的記憶中就是一句成語「豐富多彩」，給我留下許多美好回憶。先說說我們的圖書館：圖書館不算大，但藏書豐富。老師叫草沙，是個高高瘦瘦的倔老頭。據說他是老革命、作家，很有來歷，因為工作調動中丟失了檔案，革幹身分無法認定，成了無業人員，被貶入我校當個小小圖書管理員。我們每人都可在圖書館借書，可在學校也可在家閱讀。我可真沒少讀書，真沒少讀好書。光是前蘇聯的書我就讀多了。《卓婭和舒拉》、《丹娘》、《鋼鐵是怎樣煉成的》、《高爾基三部曲》、《紅肩章》、《一本打開的書》、《茹爾賓一家》、《暴風雨所誕生的》，每一本書都讓我著迷，每一本書都讓我癡迷其中，浮想聯翩……。《紅肩章》是寫軍校生活的，我非常喜歡，我記得有一段描寫軍校學生男主人公，在學校舉辦的舞會上認識了鄰校女生，散場後他送她回校：雪已經停了，地上的積雪很厚很深，兩個人走在路上誰也不說話，只聽到軍靴踩到地上「咯吱咯吱」的聲音和心裡揣著的小兔子「撲通撲通」的聲音……那種純潔感情的美好給我留下了深刻印象。我喜歡看《茹爾賓一家》，《茹爾賓一家》是寫前蘇聯的造船廠工人的，那種國家主人公的精神，那種工人階級的豪邁灑脫讓人感動。因為喜歡作家柯切托夫的書，在兵團時從團部教師左英手裡借到的也是柯切托夫寫的《葉爾紹夫兄弟》、《落角》等書。當然我也借了不少其他國家的名著，比如司湯達的《紅與黑》，巴爾札克的《歐也妮‧葛朗臺》、《高老頭》，比如莫泊桑的《人生》、《漂亮朋友》，還有哈代的《德伯家的苔絲》……當然我

主看的書還是前蘇聯的，托爾斯泰的《戰爭與和平》、《復活》、《安娜‧卡列妮娜》都是我的最愛，因此我一生有著解不開的蘇聯情結。

我喜歡畫畫，不僅上課畫，業餘時間還參加了和鄰校男二十五中（育英中學）合辦的水粉畫班。瀟雨也喜歡畫畫，美術課的寫生，我倆畫的就是學校的大教堂和高大的銀杏樹。有一次英國水彩畫展在蘇聯展覽館（現在的北京展覽館）舉辦，我倆騎著車去看畫展，展館裡很安靜，人很少，我們兩個小女生看得還很投入。有很多幅畫，畫的都是大海、帆船、碼頭……意境非常美。新年前，同學們相互之間要送賀年卡，還要送老師。我們倆自己畫畫製作賀年卡，記得我都是臨摹葉淺予、李克瑜的舞蹈速寫，塗上水彩送老師、同學的，這個創作的過程一直很興奮很令我陶醉其中。

初中時每週還有兩節勞動課很有意思。勞動內容是編草帽辮，即做草帽的用草編的辮子。勞動課地點設在大教堂的地下室，有一個年齡較大的女老師教導和管理我們。地下室很高很大，光線不太好但溫度適中，工作的氛圍很輕鬆。在這兒勞動很容易讓人聯想到電影《簡‧愛》修女們幹活的鏡頭。只是嬤嬤變成了老師，而且是管不了學生的老師。我們上課時手不停嘴也不停，「吱吱喳喳」沒完沒了地說話。而老師要求不准講話安靜幹活。所以每次老師都在批評完大家後再鼓勵一句：「我們的課堂紀律一直是斜線上升的。」而我們這幫搗蛋鬼就給老師取外號叫「斜線上升」。順便說一句，女校的學生們都很瘋很放肆，這就是我所標榜的有利於個性的發展。我特別喜歡上勞動課，不是我愛勞動，而是喜歡那種溫馨的氛圍，更喜歡沒有提問不用做功課。後來我們搬遷到同福夾道，我們的勞動課也就停止了。雖然不捨還是跟斜線上升老師拜拜了！

英文課也很有特色，開始是個老頭兒教，他很和氣，還教我們英

文歌曲《約翰兄弟》Are you sleeping，are you sleeping brother……
我至今會唱。但我們大家都討厭他，他輔導我們時離得太近，有點
色迷迷。後來不知是否有同學告狀，總之我們的英語老師換了一個洋
氣的老太太。她上課時儘量使用英語講課，她不稱呼我們為「同學
們」，而是稱呼我們為「女孩兒們」。大家相互問候以後，當天的值
日生要起立用英語報告今天是幾月幾日星期幾、天氣怎麼樣、班裡出
席情況以及有什麼有意思的事發生等等。有時她還會即興問一兩個問
題。所以每次上英語課前值日生會和大家一起準備：「今天來點什麼
新鮮的？」老師要求我們大聲地讀出發音。我記得學英語操場這個詞
playground，她走到每個學生的身邊要求你大聲地讀給她聽，她一個
個糾正。上她的課，課堂氣氛非常活躍，估計李陽教英語的方法就是
從我的老師那兒學的。

音樂課伴奏是古老的腳踏風琴，因為教室很高，風琴的聲音有點
像合聲「嗡嗡」的，我們又是一水兒的女孩子的童聲，很像唱詩班的
歌聲。我們學的歌也很美：「風兒吹呀風兒吹，花兒醉呀花兒醉，一
排排的小樹站成隊，一排排的小樹站成隊。青的山，綠的水，山桃野
果低頭睡，哎呀呀多麼好多麼好，祖國的山水實在美。」

那時候的國慶日都要遊行，九月份就開始練隊。有一年我們學校
參加體育大軍的方隊，組隊跳藤圈兒操。跳藤圈兒操的服裝是短小的
白連衣裙，很像芭蕾舞劇中的小天鵝。穿上服裝那一天，我們興奮極
了，大家彼此欣賞不已。且不說我們的長相，光是那種逼人的青春氣
息就夠你陶醉十五天半拉月的。每年的九月份是我們快樂的時光，北
京的秋天本就是一年四季最美的季節，秋高氣爽，氣候宜人，楓葉紅
了，銀杏葉黃了，瓜果梨桃熟了、上市了。我們上學，我們練隊，我
們慶祝偉大祖國的生日，我們憧憬美好的未來，生活的大門還沒有敞
開，那種對未來的期待有多麼迷人美好。

國慶日當天活動內容豐富極了，白天要遊行，夜晚要到天安門廣場跳集體舞，我們學校和男二十五中學一個圈兒。因為我們是女校，即將和男孩兒跳舞心情很複雜，很期盼又很忐忑，跳舞時誰也不看誰，只是緊張地隨著音樂機械地做動作，全沒了往日的瀟灑（看過根據王蒙[4]的《青春萬歲》改編的電影吧！其中就有這一情節）。有一年我們排練了兩個舞蹈在晚會中演（每跳幾個集體舞中間就要由各學校穿插演幾個節目）。我們班有個從歌舞團下來的舞蹈演員，插班來到我們中間，她叫郎鈞芳，比我們年齡大些。她給我們排練了《採茶舞》、《洗衣歌》。我們的服裝都是七拼八湊自己搞的，演完《洗衣歌》趕緊換服裝跳《採茶舞》，不料《洗衣歌》大受歡迎，晚會的聯絡員通知我們到其他圈子裡去演，可我們的服裝都拆散了，沒辦法「組裝」了，大夥兒那個懊喪勁兒就別提了，哭的心都有。好在不一會兒就放燄火了，五彩繽紛的燄火映紅了、映藍了、映綠了天空，我們跳啊笑啊叫啊，我們為祖國歡笑，為青春歡笑，為未來歡笑，那種歡樂和幸福沒有經歷過的人是體會不到的！

初中時我有幾個好朋友，但除瀟雨外大都沒了音訊。上學的第一天瀟雨和我被安排在同桌，她也是知識分子家庭出身，我倆一見如故，相互「愛慕」，很有些相見恨晚之意（怎麼有點像賈寶玉初見蔣玉菡），有趣的是我倆長得也很像，一對兒大嘴叉子。第一節下課我倆就聊開了，她也愛畫畫，喜歡剪紙呀什麼的，而且我們認識僅三天就「約會」了，一塊去美術館看了畫展。第一次班會，她為全班跳了舞《三隻蝴蝶》，她穿得花花綠綠還披著紗巾當翅膀，事後我總學她跳舞的樣子取笑她。我為大家唱了泰國歌曲《湄南河》：「湄南河，在月光照耀下發光，像星星在閃爍，微風送來輕輕涼意，滔滔的河水，奔向那遙遠的地方……」她被任命為學習委員，我是文體委員。

---

[4]　王蒙（一九三四～），中國當代作家。曾任中華人民共和國文化部部長。

左：六十年代，我（右）和好友、閨密瀟雨（左），經常一起出遊，這是在中山公園。
右：最豐富多彩的初中時期，當時就讀女十二中。

現在看來，我們老師真會量才用人。她學習非常用功，一絲不苟，而我整天不是唱就是玩，確實勝任「文體」的料兒。好朋友中還有李靜江，她好像有一半日本血統。她的眉毛、眼睛特別黑，皮膚特別白，臉有點長。下學以後她常到我家玩，我洗完頭自己梳不開，她像個姐姐似的給我通頭髮，我亂動她就打我頭。她的家在三里屯，有時我也去她家玩。她的母親不在國內，家中只有父親，不知她父親是幹什麼的，反正總在家待著寫東西，以至於她弟弟作文寫道：「我的爸爸是家庭婦女。」有一次她看了張恨水的小說《啼笑因緣》，繪聲繪色地給我講，我不過癮，索性到圖書館借了原著回家看。不料讓我哥看到了，不但搶走我的書，還上母親那兒給我告了狀。母親說張恨水的書

小孩子不能看，談情說愛消磨意志，勒令我馬上還回去……我不知道李靜江高中到哪裡去了，也許去日本了？我常常懷念她，想起和她一起度過的快樂時光。還有個好朋友新，她奔兒頭很大，圓圓的眼睛，說話楞楞的，很單純。我至今留有她和我的合影。她的爺爺好像是張作霖還是哪個大軍閥的祕書我搞不清。她姑姑年輕未婚時就因病去世了，爺爺在京舉行了盛大的葬禮。她拿出照片給我看，送葬的隊伍望不到頭，全部穿白色孝服，隊伍前面都是幡，寫著「貞女」、「聖女」之類的字，看得我毛骨悚然，直做惡夢。她父母雙亡，只有一個哥哥因病休學在家。她哥哥很有藝術氣質，她家櫃子上擺著她母親的照片，周圍灑滿了金黃的菊花瓣，房間的裝飾很淡雅，透著淡淡的哀愁……有一次她哥哥給我做了一桌菜，有油燜大蝦什麼的，對我來說太奢侈了，我不顧兄妹倆苦苦挽留，跳窗逃跑了。現在想想自己太不懂事、太小家子氣了，違了人家一片誠意。更令我難過的是，後來她哥哥病重住院，新帶我去看他，他拿出在醫院用塑膠玻璃絲給我編的小象、駱駝、孔雀等精美的小玩藝兒擺件送給我，問我還喜歡什麼再給我編，而我卻再沒去醫院看過他。後來他死了，死時還不到二十歲吧。他長得白白淨淨、高高瘦瘦，很清秀斯文的樣子，每當我看瓊瑤電視劇裡出現多愁善感的公子哥兒就會想起他，想起他那張白白的、哀傷得近乎絕望的年輕的臉……

　　一九六五年九月一日我上高中了，又考入了本校，而且我們初中班不少同學和我一樣，選擇留在本校。高中班集體似乎整體素質比初中更勝一籌。我們的班主任叫劉萬敏，是教語文的，因為我喜歡語文，且作文不錯，我和劉老師建立了非常深厚的師生情誼，且延續至今。

　　高中應該學習三年，可我們只學了一年，滅絕文化的文化大革命就開始了，到一九六九年九月下鄉，實際在校時間四年。這四年的生活跌宕起伏，從多彩爛漫到災難深重，到心照不宣，到各奔前程，班

高中同學們在拍完這張照片之後就各奔前程了。

裡的同學也因為出身不同各有不同的遭遇和命運,如果編個電視連續劇《哎,我逝去的青春年華喲!》絕對能打動一代人。

我這裡僅寫高中一年級的快樂生活,其餘將在「文革」歲月中另做表述。

高中的老師有幾位我記憶深刻,先說劉萬敏老師,她矮矮胖胖,戴副眼鏡,三十歲左右的樣子,非常和藹可親。她是那種中規中矩的人,從沒有特別激動、特別憤怒等過激的情緒,總是平平靜靜、有條不紊,我印象中她對所有同學都很親近、一視同仁,除了經常在課上唸我的作文外看不出偏愛誰。直到我下鄉那一天,她抱著毛主席像和四卷《毛選》去火車站送我,而我卻沒跟學校走(學校是去羅北),上了另一輛開往北大荒勃利的火車,陰差陽錯沒見到劉老師。直到這一天我才知道我在劉老師心中的位置,讓我很感動了一陣子。這段師生情誼我在下鄉十年後做了延續,經多方聯繫奔走,我把劉老師的有些弱智的兒子安置在某軍工廠一直工作至今。我和劉老師雖不經常見面卻相互記掛,常通電話。她近幾年身體欠佳,我在這裡僅祝願劉老師健康長壽,一生平安!

高中的快樂時光，左邊吹口琴的是我。

　　另一位英文老師趙鴻義，我們叫他趙teacher，他一米八幾的大個子，瘦瘦的，滿頭自然捲像個雞毛撢子。他當時也就二十多歲吧，面對一幫十幾歲的女孩真有點難為他。我記得他脾氣特別好，從沒對我們發過火。每次我們上課他從教研室過來都要經過後窗，後窗開得很高、很小，他一經過我們就能看到他的鳥巢一樣的頭髮，我們班的阿胖就喊：「嘿，快看，雞毛撢子來了。」有一次下大雪，班裡幾個調皮鬼把沾滿雪的掃帚架在門框上，趙Teacher一開門，掃帚掉下來砸到他頭上，弄得他滿頭滿臉的雪，全班哄堂大笑，他也並不生氣，撢撢雪照樣上課。我在他課上鬧了不少笑話。一次他上課提問，問我英文一雙手套怎麼說，我忘了手套怎麼說，心想他問的主要是「一雙」怎麼說，就反問他：「我說一雙襪子行嗎？」全班一陣哄笑，他也笑了說：「可以，沒問題。」我答完一雙襪子洋洋得意地坐下了。還有一次考試，我把「地主剝削農民」中的單詞地主Landlord記錯了，寫成了大蒜Garlic。變成了「大蒜剝削農民」，趙Teacher看不懂，上課讓我把考卷讀一遍再翻成中文，全班樂翻了天。趙Teacher也樂了：「噢！原來你把地主和大蒜upside down（倒栽蔥了）！」下課以後有好事者就給

我起了外號Garlic，從此這個外號就一直跟到我畢業。順便說一句，那時候我們的英文課教材很有意思，不是猴子撈月亮就是地主和農民的故事（地主讓農民種地可不給工錢，農民為報復，把大蒜倒栽蔥種上了，以致地主秋後無收成）。我估計那時候剛開英文課，編教材太難了，老教材不能用，新教材得突出政治，所以我們學的英文並不實用。我到現在只會說Long Live Chairman Mao（毛主席萬歲）。

我還記得吳鼎雲老師，他是教高二的，他個子很矮卻叫「鼎雲」，我們覺得好笑。他指揮很棒，有激情，所以我印象深刻。他指揮高二年級的《長征組歌》很有味兒，高二同學唱得有模有樣。全校集會時，他指揮我們全體同學唱《歐陽海之歌》，一千多學生坐在大操場上分聲部唱，激情澎湃，感情充沛。不知旁觀者怎麼想，反正同學們唱得非常投入，把我們自己感動得夠嗆。有時我們去遊行，去勞動，去拉練，休息時我們都會集體唱這個歌，但指揮多半是高三學生。「湘江岸上，楓葉紅，列車奔馳在群山中……他為了千百人的安全，獻出了年輕的生命，河水發出了嗚咽，山河也為之動情……」我們這一代為什麼歷盡苦難而不言敗，一度成為社會的中堅力量？就是這些無時不在、無處不在的愛國主義、英雄主義的教育滲透在我們的血液中。

高中時我們每學期都要下鄉勞動，一般不超過一個月。記憶中我們去過郊區的下西市、龐各莊等等地方。我們每人揹個行李捲隨著學校的大部隊就出發了，到鄉下分散住在老鄉家。我們參加過麥收，收過柿子，那時候的勞動和日後的「上山下鄉」完全是兩回事，說是勞動鍛鍊，我的感覺分明是在我們緊張的學習生活中增加一道新的亮色。有一次下鄉，我和瀟雨及林伊三個好朋友住在老鄉空置的一間土房裡，村裡人說那間房是停死人的，我們都很害怕。晚上沒有燈，沒有聲音，四處黑洞洞，只有偶爾的狗吠聲。明明我心裡怕得要死，卻還講鬼故事嚇別人，甚至拿手電筒打在自己臉上吐著舌頭、翻著白眼

嚇唬同屋的同學，嚇得她們鬼哭狼嚎，我卻以此為樂。別看我晚上鬧得歡，白天幹活兒我就沒戲了，不是不想好好幹，而是我細胳膊、細腿兒一點勁兒沒有，瀟雨和林伊兩人晚上被我欺負白天還不計前嫌幫我幹活。吃飯時每人一個饅頭、一個窩頭，林伊總是吃兩個窩頭，讓我吃兩個饅頭。她說愛吃窩頭，至今我也沒搞清她是真愛吃窩頭還是讓著我這個矯情鬼。

　　還有一次勞動我和阿胖搭擋推糞車。糞車是獨輪車，我們得一個在前邊拉一個在後邊推，還得和其他同學比賽。我推著獨輪車，她在前邊揹著繩子拉。我的兩個細手腕推著獨輪車走在山路上顫顫巍巍、歪歪斜斜很吃力。阿胖嫌我又笨又沒勁兒，一直落在大家後邊，就「他媽的」、「笨蛋」、「你倒是快點呀」不停地罵我。我氣得火冒三丈可又跑不動，終於忍無可忍，來了個大撒把。阿胖沒思想準備，一下子摔倒在地，來了個狗吃屎，穿的黃毛巾的衣服全被搞髒了，她爬起來罵得更歡了。而我自知理虧，趕緊拉著她回去換衣服。好在我倆是好朋友，她罵夠了出了氣也就拉倒了。收柿子的活兒可就不一樣了，很輕鬆，很好玩，當地果農站在樹上摘，我們在樹下拿一個兩根棍兒綁著一塊布的工具接柿子，摘柿子的果農也不看下邊，只是扔一個柿子「嗨」一聲。我們仰著頭順著聲音瞄準接住就行。雖說好玩但仰著頭在樹下跑來跑去幹兩小時也夠人一受。休息時我們仰面朝天躺在樹下，看著遠處的山，看著滿山的金黃柿子林，在地上撿個摔壞了的柿子吃，甜蜜蜜的真是好吃（學校規定不許吃老鄉的柿子，我們只能撿摔壞的柿子吃）。收工時，我們迎著晚霞唱著歌回村子，村裡家家的煙囪冒出炊煙，滿村裡瀰漫著柴火的煙霧和煮熟的新糧食的香味兒，那感覺真是好極了。吃過香噴噴的農家飯，晚上去開憶苦思甜大會。一個婦女連哭帶唱：「天上佈滿星，月牙兒像金鉤，咱社裡開大會，訴苦把冤伸，萬惡的舊社會，窮人的血淚仇……」我們當時很不

以為然，該控訴控訴，該說什麼說什麼，這樣一把鼻涕一把淚的又哭又唱的形式很難讓人接受。散場以後，同學們各自向自己住處走去。看看人漸少，我們班的丹妮帶頭大聲地學那個婦女唱歌且裝哭流鼻涕，我們一起在黑洞洞的夜晚摸著黑，深一腳淺一腳地邊走邊聲嘶力竭地連唱帶嚎，不但沒受教育還惡作劇，在老鄉中造成極壞影響。第二天一早學校開始追查昨晚是誰幹的，我們嚇壞了，誰也不敢作聲，昨晚的囂張氣焰全跑到爪哇國去了。最後是否「破案」我忘記了，但這個事件我記得牢牢的，很為那時候的快樂和單純得意。

下鄉勞動時還有一件逗事，就是老鄉的廁所。廁所是個小口的罈子埋在地下，恐怕是老鄉們用來積肥用的，我們這些城市學生搞不懂為什麼用這麼小口兒的罈子做廁所，一個叫徐林江的同學就戲稱上廁所是「瞄準兒」，我們笑得肚子痛，但很快統一口徑，不管誰上廁所都說「去瞄準兒」，而且都要大笑一場才肯去。也是這個叫徐林江的同學，記得她是幹部子弟，獨生女，因為身體不好，又瘦又弱，頭髮黃黃的，我們就給她起個外號叫「小破爛兒」，那是前蘇聯的一個童話《小鐵腦殼歷險記》中的人物，很可愛的。在地裡勞動時，我們大聲叫她「小破爛兒」、「小破爛兒」，她也大聲地答應著，結果當地的婦女偷偷拉著我們小聲說：「破爛兒在農村是指作風不好，人家姑娘家的，你們怎麼能這麼亂叫？」嚇得我們又吐舌頭又翻白眼兒，可見我們當時有多麼瘋，徐林江後來也下鄉到內蒙古羅北兵團了……

下雨時學校不許我們光腳走路，怕扎破了腳。因為好奇，我們想體驗一把光腳在泥地裡走路的感覺，就冒雨光腳在泥地裡亂跑尋開心，受到老師批評，還讓寫檢查。可歎的是，原來備受老師呵護的「祖國的花朵」，因為一年以後的「文革」運動，因為「上山下鄉」成了知青，別說扎腳，生命安全都再無保障，早知以後生活的常態就是趴冰臥雪，滾一身泥巴煉一顆紅心，打死我也不會提前去泥地裡體驗生活了……

我（左）與林伊（右）下鄉前的合照。

　　高中一年級，我的另一個相伴一生的好朋友出現了。她叫林伊，她是那種不顯山不露水，非常寬容平和的人，很樸素，很大氣，我一下子就喜歡上了她。她的父親曾經在延安魯藝學習，和劉熾、賀綠汀等知名音樂家同在一班，解放以後一直搞音樂研究，因為不是黨員一直沒得到重用。她的母親是某女中的高級教師。家庭的薰陶使她知識面很廣、很淵博且骨子裡非常浪漫多情，她博覽群書不似我以看前蘇聯小說為主，選擇性很強。她幾乎古今中外什麼書都看，因此造就了不一樣的性格。對我來說，理想化的東西更多一些而她就比較理性深刻。她彈得一手好鋼琴，剛剛入學沒幾天，她就約我到她家彈琴給我聽，她彈的《土耳其進行曲》、《牧童短笛》等非常動聽，而我也和她一起學了一段鋼琴，我們還曾練過四手聯彈，但我也只新鮮幾天就丟了。很快林伊和初中就和我要好的瀟雨與我三個人就成了莫逆之交，成為班裡公認的「三位一體」鐵三角，也成了戴帽小資情調三人組，這個小資情調害得我們入團都費勁兒，就別說入黨了。我在兵團在大興安嶺入黨時都因為小資問題屢屢受挫。我們三人雖沒有桃園三結義，但我們之間的生死之交也是感天地、泣鬼神的，就是男性公民也未必有我們的俠肝義膽、忠義情結。我們之間的情誼從十幾歲延續至今，其間經

歷了「文革」、下鄉、返城再就業等溝溝坎坎，我們一起度過了困難時期，一起迎來了生命中的第二個春天。這些我會有專篇記述。這裡且先說說其他三個好朋友。一個叫茵，她家成分好像是房產主，父母均是畫家，她是家中四朵金花之第一朵。她長得不算漂亮，但皮膚白皙，文文靜靜，嬌嬌滴滴，很討人喜歡。當時她正在學吉他，夏威夷式的，非要讓我和她一起學，為此姐姐還用自己的零花錢給我買了一把吉他。我用這把吉他在「文革」後期告別母校的一次演出《全世界少年兒童熱愛毛主席》組歌中，獨奏了一段日本小朋友熱愛毛主席的曲子前奏和間奏。而這把吉他還在我下鄉後帶給了我好運。那時候的文藝作品可真夠自作多情的，居然寫出全世界少年兒童如何熱愛毛主席，其實各國的孩子連自己國家的首腦都搞不清，怎麼會跨山跨海地熱愛中國的毛主席？這不是強加於人嘛，而我們卻信以為真。不過那組歌的曲子確實很好聽，且充滿濃郁的各國音樂特色，我們很喜歡唱。

另一個就是前面提到的和我一起拉糞車的阿胖，她胖胖的、圓圓的，大眼睛、翹鼻子，生性快樂豪爽，和她在一起會不由自主地被她的快樂感染。她籃球打得特別好，是校籃球隊的，經常參加比賽，她是媽媽的掌上明珠，她的媽媽給女兒做各種漂亮的服裝很令人羨慕，可惜的是她也未逃脫命運的捉弄，後來去了雲南兵團。再就是丹妮，她很聰明，非常有才，個性快樂張揚，也是班上非常活躍的調皮鬼之一。她指揮很棒，課間時她踩著椅子拿著教鞭指揮我們唱《全世界無產者聯合起來》，為了扮酷，她故意把短髮弄散好甩來甩去。我們幾個好朋友玩起來有用不完的新鮮點子。我們有時到我家聚餐，之所以選我家是因為父親在外地，兄姐住校，母親早出晚歸，家裡沒人管我。大家每人做一個菜，材料要自己帶，在院子裡煎炒烹炸後，把桌子搬到院子裡大吃大嚼好不開心。我們一起騎車去頤和園動物園玩，先在莫斯科餐廳吃冰淇淋，那時候「老莫」都用銀餐具，我們煞有介

我們幾個高中同學在莫斯科餐廳吃完冰淇淋，和好友阿胖（左）在餐廳外留影。

事地圍著一個大方桌很斯文地吃冰淇淋，出來以後立刻原形畢露。為了不買動物園的門票，我們一群瘋丫頭爬牆頭翻到動物園裡玩。瘋夠了，一起坐在椅子上草地上吹口琴唱歌……到現在我還保留著玩時的照片……那是一個多麼純真的年代，那是一段多麼美好的年華，那是一種多麼快樂的無憂無慮的生活！我看了那麼多同時代朋友的回憶文章，大概是苦難和蹉跎迷失了他們的記憶，使他們只記得困苦和磨難而忘記了我們曾經有過的美好青春。我要告訴孩子們的是，你們的父母曾經和共和國一起走過了朝氣蓬勃、充滿希望的十七年，見證了新中國建國以後最進步、最美好的十七年（雖然那十七年也運動不斷，但我們還太小，還未有切身體會）。儘管我們物質生活並不富裕，但我們的精神生活是飽滿的，是豐富的，是充實的。我懷念我人生中最初的十七年，那是我一生中最值得回憶和留戀的時光，也是奠定我人生信念和基礎的十七年，後來的我能夠歷盡苦難而癡心不改，最應該感謝的是這十七年……

我的電影情結

　　我愛看電影，從小就愛看，至今仍然有此愛好。看電影給我的生活憑添了許多樂趣，使我的視野更加開闊，也教給了我許多比生活更深刻的東西。我看電影特別投入，跟著片中的主人公一起哭，一起笑，一起體會人生中的五味雜陳。有些好的電影甚至影響到我的人生觀，影響我的一生。正因為如此我對電影很挑剔，對電影的國籍、門類、思想性、演員、導演都有自己的偏好，但是隨著我年齡的增長，隨著社會的開放進步，好的電影反倒越來越少，值得你到電影院去觀賞的影片越來越少，這真是令我不解和悲哀的事。是我跟不上時代的步伐？是我思想太老舊？我真是懷念我們生活的那個年代，懷念那些老電影，懷念那些給我留下那麼多精神財富的「小時候」。

　　小時候我看的第一個電影叫《衝破黎明前的黑暗》，名字是姐姐告訴我的。那時候我還很小，只記得母親讓姐姐去買《一江春水向東流》的電影票，然後帶著我們去看電影。結果電影開始了，是打仗的。母親說是加片吧？可一直演到完，也沒演正片，原來是姐姐買錯了票。姐姐挨了一頓罵，而我看了一場非常血腥的電影，我也從此恨透了日本鬼子！上小學以後，每過一段時間老師就會帶我們去看電影，《董存瑞》、《上甘嶺》、《狼牙山五壯士》、《雞毛信》……每次看電影我們都興奮不已，看完後熱血沸騰，想打敵人，想當英雄，相信是那時候每個小朋友的心情。

　　真正迷上電影愛上電影是上了中學之後。六十年代初是個值得回憶的美好年代，反映在文藝界就是百花齊放，反映在學術界就是百家爭鳴吧！那時候電影可真多啊，古今中外什麼都有。而且到處都有電

影院，光是我家附近就有交道口電影院、蟾宮電影院、東四工人俱樂部、東單電影院等等，電影票才一角或一角五分錢。晚報上總有影訊登載，看電影是輕而易舉的事，也是最快樂的事。要是讓我說說看過的電影名，張口就能說出百八十部，要是讓我說說喜歡的電影少說也有一籮筐，所以我只能挑最讓我難忘的電影回憶回憶。

記得我上初中時，一次學校組織看《甲午風雲》。電影中把清朝廷的腐敗、賣國，李鴻章的狡詐、武斷和鄧士昌等愛國將士的愛國之情表現得淋漓盡致。李默然演的鄧士昌更是剛正不阿、一身正氣。但是電影看著實在著急憋氣，終於鄧世昌決定親自駕駛「致遠號」艦艇撞向日軍「吉野號」艦艇與敵同歸於盡……全船人同仇敵愾的激情，緊張的音樂，鄧大人臉上的汗水，「吉野號」日本人的驚慌失措……我緊張得快暈過去了，但出乎意料的是鄧大人的「致遠號」被魚雷擊中了，全船覆沒了，令人敬佩熱愛的愛國將領鄧世昌以身殉國了！而「吉野號」卻逃跑了……我無法接受這個結局，立刻大哭起來，並且不顧一切衝出電影院邊跑邊哭，我的同學在後邊追我：「那是電影，不是真的！」「是真的，就是真的！」我一直跑了好遠，哭了好久……這就是那時候的電影，這就是電影的魅力。據說扮演李鴻章的演員陳秋穎臨終前，扮演鄧世昌的演員李默然前去醫院探望，醫護人員不准進，「李鴻章」聽到了：「誰在二堂喧譁？」李默然衝進病房，跪在病床前：「驃下鄧世昌！」兩個人抱頭痛哭做生死訣別。可見一部好的電影對一個演員來說也是刻骨銘心、永誌不忘的。

那時候電影也描寫愛情，但那時候的愛情多美好、多含蓄，沒有一點浮躁和功利色彩，讓我們看了不僅受到教育還得到美的享受。電影《枯木逢春》，是反映根治血吸蟲病的，片頭曲是毛主席詩詞：「綠水青山枉自多，華倫無奈小蟲何，千鈞霹靂人遺矢，萬戶蕭疏鬼唱歌……」因為水質問題，片中的女主人公染上了血吸蟲病，為了不

連累自己的心上人忍痛割捨了這份情感，男主人公不離不棄，依靠城裡來的醫療隊治癒了愛人的病，有情人終成眷屬。其中男主人公的母親是上官雲珠演的，她把母親對兒子的愛，對準兒媳的心疼和怕連累到自己兒子決定拆散這一對戀人的自私，表現得非常細膩。女主角是尤佳，秀氣又善良，把內心的矛盾痛苦和犧牲也演得十分逼真。當你為這一對年輕人終獲幸福而高興時，你怎麼能不對根治血吸蟲病的黨的政策、黨的醫務工作者心存感激和熱愛呢？

　　戰爭中的愛情就更是高尚而感人了，《戰火中的青春》女扮男裝的女主人公高山暗戀帥氣魯莽的連長，但為了革命利益她始終不肯表白，直到負傷住院……《柳堡的故事》就更是讓我喜歡得不行，雖然是戰爭片，雖然老百姓苦不堪言，但整部電影卻像一首抒情詩，二妹子的甜美，班長的純情，男女主人公朦朧的愛，多麼純潔多麼美好！彎彎的月亮，清清的流水，倒映在水中的柳樹，動人的歌聲，構成了一部多麼美輪美奐的畫面！試想看著這樣電影長大的孩子，不愛情至上才怪了。

　　導演中我最喜愛謝晉[5]，他執導的影片片片都是上乘之作，片片都那麼深刻，特別是「文革」以後的作品，讓你看後為我們的國家和人民，特別為知識分子在十年甚至更多年裡所遭受的苦難、屈辱和迫害痛徹心脾。謝晉的《女籃五號》、《早春二月》、《舞臺姐妹》、《紅色娘子軍》，我都看了又看，特別喜歡的是《女籃五號》。秦怡飾演的老五號和劉瓊飾演的籃球教練之間歷經磨難的愛情以及要振興籃球事業的情結、新舊社會運動員地位的對比等等，感人的故事在短短的一個半小時中都讓你了然於胸。秦怡的端莊美麗、劉瓊的瀟灑氣派讓我傾倒，而我對他倆也鍾愛一生。「文革」過後，謝晉執導的《天雲山傳奇》、《芙蓉鎮》、《牧馬人》內容都非常深刻，非常尖

---

[5] 謝晉，中國名導演（一九二三～二〇〇八），成名作為《女籃五號》。

銳，三部電影從不同側面反映了那些在一九五七年被打成右派的知識分子的遭遇，《芙蓉鎮》更是鞭笞了十年浩劫中社會的黑暗人性的卑劣，我敢說沒有一定的膽識和社會責任感是絕不敢拍的，同樣沒有一定的文化和文藝功底也是完成不了這個歷史使命的。據說《天雲山傳奇》拍出後一直不讓上映，因為當時執政的中央一個大領導通不過：「右派沒有那麼好，共產黨的幹部也沒有那麼壞！」我看《天雲山傳奇》是在下鄉十年返城之後同母親一起看的，當我看到女二號施建嵐飾演的馮晴嵐冒著風雪用木板車拉著奄奄一息的自己一直暗戀的右派男友去山裡的小屋時，我的淚水嘩嘩地淌下來，我欽佩她對信仰、對愛情的忠貞忘我，欽佩她的無私無畏。因為母親坐在旁邊我不敢放肆大哭，就用圍巾堵著嘴哽咽不止。我為電影中因為軟弱而背叛男友最終覺悟奮而揭露真相的女一號王馥荔飾演的宋薇叫好！為把一個腐敗的迫害知識分子的黨基層幹部吳遙刻劃得入木三分的演員仲星火的演技叫絕！我認為謝晉是中國導演界唯一可以與日本電影導演黑澤明平分秋色的大導演。謝晉認為：時間是檢驗一部電影的真正標竿。而謝晉的影片確實經受住了時間的考驗。時隔這麼多年，再看他的影片，更加佩服他的眼力、他的功力、他的魄力、他的知識分子的良知與覺悟。謝晉的突然離世令我痛惜，不知道中國還會不會有第二個謝晉導演？不知道在我有生之年還能不能看到這麼好、這麼深刻的中國電影？

　　吳貽弓也是我喜愛的導演之一，他執導的《城南舊事》真是一首抒情詩，一支迷人的童年歌謠。透過女主角小英子的大眼睛，我看到了早年落後荒蠻的北京，看到進城的駱駝拉水的車，看到人與人之間的真情，無論是小偷、老媽子、同伴還是知識分子的父母，都那麼有人情味兒，讓你覺得淒涼可並不悲哀。

　　現在的導演我覺得張藝謀和陳凱歌還是很不錯的，我曾經是他倆的超級粉絲，尤其是他們的早期作品，張藝謀的《紅高粱》、《大

紅燈籠高高掛》、《秋菊打官司》都棒極了，別的且不說，就光說色彩，《紅高粱》的色彩絕對就是一幅由淺入深、由淡到濃的以紅色為主色調的美不勝收的油畫。可後來他的作品《滿城盡帶黃金甲》就實在不敢恭維了，我個人認為《黃金甲》絕對是一大爛片，我都替張藝謀惋惜。

陳凱歌的早期作品也特棒：比如《黃土地》，比如《一個和八個》，比如《霸王別姬》。特別是《霸王別姬》是一部不可多得的好作品，它把人性的卑劣，人的錯位情感，人在政治災難面前的軟弱、背叛，做了無情的揭露和鞭笞，當然更深刻的是鞭笞了那個顛倒黑白沒有法制、沒有人權、沒有人的尊嚴的瘋狂的文化大革命。前些日子，聞聽陳凱歌拍了《梅蘭芳》，下班以後，我冒著瓢潑大雨到西單大悅城去觀賞，雖說還不錯，但比起我的期待可就差多了，而且我對飾演梅蘭芳的影星黎明也不敢恭維，他根本沒能把梅老闆內在的文化底蘊和外柔內剛的大師氣質表現出來。陳大導演後來拍了《無極》，以我個人之見，其水平和張大導演的《黃金甲》有一拚，這不能不說是中國電影界的一大悲哀，令我這個曾經那麼崇拜和熱愛他們的電影愛好者痛心和失望。

那時候電影好看，電影插曲也特別好聽，每放映一部電影，插曲就流行起來。我學歌又快，看一場電影下來就開始唱電影插曲，有人時小聲哼哼，沒人時放聲歌唱，雖說有點「魔症」，但帶給我內心的快樂別人是體會不到的。

記得我看完電影《清宮祕史》馬上就學會了珍妃為光緒祈禱時唱的歌：「一縷縷御香縹緲，一盞盞紅燈閃耀，月圓花好正良宵，對宮燈暗把心事禱告……」光緒是老影星舒適飾演的，珍妃是周璇飾演的。只覺得慈禧太壞，光緒太窩囊，珍妃太倒楣了，但難過歸難過不耽誤唱歌，至今我還可以把珍妃三願的歌詞都唱下來。看完電影《蠶

花姑娘》馬上就會唱：「魚米香，水成網，兩岸青青萬株桑……」看完《柳堡的故事》就迷上了歌曲《九九豔陽天》，看完電影《劉三姐》和《冰山上來客》那就別提了，那就真瘋了。上課默默地唱，下課就出聲唱，且唱起來沒完沒了。看《劉三姐》正趕上期末複習，我的同學好朋友瀟雨是學習委員，我倆總是一塊複習做功課。我這樣沒完沒了地唱讓她的心也清靜不下來，好說也不行，歹說也不聽，都快把她氣死了。現在想起來，自己不整個兒一個神經病麼！其實不然，還得說那時候電影好看，電影插曲也好聽，真個是迷你沒商量！

戲曲片我喜歡《梁山伯與祝英臺》、《紅樓夢》，兩個片子都是越劇，且都是悲劇，《梁祝》是傅全香主演，《紅樓夢》是王文娟主演。動人的故事、精湛的演技，加上纏綿緋惻、哀惋動人的越劇唱腔，讓人沉浸其中不能自已。記得我看《紅樓夢》是「上山下鄉」回京探親期間，好友陳蔭萍的大哥給的票，到水電部禮堂看的。那時候我正懷孕，我哭得天昏地暗，吐得一塌糊塗，真是難為我腹中的兒子了！

那些老電影明星主演的老電影就更讓我著迷了：《十字街頭》、《馬路天使》、《烏鴉與麻雀》、《一江春水向東流》我百看不厭，周璇、上官雲珠、白楊、黃宗英、舒繡文不僅貌美妖嬈且演技高超，據說演《烏鴉與麻雀》時，本來應上官雲珠演姨太太，黃宗英演良家婦女。但上官雲珠演膩了姨太太就和黃宗英換了角色，沒想到一樣出彩，而且成為中國電影的經典。《一江春水向東流》中，白楊的賢淑善良、上官雲珠的妖嬈嫵媚、舒秀文的潑辣熱烈都精彩絕倫，我想現在的女演員無論臉蛋兒多靚也是絕對無法和這些老電影明星相媲美的。

我喜歡看外國電影更甚於國產電影，最喜歡看名著改編的影片和思想比較深刻的影片。

前面已經講到六十年代初期中外電影都很多，那時候我剛剛上初中，學校規定平時不准看電影，因為每天都有晚自習，只有週末才可

《一江春水向東流》電影海報。

以自由安排。而且畢竟我年紀還小，也不會選擇，基本是趕上什麼看
什麼，因為似懂非懂反倒給有些片子塗上了一層神祕色彩。

　　大概是初一吧，我看了一個電影叫《索那大》，是黑白片。也不
知是哪國的，好像是寫一個寂寞貴婦的感情生活。畫面非常美，貴婦
穿著飄逸的長紗裙，在花園裡和一個青年訣別，風吹落了樹葉、吹散
了她的長髮，她傷心不已……雖然沒看懂但非常欣賞畫面的美，而且
驚異原來世界上有這麼漂亮的女人（這大約是我的資產階級思想的啟
蒙），從此我愛上了外國電影。

　　那時候電影院裡以蘇聯電影為主，給我印象特別深刻的有《鄉村女教師》、《牛虻》。鄉村女教師外表柔弱，內心堅強，為了教育好農村的窮孩子們，她經歷了飢餓、貧困、失望、恐嚇、死亡，但她有堅定的信仰和對孩子們的愛。我忘不了她的大眼睛，逢到變故，銀幕上就只剩下她一雙美麗的大眼睛，時而恐懼，時而憤怒，時而充滿柔情。我忘不了孩子們稚嫩的問候：「你好！瓦爾瓦拉瓦西理耶夫娜！」我忘不了她親自送她最得意的學生去考沙皇時代的高等學府，親自送學生們上戰場保衛祖國的情景，當然我更忘不了當她桃李滿天下，孩子們成為國家各個領域的專家學者、軍官時，這些昔日的孩子坐在教室裡重溫舊夢，女教師叫起其中一位軍官，他的朗誦：「……穿著破衣裳、破棉襖，向前走，別害臊，前面是光明大道。」誰能不被女教師打動、傾倒？誰能不愛教師這個神聖的職業？誰能不熱愛讓你的精神世界得到昇華的好電影？

　　《牛虻》對我這個十三四歲的孩子來說就顯得太深刻了，我看了好幾遍而且還看了原著。看《牛虻》讓我有一種撕心裂肺的心痛感，為牛虻的身世，為他的單純輕信，為他遭遇到的出賣、背叛和經受的苦難，更為他的愛情結局。我恨他的女友，恨她打了亞瑟、誤解了亞瑟、背叛了自己的初戀。為他不接受神父其實也是生父的懺悔和愛憐惜（當然不能接受，接受就是投降），為他的堅強和寧死不屈感動，為神父親手簽字處決自己的兒子痛心。每次看完我都不能入睡，那種心靈的震撼是任何其他形式的文藝作品不能帶給我的。電影如此打動人還因為它的出色配音。如果我沒記錯的話男女主角應該是孫道臨、上官雲珠配音，這才真可以稱作珠聯碧合、錦上添花。

　　還有一部蘇聯電影叫《法吉瑪》也是令我終生不忘的影片。法吉瑪是一個莊員主在自己的門外撿到的女嬰，她長大以後漂亮非凡，而且和莊園主的兒子相戀。而和她同樣年齡的奴隸的兒子也暗戀她。後

來打仗了，闊少參軍走了並傳來他陣亡的消息。悲痛欲絕的法吉瑪為了誓言，為了懲罰自己，把自己嫁給了莊園裡最窮的人——奴隸的兒子。幾年以後，闊少為了心上人，為了這份約定，歷經磨難和死亡回到了故鄉，看到法吉瑪已經嫁人，而且嫁給了自家的奴隸，發誓奪回戀人。但是法吉瑪已經被奴隸的善良感動並且有了兒子生活很幸福，不再接受闊少。在闊少和自己丈夫決鬥並殺死了丈夫後法吉瑪瘋了，兒子也被別人抱走了。影片的結尾是瘋了的法吉瑪披著長髮在滿是積雪的大路上聲嘶力竭地呼喊著兒子的名字，狂風捲著雪花淹沒了法吉瑪……我不能忘記這部影片是因為故事的曲折，是因為影片的藝術性，是因為其強烈的悲劇色彩。

那個時代的外國電影基本是前蘇聯的，偶爾也有波蘭的、匈牙利等東歐國家的，但我最愛看的還是前蘇聯影片。我記得有高爾基三部曲《母親》、《我的大學》、《在人間》，高爾基筆下沙皇時代的地主、富農都貪婪殘暴吝嗇，並毫不掩飾自己的野心、私心，毫無廉恥之心。整個畫面的色調都很灰暗，很壓抑。這不能不說是「階級教育」的好題材。後期的《戰地浪漫曲》、《兩個人的車站》、《辦公室發生的故事》就好看多了，特別是《辦公室發生的故事》就更精彩了。大概因為前蘇聯進入了「修正主義」階段了，人們忙碌奔波但生活不失色彩，白領們在上班前抹唇膏、染睫毛，穿著漂亮的時裝，女白領和同事之間談情說愛、傳閒話、搬弄是非，生活氣息非常濃，真是五彩繽紛。如果我沒理解錯，影片嘲諷的是刻板的缺乏人情味且分不清性別的女強人，最後因為愛情融化了女強人的心，使她成為有血有肉有情感的普通女人。整部影片輕鬆快樂，色調溫暖，音樂更是出彩，真是一部不可多得的好片子。據說前兩年女主角大壽時普京總統親自上門去祝賀。這樣有名氣的功勳女演員居然還住在老舊的公寓裡，這說明在蘇聯（應稱俄羅斯了）演員的地位比在中國差多了。總

統上門給一位過氣女演員祝壽，這說明普京的平民作風和對演員的尊重，真讓我欽佩不已。

《列寧在十月》、《列寧在一九一八》兩部影片是我在兵團看的。那時候我在團文藝宣傳隊，看完電影後宣傳隊的男生說我和片中刺殺列寧的女特務長得一樣，氣得我半死。接著我們又看了阿爾巴尼亞電影《寧死不屈》，他們又說我和其中的游擊隊員咪拉長得一樣。且不說兩個人是兩個階級的代表，光是長相女特務陰險醜陋而女游擊隊員清純美麗，根本就不可同日而語，我總算找回了平衡。

一九七八年我返城時正是我國改革開放剛剛起步，借用朱自清散文《春》的語言：「一切都像剛剛睡醒的樣子，欣欣然睜開了眼。」經過十年的思想禁錮，突然間一切都變了，真有天亮了、解放了的感覺！只演幾個樣板電影的影院突然開始放映香港電影、外國電影，這給我為生計頻於奔波的艱苦生活帶來多少快樂啊！

看電影《三笑》時，那時我在藥店工作，我剛好坐在藥店經理、黨支部書記劉世賢旁邊。劉書記思想很左，不許員工燙髮、穿花衣服……員工都怕他，對他敬而遠之。但他是個好人，我雖然進藥店時間很短，但因為我從不懼怕領導再加上我是筆桿子，經常給他寫東西，因此敢於和他平等相處。《三笑》的輕鬆搞笑，陳思思的美麗活潑，還有久違了的江南民歌的曲調，一下子迷住了千千萬萬被左的思想搞傻了以致在服飾上已分不出男女的中國觀眾，更是迷死了我。我當時就問劉世賢：「你說電影好看嗎？」他很勉強：「還行。」「你說女演員漂亮嗎？」他馬上警惕了：「什麼意思？」看到他的窘樣子我幸災樂禍地說：「劉書記，這才叫藝術，這才叫電影，這才叫賞心悅目！」他馬上說：「是是是，歌是挺好聽的，別看我嚴肅我不是老土，我還會吹笛子呢！」這個電影讓我暫時忘記生活的艱辛，體會到生活中還有的美好，下班後我到幼稚園接上兒子就又進了電影院……

　　那一時期我還看了不少解禁的內部電影，是母親的朋友，在雜技團工作的一個阿姨送的：希區考克的《煤氣燈下》、《春閨怨》、《愛德華大夫》等懸疑片，《呼嘯山莊》、《紅菱豔》、《紅字》、《簡愛》、《爆炸》、《音樂之聲》等等每一部都精彩絕倫，每一部都動人心弦，每一部都讓我心潮澎湃忘乎所以，其中《音樂之聲》我至少看了十遍以上。

　　後來我調入了政府某職能局，工作壓力雖然大了，但我仍癡心不改。有一次明星電影院放映美國電影，有卓別林的《摩登時代》、《舞臺生涯》等等，還有歌舞片《雨中曲》。《雨中曲》是晚場，得晚上九十點鐘才開演，那時候我先生D剛好探親回京，他也想看。怎麼辦？總不能讓兒子和我們一起熬夜吧！吃過晚飯我就開始哄兒子睡覺，又搖又拍又唱歌，用盡各種手段，就差給兒子吃迷魂藥了，兒子還真善解人意，乖乖地睡了。我們這一對二百五爹娘立刻騎車飛奔影院看了個晚場。當我們哼著小曲從電影院出來時，我的母愛甦醒了：要是孩子醒了屋裡黑洞洞的沒有人，嚇著他怎麼辦？我倆又立刻跨上自行車以比賽的速度衝刺回家。可氣的是在看電影近兩小時中間，我們這對「黑心」父母從未想起過兒子。

　　緊接著大批的外國影片湧入國內，日本的《追捕》、《望鄉》、《生死戀》、《遠山的呼喚》、《幸福的黃手帕》、《浦田進行曲》，部部都堪稱經典，部部都有深刻的思想內涵和社會意義。隨著電影的放映，一大批日本影星在中國紅透半邊天：高倉健、栗原小卷、吉永小百合、山口百惠、三浦友和……高倉健甚至改變了中國女人對男人的審美觀念。據說當時風頭正勁的電影演員唐國強一下子沒了市場，還被冠以「奶油小生」的雅號。那時街頭巷尾播放著日本電影《追捕》音樂「啦呀啦，啦啦啦啦……」年輕人穿著花衣服、喇叭褲，真有忽如一夜春風來的感覺。

　　南斯拉夫電影《橋》、《瓦爾特保衛塞拉耶佛》也風靡一時，以致我剛滿三歲的兒子見到堂兄、表兄都會大著舌頭對暗號：「空氣在顫抖，彷彿天空在燃燒」，堂兄或表兄回答：「是啊，暴風雨就要來了。」想想看三個小蹦豆兒一起對暗號的場景有多麼生動可愛，這不活生生一動畫片嗎！

　　墨西哥電影《葉塞尼婭》、《冷酷的心》俘獲了我們這代女青年的芳心，女演員那麼漂亮而迷人，男演員那麼瀟灑而有魅力，吉卜賽人那麼有個性，敢愛敢恨，敢於追求屬於自己的幸福，深深地打動了每一個女青年的心。以至於我童年夥伴，一向拘謹不善表達自己感情的瀟雨愛上了男主角奧斯瓦爾多，不知她怎樣才擺脫掉這個風流男人對她的「糾纏」。配音演員更是大放異彩：上海電影譯製廠的李梓、喬榛、劉廣甯、蘇秀、畢克、邱岳峰、童自榮……聲音真動人啊！就是不看電影畫面，光是聽他們的配音都是一種莫大的享受。我甚至想，我的嗓音這麼低沉，可不可以去做個配音演員啊！

　　稍後美國影片開始上映，我認為相比較而言，美國電影無論在思想性、藝術性上都勝出一籌。名著改編的：《亂世佳人》、《戰爭與和平》、《安娜・卡列尼娜》、《刺鳥》以及《魂斷藍橋》、《羅馬假期》、《窈窕淑女》等等，無論是導演、演員、場景、故事性、演技都爐火純青無可挑剔。後期的《人鬼情未了》、《第六感》也非常精彩，看著緊張瘮人可結局卻大快人心。《勝利大逃亡》是我和哥哥一起看的，是一部反法西斯的影片，非常緊張扣人心弦，只記得散場後哥哥激動不已：「這就是足球的魅力，是任何球類運動無法超越的！」他激動地邊評論邊騎車飛跑，以至於我追不上他而撞上了平板三輪。《辛德勒名單》更是一部絕好的反法西斯的好影片，看後讓你為「二戰」時期猶太人的悲慘遭遇和納粹的滅絕人性的獸行髮指，為辛德勒的勇敢機智、慈悲仁愛和超乎尋常的勇氣折服。

奇怪的是現在進口的美國大片也都變了味，不是胡打亂鑿就是荒謬無比，加上高科技三D特技，什麼宇宙人、外星人、遠古人怪里怪氣的實在讓人無法接受。因為酷愛電影，我時刻關注有沒有值得我進電影院去觀賞的影片。好幾年了，我僅為《冷山》、《斷臂山》、《行動目標希特勒》、《黑色檔案》進過影院，看來無論中國、外國電影市場都已經徹底拋棄了我們這一代觀眾，所有的片子迎合的都是年輕人的胃口，所有的片子考慮的都是商業價值、商業利益，雖然我們還不老、還健康地活著，但已經成為多餘的人了，我們也只好靠回憶老電影過把癮了！嗚呼！讓我好不心痛啊！

美國影星我最喜歡費雯麗，她實在是太完美了，因為迷她，我不僅看她的電影還看了她的傳記，買了她的畫冊。其次是奧黛莉・赫本，我不知道上帝是怎樣塑造她們的，用赫本兒子的話來評價她倆再準確不過，那就是：天使在人間！

我愛看電影，更愛看露天電影，現在電影院儘管豪華，儘管有貴賓包廂，可我仍覺得沒有看露天電影舒服、自在。那時候可真好，公園裡懸掛著大幕，大幕兩邊都可以看，你搬塊磚頭或者乾脆席地而坐，手裡拿著點零食，抬頭可以看見滿天的星星，微風吹過來陣陣花香，別說電影有多好看，就是那種氛圍也夠讓人陶醉的。

我最早看的一場露天電影是和二姨、震叔一起在人民文化宮看的。那時候二姨、震叔住交道口的水獺胡同，震叔在中國外貿部工作，二姨剛剛來北京。不知道為什麼我不在自己家待著，老泡在二姨家?!我記得看的是印度電影，名字叫《章西女皇》。印象中章西女皇是民族英雄，我只記得章西女皇戰死了，她躺在山坡上，她的戰馬低著頭看護著她不肯離去。那是一個秋天，風吹得銀幕鼓起來、癟下去，銀幕上的人和馬飄忽不定，讓我覺得很害怕。看完電影已經很晚了，姨表妹睡著了，震叔揹上她走，我也睏得走不動了，而且天涼，我只好拽著

二姨的衣角往回走，心想我為什麼不跟著自己的爸爸媽媽在一起呢？心裡彆扭歸彆扭，但第一次看露天電影的經歷卻永遠刻在我的記憶裡。

　　那時候露天電影很時興，記憶中北海、文化宮經常舉辦。一場露天電影有好幾部影片，隔一段距離或一個景點有一個大白幕布，一架放映機，每個點演的電影不一樣，但開演時間是一樣的，所以儘管電影很多，你只能選一部看，因為所有的電影都一個半小時，一個場地散場了其他場也散了，誰也投不了機，除非你趕場，各看半場。

　　露天影院暑期居多，孩子們都放假了，晚上跟著爸爸媽媽、哥哥姐姐花上一毛五分錢，又乘涼又看電影，何樂而不為？剛出的新影片都先在電影院放，不會進公園，公園裡放的都是二輪兒、三輪兒的老片子，反正醉翁之意不在酒，孩子們不在意看什麼片子，也不會踏踏實實看一場，總是跑來跑去的，圖的就是一個樂兒！

　　我到公園可真是衝著電影去的，而且真還看了不少好片子。《古剎鐘聲》、《羊城暗哨》、《虎穴追蹤》、《鐵道游擊隊》，還有許多早期蘇聯電影……實在太多了。印象深刻的是《古剎鐘聲》，狡猾的不露聲色的老和尚，唯一知道真情受盡折磨並被害成啞巴的小和尚，機警智慧、英俊幹練的解放軍偵察員（龐學勤飾），電影充滿懸念，情節緊張扣人心弦。當解放軍一舉端掉土匪窩，救出了小和尚，我的緊張擔心一下子得到釋放，那種輕鬆快樂的心情真好像親自參加戰鬥一樣。馮喆是我非常喜歡的演員，他演的《沙漠追匪記》、《南征北戰》、《羊城暗哨》棒極了，他成功塑造了各個時期解放軍指戰員的形象，詮釋的人物極有內涵，知識分子的氣質加上軍人的英氣，讓你不得不對共產黨的幹部高看一眼。誰說共產黨是土包子？看看咱馮喆！但是後來馮喆在文化大革命中為莫須有的罪名受盡摧殘迫害，最後自殺身亡，他的屍骨還是一位熱愛他的影迷冒險保存下來的，太讓人痛心了。還有一件是和《古剎鐘聲》有關的趣事，就是有一天黃昏，

我在地安門遇見了演老和尚的大鼻子演員田烈，他穿著考紗襯衫，模樣和電影裡無二，我好奇地追著跑看他，他最後停下來衝著我直笑：心想這小姑娘什麼意思？這一笑不要緊，嚇得我立刻跟頭把式地逃走了。

進北海公園要花五分錢門票，晚場電影要花一毛五分錢門票，為了省錢，我的少年時的玩伴D打起了壞主意。那是個暑假，我已經上初三了，我們這個玩樂團夥得有十幾個人，大家都是住一條街上的鄰居，哪個學校的都有。有時騎車去頤和園，有時去護城河游泳，當然去得最多的是看北海露天電影院。D出主意說我們下午就去公園玩兒，每人只花五分錢，五六點鐘公園清園子時大家分散藏起來，清完園子我們再出來到某某電影的片場集合。D是團夥的頭頭，大家都聽他的，那天就按他的計畫執行。到五點鐘，公園廣播要求大家撤出公園，想看電影再另行買票進來。大家立刻按計畫分頭藏匿。我和弟弟慌慌張張往山坡上跑，心裡害怕得不行，跑來跑去總碰到清園子的工人，不知費盡多少周折，我倆終於找到一個清淨沒人的地方，我藏在一個假山石旁，弟弟個頭小藏在一個大懸石底下，心裡「咚咚」跳得真像電影裡躲日本鬼子一樣。可沒過一會兒我倆就被發現並驅逐出園了。丟人現眼不說，受了一場驚嚇，重新又買票進公園還多花了五分錢。而團夥的頭頭及其他人都成功潛伏到晚上電影開演。當時我和弟弟被大家嘲笑，我倆自己也為自己沒本事難為情。但是後來我明白了一個道理：不是什麼都可以學得來的，老實人就只能辦老實事，不然只能是偷雞不成丟把米，這個教訓讓我牢記了一輩子。

有多少年沒看到露天電影了？那給了我無限歡樂、無盡享受的露天影院，那飄忽的銀幕，那神祕的氛圍，那憂鬱的歌聲：「茫茫大草原，路途多遙遠，有個馬車夫，將死在草原……」那天上的數不清的星星，那陣陣飄來的沁人心脾的花香……啊，我逝去的少年時代，我飄逝了的青春喲……

第三章　文革歲月

如果是拍電影的話，到了這一集應該是：忽然間狂風大作，烏雲翻滾，飛沙走石，電閃雷鳴，房倒屋塌，人妖顛倒，妻離子散，家破人亡……新中國在走過了十七年的春天以後，嚴冬來臨了，中華民族到了最危險的時候！這一天來得這樣快，這樣突然，這樣讓人猝不及防！工廠停工了，學校停課了，除中央以外，各級政府癱瘓了，成千上萬的人湧上街頭，沒有了法律，沒有了秩序，沒有了良知，中國從此陷入了人與人之間的爭鬥、內訌、彼此打壓、殘酷迫害、抄家、沒收和侵吞私人財產……人的惡劣本性：嫉妒、仇恨、貪婪、兇殘、自私、偽善都被冠以革命的外衣合法地表現出來。一時間人們失去了尊嚴，失去了保護，失去了房屋，失去了財產，繼而失去了家庭，失去了丈夫妻子，失去了兒女，直至失去自由和生命，天下大亂了……

最後一課

　　一九六六年七月裡一天的早晨，我們正在上化學課，化學老師叫陳廣俊，是個五十歲上下的老先生，北京市一級教師。忽然間校園裡亂了起來，學生們衝出教室大喊大叫，據說有人給校長焦其樹貼大字報了。我們班也亂了，有人站起來好奇地往外看，陳老師大聲說：「同學們請安靜，安心聽講，不要受外面干擾！」我們聽話地坐下來，聽完了此生中的最後一堂課。誰會想到這竟是此生純潔美好生活的結束？誰會想到曾經那麼團結和睦、親如姐妹的班級從此分崩離

析、天各一方？誰會想到小小年紀的我們將經歷一場人類文明的浩劫？誰會想到我們的生活和命運從此發生了逆轉向著不可知的未來走去……十七八年後，當我們重新又走進學校，曾經風華正茂的女孩子們不見了，成了歷經苦難和滄桑的中年婦女。

憑良心說，我們班的同學還是相當不錯的，不管當時心裡怎麼想，私下搞了什麼小動作，但沒有撕破臉皮，用當時流行的話，是溫良恭儉讓的。因為我記憶中沒有同學之間彼此抄家、鬥爭，我們班三十九名學生，大約三分之一是高幹、革幹出身，三分之一是資本家、房產主、小業主或父母被錯劃右派即家庭有問題的人，三分之一是普通知識分子家庭出身，屬於父母歷史較清白的人。只有一名工人子女秋。而且秋也是一個穩重的忠厚的女孩，至少我個人這樣認為。

我記得當時有一篇社論叫《觸及人們靈魂的文化大革命》，不記得說的是什麼，但標題沒說錯，日後的發展還真是不僅觸及了人們的皮肉，更觸及了人們的靈魂，連小小的孩子們也沒放過。從那一天開始我們再沒有學習和集體活動，大家各自組團組隊按照自己的派系活動，開鬥爭會，貼大字報。我不是紅五類（工、農、兵、革幹、高

「文革」時在路邊張貼的大字報。

幹）出身，沒有資格參加紅衛兵，可我也不是黑五類（地、富、反、壞、右）出身，也不屬於打擊對象。充其量算作紅外圍（當時對既不是打擊對象又不是依靠對象的同學稱為「紅外圍」）。可我不記得哪位紅五類來團結過我，我倒是自覺自願地站在倒楣蛋兒（即黑五類）的一邊兒了。因為我的幾個好朋友的家庭都遭遇了滅頂之災。

剛開始我們並不明就裡，只是認為革命了、運動了，到處轟轟烈烈，人山人海。我們只是騎著自行車到各大學去看大字報，各種紅衛兵小報滿天飛，至少有百十種之多。本校也貼滿了大字報，老校長焦其樹突然成了反革命被打倒了，老師們也都靠邊站了，工宣隊進駐了，掌了教育革命的大權⋯⋯但是很快風向就變了，一隊隊的紅衛兵騎著二六翹把自行車，剃著光頭，戴著紅袖章，到處抄家、打人，當時他們叫聯動（全稱為「首都紅衛兵聯合行動委員會」）。紅色恐怖開始了。

紅色恐怖

我家住在東四十條某大院，院裡加我家只有三戶人家。房東三代女性，寡婆婆、寡兒媳帶一個未婚的女青年，好像她是清華大學的學生，平時很少見她回家。房東住北房，兩邊兩個小耳房，一邊還供著灶王爺。西房住著老倆口，先生是國民黨將領傅作義部下，北京解放時起義的軍官，姓康，級別不低，據說還是右派。老伴也有文化，乾淨俐落的女幹部形象，無兒無女。記得我們搬進院內東屋前，房東老太太要求見見我和弟弟（哥哥姐姐一直住校，現在想起來他倆多幸福啊），因為他們不喜歡有孩子的房客，需要安靜的環境，待到見了我和弟弟兩個規規矩矩的學生後非常滿意。我們院很講究，北房前廊後廈五大間很氣派，院裡有棗樹、海棠樹，中間是特大的大魚缸，估計

司馬光砸缸也就這麼大了。魚缸周圍是夾竹桃、石榴樹、盆景等等。我家的三間東房寬敞又明亮，隔斷都是玻璃的很漂亮。院子南向是一個大影壁，繞過影壁是臨街的院門。我們偌大一個院子加起來日常生活的才七個人。西房的老兩口總是看書、看報、寫東西，偶爾在院裡坐也拿著書報、雜誌，對我和弟弟非常親切。

　　有一天我從學校回家，見到大門口停著大卡車，上邊站著穿軍裝戴紅袖章的紅衛兵。進門一看院子裡亂七八糟，原來康爺爺家被單位紅衛兵抄家了，且把老兩口五花大綁押上了卡車，據說是遣返回原籍，罪名是歷史反革命。第二天一早我還沒回過神兒來，一戶工人家庭就搬進了西屋，他家夫妻倆帶四個小孩子。更可怕的事還在後頭，沒幾天的工夫我家院裡來了許多不知哪個學校的中學生紅衛兵，他們把房東的家抄了個底兒掉，開始時讓婆媳二人跪在地上，院中間堆滿了山一樣的抄出來的東西，晚上開始燒，院子裡火光沖天。弟弟膽大坐在房頂上看，我非常害怕，睡不著，找出一本《烈火中永生》的書趴在桌上抄。不料西房頂上也有紅衛兵，看到我整夜抄寫東西，第二天一早就湧進來問我出身，參加了什麼組織，並且把我抄的東西拿過去翻看，看到是革命詩抄就沒說什麼。現在想想我們雙方都很幼稚：我在這種情況下抄寫《烈火中永生》究竟站在誰的立場上？而紅衛兵不問動機，只要看是革命的書就不再追究。實際情況是我非常害怕，找這本書給自己壯膽，什麼也沒想。紅衛兵拿鞭子指著牆上的畫，從我喜歡的畫報上剪下來的畫，說我是資產階級孝子賢孫。正鬧得不可開交，街道居委會主任來了，她幾句話就把他們勸離了我家。後來紅衛兵在房東的屋頂搜出了房東老太太的先生穿軍裝（不知是軍閥的還是國民黨軍隊的）的老照片、軍刀等等，形勢突然嚴峻了，說是婆媳倆想變天，他們解下皮帶開始拚命抽打她們，那個女紅衛兵邊抽打邊歇斯底里哭，那情景實在太恐怖了。房東老太太先時還大聲地說：

「打得好，打得好！」漸漸就氣弱了……我嚇得趁亂跑出了大門……忘記過了幾天，婆媳倆雙雙被打死了……也就是不到一個月的時間，我家的大院面目全非，滿目瘡痍，死的死，走的走，偌大一個院子，只有西房新搬進來的一家和母親帶著我和弟弟。我受了這場驚嚇，從此不吃飯不出門，連走路都腿軟，得了一場大病。西房的新鄰居溫嬸白天常到房內叫我出來到院裡坐坐，但我拒不出門，這樣的狀態持續了近月餘，母親急得帶我去看中醫。中醫大夫說我受了驚嚇，驚恐鬱結在心，建議我換換環境，出去玩玩散散心。後來我的病還真是出去串聯後痊癒的。這一段不光彩的「革命史」我首次公之於眾，因為我一直覺得自己太沒出息、太丟人了！

　　弟弟雖然小，膽子比我大得多，但一到晚上，秋風瑟瑟，樹影搖曳，我就怕得不行，上廁所都得母親陪著。偏偏弟弟沒心沒肺，自己上完廁所告訴母親：「剛才我聽到北屋的老太太歎氣了。」這下一向膽大的母親也怕得不行，很快我們就搬家了，搬離了這個讓我至今寫起來悲憤恐懼不已的十三號凶宅！

不該凋謝的花朵

　　茵是我高中時期的同班同學，我的好朋友之一。她溫文爾雅，典型的大家閨秀。她的爺爺是民國時期的中國駐外大使，她的大伯是當時臺灣的駐外大使，父系的親屬都在臺灣。她的爸爸是唯一留在大陸陪著年邁的爺爺奶奶的這一脈家族的後代。茵的爸爸媽媽好像都是畫畫的，因為他們似乎都不上班。至於其他還有什麼政治背景我不太清楚，只知道她家的事後來驚動了周恩來總理。她家有四朵金花，一個比一個漂亮。茵是老大，長得不算漂亮但白白淨淨、嬌嬌滴滴很討人

喜歡。她說話不多但很幽默，放學以後她常邀請我到她家一起學琴。那時茵正在學習夏威夷吉他，慫恿我和她一起學。她家住在南小街東總布胡同一所深宅大院裡。每次到她的房間要經過兩進院落，第二進院子是她爺爺的書房和臥房。院子裡古色古香，綠樹成蔭，種滿了菊花盆景。她的爺爺瘦瘦高高、留著長長的白鬍子，很有些齊白石的範兒。第三進的北房是個大客廳，有些西洋色彩，落地的大瓶歐式的美女雕塑，我倆常在客廳裡聊天、學琴。說是學琴其實我沒見過老師，是熱心的茵教我並與她一起練。茵的媽媽非常漂亮，是那種讓人過目難忘的蘇州美人兒。

茵很樸素，衣著得體但不鮮豔，她總愛穿一件藍色的外套，冬天戴個大口罩，口罩遮住了大半個臉，只露出一雙圓圓的清澈的黑眼睛。老實講我倆不是一類人，她是精緻的易碎的古代瓷瓶兒，而我是粗糙隨意的現代陶瓷罐。但不知為什麼我倆相互吸引，總有聊不完的話題。

「文革」開始時，誰也沒想到會與自己的家庭有什麼關係，還一起騎車到處去看大字報，漸漸的班裡不斷有同學家裡出事。有幾天茵沒有再來學校，是不是她家出事了？我和幾個平時和茵不錯的同學決定去找她。她家的大門緊閉，門上貼著大字報，按了半天門鈴兒她才出來。她臉色慘白但很平靜，告訴我們家被抄了。我們沒問是哪裡的紅衛兵，也沒問為什麼，因為也沒有為什麼，當時已沒有了是非標準，我們只是相對無言站了一會兒。她勸我們趕緊走，紅衛兵不准她們與外界聯繫。告別的時候我們什麼也沒說，她匆匆關了門，我們默默地一步一回頭地走了。很快傳來了噩耗：不知是哪個學校的紅衛兵連續三次抄她家，茵的爺爺、媽媽相繼被打死，奶奶被打癱，爸爸的腎被踢出血。據說在打她的家人時，讓姐妹四人站在一邊看著⋯⋯茵是老大也才剛剛十七歲，三個妹妹最小的也就十一二歲。四個女孩子被紅衛兵關在一間屋子裡，沒有行動自由。巨大的悲痛和驚嚇使茵得

了癲癇，從此稍有驚嚇刺激就人事不醒抽風吐白沫。面對重病的奶奶和父親，送醫院醫院不收，加上三個無助的小妹妹，文弱嬌氣的茵以驚人的毅力和無比的堅強挑起了殘缺不全的家。她到書店買了醫書，每天到東單藥店買藥自己給奶奶、父親治病。不知過了多久，再次出現在我面前的茵已脫胎換骨變了一個人，她冷峻而沉默，蒼白的臉上沒有任何表情。她沒有向我們任何人說起她的痛苦和災難，我們也沒有任何人敢於問她的遭遇，我們只是相對無言，相對無言，沉默，沉默。直到有一天，班裡組織同學們控訴資產階級反動路線，我自願承擔了為茵寫控訴材料的任務，我告訴她，要說出來，不能悶在心裡，要控訴，要讓同學們知道真相。開會的那一天，她冷靜得出奇，她毫無感情地讀著我給她寫的發言稿，就好像在說別人的事，全班的同學都哭了，一些和她有共同遭遇的同學更是泣不成聲，而茵卻一滴眼淚也沒掉。我害怕地看著她，看著這個曾經那麼溫柔甜蜜的我的好友，我知道她的心已經死了。

很快，「上山下鄉」運動席捲京城，我下鄉走了，而茵因為頻繁發作的癲癇無法下鄉。聽瀟雨講，大概是為了生存，大概是為了改變自己的成分，她匆匆地把自己嫁了，嫁了一個清華大學在讀的出身紅五類的哈爾濱青年，但是她複雜的社會關係和背景，影響了她丈夫的入黨及其原本順暢的政治前景，丈夫反悔了，而茵則陷入了另一輪新的不幸和痛苦之中。終於有一天，集所有不幸於一身的茵在又一次癲癇發作後再沒有醒來，帶著對這個世界的千般不解、萬般無奈，帶著滿心的傷痕和不甘，我的好朋友茵就這樣悄悄地走了⋯⋯而此時她還不足三十歲⋯⋯

像是四十多年前滿懷不平為茵寫控訴稿一樣，今天的我滿懷惋惜和思念寫下這篇追憶文章，謹以此文悼念我清純可人的好朋友，不該凋謝的花朵茵。

生死之交

　　瀟雨、林伊與我的友誼在「文革」期間經歷了嚴峻的考驗，我們患難與共，生死與共，用我們稚嫩的肩膀和對友誼的無比忠誠，共同面對突如其來的災難和不幸，共同承擔社會和家庭強加給我們的責任，手拉著手，肩並著肩，渡過了難關，而我們的年齡當時都還不滿十八歲。

　　林伊的爸爸是文化界搞音樂研究的高級知識分子，媽媽是某女中的高級教師，都是臭老九（當時對知識分子的稱呼），更要命的是媽媽還是剝削階級出身，「文革」剛剛開始不久父母就雙雙被打倒，爸爸被送進了五七幹校，媽媽被學校造反派打得遍體鱗傷，她的兩個弟弟都還小。每天晚上林伊都要給受傷的母親療傷敷藥，但舊傷未好一場批鬥又添新傷。眼看她媽媽快挺不住了，林伊哭著找我想辦法。我和母親打了

文革後期林伊（右）、瀟雨（中）和我（左）三個好朋友，常在一起聊天、作伴。

和林伊（左）在探親假期間於天安門留影。

個招呼，就把傷痕累累的伯母藏到我新搬的位於朝陽門北竹竿胡同的家裡。北竹竿的房子是在大院中的一個小跨院，我家住三間北房，和我們並排一間房還住著一對工人夫婦。為了不讓別人知道家裡來了生人，我家白天都掛著窗簾。可憐的是林伊的母親就如驚弓之鳥，連廁所都不敢去，生怕小腳偵緝隊（當時街道居委會的紅袖標老太太）看到。林伊把家裡的一沓現金和父母結婚的龍鳳戒指也交給我，我讓母親藏在她單位的保險櫃裡，我們就這樣躲過了一劫。可惜的是風聲一過我把現金和戒指還給林伊，她不敢把戒指拿回家，讓弟弟藏在地下管道裡，最後都找不到了。很快大弟弟下鄉了，若干年後我利用「職權」把大弟弟從下鄉的地方調到我所在的大興安嶺，辦了曲線返城，他終回北京。

　　瀟雨的爸爸是老衛生部的律師，北大高材生。五七年，性格耿直的他，因給領導提意見被打成右派，因不甘屈辱憤而辭職。但他哪裡知道無產階級專政天網恢恢，回家後仍舊接受街道有關部門的監督改造。「文革」風驟起，一幫紅衛兵闖入她家，連抄帶打後將她病入膏肓的爸爸遣送回了老家。瀟雨的媽媽是某大型汽配廠的一名幹部，面對是離婚保住兩個女兒，還是全家一起遣返離京，媽媽做出了艱難痛苦的抉擇，為了女兒的前途，她痛苦地離開了相愛的丈夫。但天真的媽媽並沒有保住女兒，兩個女兒都必須「上山下鄉」。妹妹所在的中學武鬥之風盛行，出身不好的孩子常常挨打遭批鬥。如果妹妹隨學校走，後果不堪設想。已經身心俱損的瀟雨找到我，說媽媽再也受不了這樣的刺激。我這個當姐姐的毅然做出決定，讓瀟雨的小妹跟著二十五中弟弟的同學伯光一起插隊（當時出身不好的孩子不能去兵團）。伯光是個身強力壯的棒小夥子，非常仗義，面對我的託付慨然應允，帶著瀟雨的妹妹一起插隊去內蒙了。他忠於自己的承諾，始終照顧著小妹，直到返城回京。不久噩耗傳來，瀟雨的爸爸客死他鄉，媽媽不堪打擊住進了醫院而九死一生，這才保住了瀟雨沒有下鄉。

那一段時間我們仨常常在一起，相互傾訴，相互鼓勵，相互依靠，盡己所能幫助對方，精神上成為彼此的支柱，我們仨的家長也因此成為相互信任、相互往來的朋友。

轉眼間一九六八年到了，林伊也不得不下鄉了，我們仨商量再三，決定讓林伊去投奔我的一位男性朋友，後來成為我丈夫的Ｄ（另有專述），他和我們仨都相識也是倒楣蛋兒之一。他插隊的地方是呼倫貝爾盟莫力達瓦旗札如木臺生產隊，是達斡爾族人居住的地方。他來信說，札如木臺意即「小魚」的意思，風景優美，民風樸實，希望我能去，並且說他有能力用自己的雙手給我蓋紅木到頂的房子。我那時還幻想能留在北京，因為六八屆將有一批留京指標。我對林說：「你去找Ｄ吧，他會照顧你的，你倆在札如木臺等著我，北京待不下去時我會去找你們。」林伊走時，瀟雨的媽媽帶病給林伊做了厚厚的棉衣、棉褲，Ｄ親自從呼盟來京接林。當轟鳴的火車帶走了我一對至親至愛、患難與共的好朋友時，我哭得死去活來，並且從火車站一直哭到家，我覺得自己的心也隨他們去了……

林伊走了不久，我也下鄉了，不過不是去內蒙古找他們而是奉母命去北大荒兵團找弟弟了。我們仨人中兩個都走了，唯一留在北京的瀟雨擔起了三家的擔子。林的爸媽都離開北京去了幹校，她和大弟弟都下了鄉，只留下一個剛剛上學的小弟弟，託管在鄰居家。我沒下鄉時常常用自行車馱著這個小弟弟到處玩，到我家吃飯。他白白胖胖一笑兩個小酒窩非常可愛。我下鄉後瀟雨成了這個小弟在京的唯一親人，每週末她都要去託管的鄰居家接小弟弟回家住，週一再送回去。不僅如此，她還經常到我家看望孤身一人在京的母親，陪母親去給下鄉的我和弟弟買吃的寄包裹，幫母親安爐子，給母親作伴兒。姐姐生蠻蠻時，她替我去侍候姐姐坐月子，她把對我和林伊的思念全部化作默默的行動，辛苦照料著我倆的家人。

大黑是連隊知青養的狗，也是弟弟的好夥伴。　　閨中密友林伊，翻山越嶺從內蒙古呼倫貝爾盟來北大荒。

　　大約是六九年底七〇年初吧，林伊頂風冒雪千里跋涉從內蒙古呼倫貝爾盟來到北大荒，來到我所在的黑龍江生產建設兵團三十二團看望我，在單調、艱苦、多雪的大山裡，我吃驚地看著我的閨中密友、我的同學，疑似自己在做夢，緊接著我倆抱在一起又哭又笑……從那一天開始，她大約在連裡住了一個多月，白天我去幹農活，她在宿舍看書。晚上我倆擠在一個被窩裡聊啊聊啊，我們的浪漫之情未眠，我們希望有一天能走出大山，走出這一片黑土地，我們憧憬著愛情和美好的未來……林伊的到來給我帶來巨大的歡樂，休息時我倆一起到山裡照相，她帶了一臺「一二〇」相機，我們拍康拜因[1]，拍雪景，拍雪中的小黑狗。噢，我這才覺得原來我的連隊自然風景這樣美啊！

---

[1]　Combine，聯合收割機的音譯。

記得有一次晚年的母親心梗住院了，聽到消息她倆匆匆趕來看望已八十七歲的我的老母親。母親拉著她倆的手，感慨地說：「你們雖不是男兒，卻俠肝義膽，勝似桃園三結義。」聽到母親的話，我們都哭了……

我亦以此文感激我的同樣俠肝義膽的母親。

國際歌戰鬥組

人們承受苦難的能力是無法限量的，人們追求光明和快樂的心是永不泯滅的。儘管災難突至，疑竇重重，但是隨著「文革」的深入，武鬥的停止，人們撫平傷痕，擦乾眼淚，憑藉著對黨、對毛主席的信任和忠誠，重新燃起對生活的希望。而生活儘管充滿那個極左時代的烙印，卻也不乏色彩，至少我的「文革」後期生活如此。

記不清是幾月了，我和同學們又陸陸續續回到學校。面對著學校紅衛兵分成四三派四四派的激烈論戰，我和我的無派別散兵同學們，學習、思考、討論，我們認為這種派別之間的爭鬥耗神費力毫無意義，況且連毛主席都說了，在工人階級內部沒有根本的利害衝突。於是我和林伊決定成立國際歌戰鬥組，我們打出了「無產階級只有解放全人類，才能最後解放自己」的旗號，把「團結一切可以團結的力量共同革命」作為我們的號召。我們將大家的討論意見歸結起來寫了一個宣言。我倆的文筆都不錯，引經據典，慷慨陳詞，寫的文章主題鮮明，鏗鏘有力。我們主要闡述無產階級應有五湖四海之博大胸襟，應有以天下為己任之鴻鵠之志，求大同存小異，團結一切可以團結的力量是策略，將無產階級文化大革命進行到底是目的。大字報貼出來之後馬上引起轟動，有許多外校同學來找我們。我記得有二十五中的，

有男四中的，還有許多分不清是哪兒的同學，贊成我們的觀點，想和我們聯合。但我們這幾位高唱《國際歌》主張大團結的人，卻葉公好龍，拒絕了一切想和我們聯合的外校同學。我們的戰鬥組也只寫了一篇文章便偃旗息鼓、鳴金收兵了。因為我們被熱烈的反應和熱情的同學們嚇壞了……現在想起來雖然可笑，但也令我們驕傲，因為我們的主張經得起時間考驗、歷史的推敲，說明我們是有頭腦的、有主見的青年。

革命大串聯

那一年的秋天，全國範圍的革命大串聯開始了。我的哥哥姐姐弟弟都不知跟著誰也不知到哪裡去了，只有我一人還待在家裡。有一天，我的同班同學，革幹出身的汪汪找到我，問我：「想不想去串聯？」我當然想出去，可又很害怕，汪汪拍拍胸膛：「怕什麼，有我呢！」她長著一張娃娃臉，性格很像男孩子，她總愛嘲笑我膽小愛哭，但我倆平時關係很不錯。她的爸媽都在內蒙，她獨自一人在北京上學。出發那一天，母親給了我十五元錢，加上我自己兜裡的一元錢，一共十六元錢。母親一再叮囑汪汪多關照我，還給我倆炒了一罐菜。其實汪汪比我還小，只是獨立生活能力比我強，我們就這樣在母親的婆婆媽媽的叮囑中上路了。比起一元錢走天下的D（後來成了我的先生），我實在老實窩囊得讓人臉紅。我們只去了廣州、上海、天津三個城市，身上的錢就花光了，而且來來去去也只用了二十一天。因為乘車不用花錢，火車上擠得一塌糊塗，連行李架上、座位底下都是人，那也難捺我興奮好奇的心情。我因為有靠窗的座位，一路上目不轉睛地看著窗外的景色，夜晚都捨不得眨眼。我記得火車經過湖

北、湖南時窗外綠油油的田野和黑白相間的屋頂上翹翹的房簷；我記得車停靠時，南方的大嫂子、小媳婦挎著裝滿小食品的竹籃擠到車窗下的叫賣聲；我記得充滿鄉土氣息的南方小調的輕快旋律……夜晚伴著車輪「咣噹咣噹」的節奏，聽著車箱內此起彼伏的鼾聲，望著窗外滿天的星星以及不時經過村莊小鎮的點點燈火，我思緒萬千，生活儘管沉重，儘管災難重重，未來卻依舊充滿期待和希望，活著真好啊！

　　因為大汪汪從來不是極左派，因此我和汪汪的串聯也沒什麼革命色彩，我們倆除了住在大學校園裡，看看大字報、抄抄大字報外就是逛逛街，吃吃小吃。在廣州校園裡的飯菜很難吃，米飯粗糙得扎嗓子，青菜又大又綠沒有味道，但為了省錢，我們也只好將就。晚上我倆乘車到市區去吃冷飲，汪汪有錢，她總買香蕉船之類的冰淇淋，我錢少，每次都買一盤七分錢的紅豆冰。時至今日，紅豆冰仍是我的最愛。在上海，我們住在徐家匯，白天我們到街頭去吃陽春麵，還買奶油花生軋糖吃，晚上我們倆到黑乎乎的黃浦江邊看船。有一天夜晚，我們住在大教室裡，上海的紅衛兵來查出身，我嚇得不敢出聲，汪汪爬起來對他們說：「查什麼查，老子是北京紅衛兵，還沒查你們呢！」幾句話就把他們喝退了！

　　最後一站是天津，我這個曾經的天津衛帶著汪汪逛勸業場，看水上公園，去牆子河，津鋼橋。汪汪對天津話表現出極大興趣，一路上嘻嘻哈哈笑個不停。她後來去了美國，據說嫁了個義大利人。而我倆自從「文革」結束分別以後再未謀面。不知在我眼裡極具英雄氣概的大汪汪過得可好？別來無恙？

軍訓生活

　　到部隊參加軍訓是我一生最幸福、最難忘的經歷之一。因為我的理想就是當兵，穿上綠軍裝，颯爽英姿，多神氣，多漂亮。那時毛主席有一首詩詞：「颯爽英姿五尺槍，曙光初照演兵場，中華兒女多奇志，不愛紅裝愛武裝。」當兵確是當時所有女孩的嚮往。我們軍訓的地點是秦皇島某步兵部隊，我們和現役軍人在一起訓練學習。我們排長叫辛鳳枝，是個非常淳樸憨厚的農村兵。每天早晨軍號一響我們就集合出操，迎著朝陽，披著萬道霞光，我們跑步、正步走、練習隊列、射擊。每天下午學習政治、討論、發言。給我們軍訓的班長以上的幹部全部是現役。全連第一次射擊訓練，連長示範後我就被叫出列射擊。我趴在地上，屏住呼吸，一槍就打了個七環，給自己掙足了面子。

　　我們內務標準和現役軍人一樣，被子必須是豆腐塊兒，床上一個皺摺不能有，鞋子兩隻要擺齊齊的。早晨我們一出操，班長就來檢查內務，幾乎每個人都不達標，班長只好一個一個給我們重疊。有一天晚上，我們和部隊聯歡，幾架大探照燈從四面打到大操場的中心，那就是舞臺。解放軍戰士和我們互相拉歌，場面熱鬧極了。我們班表演唱《薩拉姆毛主席》，我們把勺子放鋁飯盒裡當手鼓，載歌載舞，非常投入，小戰士們不斷地叫好給我們鼓勁兒。最後是我們全體軍訓學生給解放軍唱了大合唱《歐陽海之歌》：「湘江水，滾滾奔流，歌唱著捨身的英雄……」歌聲迴盪在軍營的上空，傳得很遠很遠……

　　本來我的軍訓生活非常圓滿，可惜因為自己的狹隘任性，傷害了排長的感情，使我至今想起來還慚愧不已：因為排長總是表揚我，同學們就總嘲笑我，可我越怕他就越表揚，為了撇清，我索性不理排長

了。這使傻根兒式的排長不知所措，找我徵求意見我就不說話（當時軍人找學生談話必須兩個對一個，或者兩個學生，或者兩個軍人）。當軍訓結束時，解放軍到火車站歡送我們，排長站在我的車窗外流著眼淚說：「我沒完成好黨交給我的任務，我對不起黨，對不起毛主席。」可我這個混蛋仍舊一句話也不說。後來我長大了明白了也晚了，我再沒機會向他道歉了，但是我永遠記住了樸實的一根筋的他的名字：辛鳳枝。

當礦工

到門頭溝煤礦城子礦勞動鍛鍊也是「文革」後期我們的生活內容之一。我不記得是學校組織的，還是我們自己聯繫的，反正只有我們班七八個人一起去的。我們穿著礦工服，戴著礦工帽，每天早上和礦工一起排隊領礦燈，然後和煤礦工人坐吊車一起下到幾百米深的井下挖煤。挖煤的活兒非常艱苦，低矮的地方得爬著走，井下通風是大帆布的圓筒子，頭上的礦燈是黑洞洞的井下唯一的光亮。我們的班長姓郭，是個南方人，其餘幾個工人都是當地的，還有一個工人叫常來，是密雲人。我們和工人們相處非常融洽，勞動雖然艱苦但很快樂，我們幾個瘋瘋癲癲的女學生給他們艱苦枯燥的生活帶來很多歡樂。每次到一個巷（發hang的音）道，我們按照要求挖洞，挖洞時多數要貓著腰甚至跪著，因為井下低矮狹窄極了，然後工人放上炸藥，我們再躲到遠遠的安全的地方等候爆炸。爆炸過後，滿巷道都瀰漫著濃濃的嗆人的煤灰，要等好長時間，煤灰大致散去之後，再把炸碎的煤裝上鐵溜子運走。每次礦工裝炸藥時，我們等著無聊就開始唱歌。我們喜歡唱二重唱，或者多聲部合唱，我的幾個好朋友大活寶：阿胖、丹

下礦井的全副裝備：頭燈、工作帽、工作服、雨靴子。當時利用工休時間，借了一套工服照相，所留下的紀念。

妮，都來了。我們在煤煙瀰漫的井下大聲唱歌真是傻得流鼻涕，大口地呼吸井下廢氣還挺高興。那個叫常來的工人和我們年齡差不多，他聽我們唱多聲部的歌很奇怪：「你們唱歌怎麼那麼難聽，像放焰口似的。」（「放焰口」是死人時唱的歌）我們就叫他唱，他就很原生態地唱：「密雲是個好地方，山青水秀棗花香……」

我們每天乘吊車從幾百米深的井下升到地面，相互一看，整個兒一個「非洲」，除了眼白和牙齒是白的，那叫一個黑，真是賽過李逵，氣死張飛。可等我們洗完澡再相互一看，那叫一個漂亮，原來都洗乾淨了，只有雙眼皮裡的煤灰洗不著，就跟現在紋的眼線似的，個個濃眉大眼，跟上了戲裝似的。

有一天我們在井下幹活兒，看到運煤的鐵溜子磨得光亮亮的，像滑梯似的，不知道誰說了一句：「我們與其像狗似的爬來爬去，幹嘛不坐鐵溜子滑下去呢？」話音未落，有三個同學就坐上去了，我只記得其中有一個是楊詩儀。說時遲那時快，只聽到幾聲慘叫，三個人頭朝下就栽下去了。原來鐵溜子只一段，下面是空的，煤塊兒在鐵溜子裡只走一段就懸空掉下去。而我的幾個不知深淺的同學也懸空頭朝下栽下去了。幸虧下面不深，她們驚魂未定，連哭帶嚎：「我的鞋，我的鞋！」「我的燈，我的燈！」我們幾個在上面看到她們的慘狀，樂得前仰後合。那時的我們活得可真簡單，我們不想從前也不管以後，每天嘻嘻哈哈樂不思蜀，在煤礦一幹就兩三個月。用電影《冰山上來客》中一句經典臺詞來形容我們當時的狀態再恰當不過：「年輕人，你可真年輕啊！」（意即單純到傻的地步）

後來礦工常來帶著土特產到學校來看我們，告訴我們自我們走後，煤礦坍方，小郭班長的腰砸傷不能動了，善良的老班長得了硒肺病，另一個愛開玩笑的工人被打成了反革命。因為那時煤礦主巷道裡貼著毛主席像，那是供礦工們早請示晚彙報用的，有一天這個工人下班前給毛主席像鞠了個躬說：「毛主席，我下班了，您老人家在這兒待著吧！」就為這，他成了反革命。我們聽了，唏噓不已。

賣貨郎

文革後期我的另一個不能不說的有趣經歷是到王府井東安市場賣文具。東安市場是現在王府井東風市場的前身。那時候東安市場沒有現在東風市場這樣現代這樣氣派，格局同現在也不一樣，但是有濃濃的北京風情。一個一個隔斷分開，有賣北京小吃的：奶油炸糕、灌

腸、油茶，有賣北京特產的：山楂糕、糖葫蘆、糖炒栗子，還有賣工藝品：泥人、臉譜、風箏、空竹等等，當然也賣服裝、鞋、布料、文具等等。雖然剛經歷了「文革」破四舊衝擊，許多老北京傳統色彩的東西淡化了不少，可是在我眼裡還是滿有意思的。而我和我的同學就在這個特殊時期接受了這個特殊任務，賣文具。現在想起來我還不明白，那些職工到哪兒去了？幹嘛讓我們賣貨？百思不得其解。

我們賣文具的大背景是全國範圍的革命大串聯正在如火如荼，每天有成千上萬的全國各地的學生湧向北京。除了等待毛主席能在天安門接見檢閱紅衛兵，到各大學看大字報外，大部分大中學生也為看看首都北京什麼樣子，開開眼界，反正他們都是毛主席請來的客人，吃住乘車都不用花錢。那時候所有的宣傳用品都是毛主席、林彪的照片和八個樣板戲劇照，筆記本的插圖和文具盒蓋上也不外乎是這些。只有一種印有大型舞蹈史詩《東方紅》劇照的筆記本和文具盒大受歡迎，供不應求。早晨商店一開門，大批的學生就蜂擁而入進來了，沒有人排隊，就那樣裡三層、外三層地擠在櫃臺前，手裡舉著錢大聲地吵嚷，而我們就馬上進入緊張狀態，一邊收錢一邊賣貨，忙得滿頭大汗。好在一般半天多就斷貨了，我們得以喘一口氣，進入正常賣貨狀態。那也是我們最愉快的時候，各省市來的學生會好奇地問這問那，而我們也好奇地問他們的生活，就好像我們都是好朋友、老同學似的，一點不感到生疏。我最喜歡和邊遠山區的學生聊天，他們特別淳樸，連能和我們聊聊天都感到榮幸，認為首都的學生了不起，盲目地崇拜我們。為此我還鬧了個笑話：返校以後，有一天我們接到一封湖南山裡學生的一封信，信封上註明收信人是北京女十二中在東風市場賣文具的學生，然後又描述收信人的長相、特點等，直到說戴著藍色的套袖（那時候時興像產業工人幹活時一樣戴套袖），大家才知道收信人是我。我記得阿胖毫不留情地批評我說：「你他媽是不是太

多情了，到哪兒都惹事。你乾脆給人留個姓名，省得大夥兒跟著猜謎語。」信的內容是歡迎我到他的家鄉（忘記具體地址了），美麗的大山裡看看，希望我們能互相通信，互相幫助，共同進步。我當然沒有回信，第一我連發信人是誰都搞不清楚，第二我怕阿胖把我吃了！

看芭蕾舞劇

　　如果說前面講述的活動還多少是有組織的活動的話，那下面我們的活動純粹是個人愛好，是自發的了。八個樣板戲裡我只喜歡芭蕾舞劇《紅色娘子軍》、《白毛女》和鋼琴協奏曲《黃河》。那時候我剛好認識中央樂團的人，因此連《黃河》的排練我都看過，正式演出我總有票，也沒少看。《白毛女》是上海芭蕾舞團的，我們看不到。但《紅色娘子軍》是中央芭蕾舞團的，我就癡迷地看了一場又一場。可看芭蕾舞並不容易，得自己去排隊買票。那時中央芭蕾舞團演出地點是天橋劇場，看芭蕾得整夜排隊，但我和同學們並不在意，甚至深夜排隊也成為我們的娛樂活動，樂此不疲。因為排隊人太多且大部分是中學生，大家就自動分組，十人一組，自己登記名字。我們就給自己胡亂起名，除了不改姓外，什麼侉什麼土起什麼。比如：呂秀糞（芬）、劉翠花、程香草、喬大妞之類，然後大聲呼喊，相互取笑。晚飯大家分頭去買，囫圇吞棗，好替換別人。我和林伊總一起去吃晚飯，有一次，我們相中一家小酒鋪，裡面喝酒的都是天橋住的老頭兒，彼此認識，吆三喝四的，我對林伊說：「興許都是蹬三輪的，老舍筆下的窮人都在裡邊，咱倆體驗一把怎樣？」林伊欣然同意。我倆進去以後，買了四兩散裝白酒，在眾目睽睽之下，分成兩杯一飲而盡，然後在眾老頭兒的叫好兒聲中退場，心裡好生得意。後來下鄉聽

人說東北幾大怪之一：大姑娘喝啤酒，站著喝還不就菜！我心裡頗不忿：想當初咱當學生時站著喝白酒都不就菜，啤酒算什麼？

我究竟看了幾遍《紅色娘子軍》都記不清了，只知道我但分²有點天賦也應該會跳了。戲裡大段的樂曲我都會唱，甚至過場音樂我都會。我記得A角叫薛菁華，B角叫鍾潤良，C角叫趙汝衡。趙汝衡現在做了中央芭蕾舞團的團長。薛菁華個子高高的，腿特別長，非常挺拔，趙汝衡比她要小巧些。這幾個角兒我都看過。《白毛女》因為是上海芭蕾舞團的，是在八個樣板戲都拍成電影之後我才看到。其中「山洞裡遇喜兒，又是喜來又是悲……」伴唱是後來紅透半邊天的女歌唱演員朱逢勃。前兩年我又看了一次中芭復排的《紅色娘子軍》，我覺得大不如前，小字輩的演員是把這個劇當舞跳了，沒演出內涵，沒有她們前輩的精氣神兒。是啊，讓現在的孩子滿懷階級仇恨跳舞也太難為她們了。時光荏苒，一切都變了，不可同日而語了。

告別演出

大約是六八年春或秋天吧！學校組織了一次全校匯演，名目是什麼我忘記了，無外乎歌頌毛主席革命路線勝利之類的。而那次演出也就成為我們告別母校、告別老師、告別同學們的絕唱。演出之後，我們分赴各地，天各一方，至今再沒團聚過。而這次演出也因此而永遠留在我記憶深處了。

這次演出，沒有人動員，我們班剩下的三十多人齊刷刷都參加了。我是編導之一。我們排練了一組各族人民熱愛毛主席歌舞。令我驚奇的

---

² 北京方言，意指「只要是」。

是，三十多人中居然拿出十一把小提琴。我用詩歌把所有節目串起來，班裡兩個同學文慕潔和郭小燕朗誦。朝鮮舞前的串詞是：金光照，銀光照，紅日出山光萬道，毛澤東思想照延邊，延邊人民心歡笑！陝北民歌是汪汪獨唱：寶塔山的那個寶塔喲，頂頂兒連著那個天，哎喲毛主席和咱戰士呀哎，心呀相連……最活潑的是新疆舞，我們大個子扮男生，小個子演女生，一對對跳得特別投入。最可笑的是，大個子史小因和小個子郭小燕一對，因為史小因太過熱情，不斷對郭小燕拋媚眼兒，以致郭小燕總笑場，排練都排不下去，嬌滴滴的郭小燕還撒嬌說：「你倒是管管史小因呀，她也太熱情了，如果她是男的，還不成了流氓！」

……

寫到這裡我已抑制不住滾滾熱淚，我才知道我是這樣留戀我的學生生活，這樣懷念我的班級，這樣想念我的同學們！我的淘氣可愛的同學們，你們過得可好？真想你們啊！

第四章　崢嶸歲月不崢嶸

之所以寫這樣的題目是因為我不像許多同時代的人，滿懷理想，高唱戰歌去改天換地，也沒有在下鄉中幹出什麼驚天動地的大事情，充其量我只能是千千萬萬北京青年中最最普通的一員。時代的大潮把我捲出北京，時代的大潮又把我沖了回來。但我可以驕傲地說，這十年我沒有虛度。出於本性，我踏踏實實工作，認認真真幹活，生活得很充實。儘管吃了許多苦，受了許多罪，但我並沒有垮掉，這十年使我經風雨、見世面，使我堅強，使我豁達，沒有這十年的歷練就沒有我後半生的成熟。儘管這不是我個人的選擇，是我們這一代人逃不掉的宿命；儘管我一生中最美好的青春年華都奉獻給了東北那一片黑土地。

黑龍江生產建設兵團

　　西元一九六九年九月九日，我在並不情願又無其他出路的情況下，踏上了「上山下鄉」的旅程。這一去就是十年。這十年正是人生中最美好的十年，當一九七八年我重返北京時，已經三十歲了。

　　按照學校規定，我應當去二師羅北兵團，可我聽說弟弟所在的三師三十二團正在北京崇文區招生，我就一路打聽找到了東單體育場，找到了現役軍人田培源股長。田股長聽說我的來意非常熱情，一口答應，並且說：「到哪裡都是革命，三十二團歡迎你。」「可我的檔案學籍材料都轉二師羅北了。」「沒關係，組織上負責。」就這樣，我順利地在三十二團報上了名。這邊報了名，那邊我可沒敢打招呼，況

且赴羅北的火車比去勃利的火車早開四五天。據說去羅北的火車開車那一天，我的班主任劉萬敏老師抱著毛主席像拿著毛主席著作到火車站送我，接學生的軍人和送學生的老師到處找我，以為我當了逃兵。其實那一天我一人躲進了北海公園。秋天的北海落葉飄零，蕭瑟秋風吹皺一湖綠水，我一人坐在湖邊的椅子上，想著火車站的景象，想著我不可知的未來，感到忐忑又淒涼……

　　第二天，我回到母校，到教導處去說明了我的情況，給負責此事的老師看了我已銷戶口的戶口本，她抬起長滿雀斑的單眼皮的眼睛，毫無表情地說：「你的檔案材料已轉走，自己聯繫吧！」我走出學校大門，心想：「老子連戶口都沒了，還要什麼檔案，愛誰誰吧！」就這樣，我踏上了北去的火車，和來京阻撓我未果的弟弟一起奔赴了三十二團，開始了我戰天鬥地的艱苦生活。

三十二團某農業連

　　經過兩天兩夜的火車顛簸和半天的大卡車在山裡的搖滾，我們一行幾百個學生到了黑龍江省勃利縣三師三十二團，到弟弟所在連隊時我已灰頭土臉連暈帶吐不成樣子了。原以為連隊裡會像電影中演的，貧下中農敲鑼打鼓來歡迎我們，令我吃驚的是，除了一些老職工家屬和孩子圍著汽車看熱鬧，連裡沒有人出面講話，也沒有人歡迎我們。我和幾個六九屆的女孩兒被一個女排長安排在一間關不上門的有上下鋪的破房子裡，大約可以住十多個人吧！而我們的行李（那時北京知青都一人憑票兒購置一個二十二元錢的大木箱，自己從北京帶出來的所有衣物、書、食品都放這隻木箱裡。在那個特殊年代，這可是每人唯一的私有財產）卻被直接拉進了馬號，放在廢棄的馬槽上一個個堆

起來。六九屆的學生當時只有十五六歲，看到此情此景，她們送完行李就開始大哭起來。十幾個女孩兒扯開喉嚨直哭得天昏地暗、日月無光，好在也無人勸，那就哭吧，哭他個地覆天翻，還能怎麼樣？我沒哭，因為事前我就知道這個連隊是全團的老大難，風氣壞，人心散。再說哭管什麼用？我比她們大四五歲，我得撐著啊！弟弟找來大掃把，我們倆在嚎哭聲中把房間大致掃了掃，我在靠門的地方打開了我的行李（因為門關不上，我不忍心讓小孩子睡門邊），給自己絮了一個窩，而這個窩就是我在邊疆的容身之地，就是我的「家」了。女孩兒們哭得沒勁兒了，也漸漸止住了哭聲，她們開始「大姐」「大姐」地叫我，會說話的女孩兒甚至說，離開了媽媽慶幸碰到了一個大姐，而我就從這一天起義不容辭地當起了她們的大姐。

　　一週以後，我接到了母親的來信，母親後悔了，從火車開出的一瞬間她就後悔不該讓我，她在京唯一的孩子再下鄉，並且回家就病倒了……這下輪到我哭了，隱忍了一年的委屈、矛盾、傷心、難處一下子如洪水決堤般噴湧而出，直哭得嘴唇發麻、手腳冰涼。想到下鄉前後種種遭遇，看到目前的艱難困苦，想到自己將在這樣一個沒有溫暖、沒有關愛、沒有最起碼的人格尊重的地方度過一生，我真是感到絕望和不寒而慄。更要命的是因為我的痛哭，引發了又一輪的全宿舍大嚎啕，孩子們再一次扯開嗓門大哭起來。「這一次連大姐都挺不住了，我們還有什麼指望？」哭吧，發洩，控訴，委屈，無助……我們這一群女孩兒就這樣一直哭到天黑，哭到夜深人靜，哭到嗚咽著入夢，哭到夢裡回故鄉……

第一頓飯

　　我在北京時，主食只愛吃米飯，從不吃饅頭、餃子等麵食，逢到吃餃子我寧肯吃剩米飯。我更不愛吃豆腐，肥肉是一口都不吃的，

父母帶我下飯館吃涮羊肉時我只吃蔥沾醬，但是這些僅有的一點點毛病，到連隊的第一天第一頓飯就解決了。

下鄉的第一頓飯我們吃的是中飯。吃飯的地方是連隊的大禮堂，說是禮堂其實就是全連開會的地方。地上一排排釘著木頭的樁子，樁子上釘著厚厚的橫木板，那就是禮堂的坐椅。上面放著幾個大笸籮，裝滿又大又白的饅頭。大桶裡是白菜熬豆腐。我們這些長途跋涉的學生們，一個人一大碗白菜豆腐、一個大饅頭，狼吞虎嚥地吃起來。從此，我就開始了頓頓吃饅頭或窩頭的生活，再也沒吃過米飯，連個適應的過程都沒有。但是吃肥肉是第二年的春節了，那時我已調到團文藝宣傳隊，司、政、後，三個部門同在團裡公共大食堂吃飯，一年裡難得有頓燉肉吃，看著大家都買一份燉肥肉，我不吃太虧了，於是我也打了一份。我把大肥肉夾在饅頭裡，一咬牙一閉眼就吞下去了。我本來就是個什麼都不講究的人，從此世上就沒有我不吃的東西了，天上的不吃飛機，地上的不吃大炮。下鄉期間，我吃過橡子麵，喝過地溝裡的水，加上北大荒的饅頭養人，本來身體就不錯的我，這下子就更加「茁壯」了。

修水利

很快我們就被派修水利去了，我不記得那是哪裡，也不記得怎麼修，只記得離連隊很遠很遠，大約得好幾十里地，是一望無際的大草甸子，我們就在草甸子上紮上帳篷住下來了。十月的北大荒已經很冷很冷，因為我是大姐，我只好又住在帳篷的門簾邊。且不說門簾根本關不嚴，光是夜晚出來進去上廁所那個忽閃勁兒，就夠人受的，我沒被凍成電影《冰山上的來客》中的一班長一樣的冰人就算運氣，就是凍成冰人，也沒人向天上鳴槍表達悲痛。我們幹的活兒就是用鐵鍬在草甸子上挖泥，草和泥合在一起挖成一塊一塊的，然後用筐挑到幾十

康拜因是當時從蘇聯進口的大型聯合收割機，譯音為康拜因。

米遠的一個地方壘起來。濕泥巴連著草和水又沉又髒，濺得滿身滿臉都是泥，加上腳下踩著草甸子滲出的冰冷冰冷的水，就是再賣力氣、跑得再快也出不了汗，一停下來小風一吹冷得前心貼後心。好容易熬到吃中午飯了，送飯的車一到，男青年們就一擁而上，最多的兩隻手能插上十個包子，幾筐包子一搶而光，後面的女生頂多拿上一兩個，再後面的，比如像我這樣拉不下面子假斯文的，那就乾脆吃不到飯。餓一頓兩頓倒是死不了，令我難過的是，為什麼好好的男生一下鄉變成這樣，既沒有公共道德又沒有同情心，更別提什麼互相關心愛護幫助了，簡直就成了一群狼。因為修水利勞動強度大，條件又艱苦，伙食又差，男青年實在熬不住就去附近偷老鄉的狗殺了吃。半夜三更他

們就在水利工地上的大棚裡，用做飯的跟井口一樣大的鐵鍋邊煮邊吃，第二天炊事員再用那隻鐵鍋做大糝子粥時，其腥無比，噁心得無法下咽，我只好餓著肚子幹活兒。這時我想到了弟弟，若弟弟在，至少可以給我分一杯羹，可惜他又被留連隊裡沒抽到修水利。怎麼辦？為了吃到午飯，我很快也加入了狼群。送飯的車沒到就提前望著，遠遠看到車先扔下手裡的工具，車一到一哄而上，能搶幾個搶幾個，反正不再裝淑女假斯文了。為了填飽肚皮，淑女斯文賣幾分錢一斤？人啊人！為了活命，你就這麼快放棄了十七年的教育成果，沒有了自尊和自愛，你就這麼快融入了這個「集體」！

　　我這個人是個生性樂觀的人，不管幹活多累多苦，我很少愁眉苦臉，每天回到帳篷還是很高興。晚上沒事，我就給大夥講故事，講笑話，很快就成了孩子王（所謂孩子就是六九屆的學生）。我的故事大都是以前看過的短篇小說和電影，有時還給她們講鬼故事，嚇得她們吱哇亂叫，忘記了的地方就瞎編胡謅，孩子們都很愛聽，大家相處很融洽。很快我就有了幾個跟屁蟲，無論我走到哪兒，去幹什麼都跟著我，對我言聽計從。

　　有一個星期天，我想去附近連隊或團部去買點吃的或日用品，可是我們根本不知道離我們最近的是連隊還是團部，我決定去試試撞撞大運，立刻有三四個女孩兒要同我一道去，我們就這樣盲目地出發了。那一天陽光明媚，風和日麗，我們幾個人走在已經泛黃的一望無際的大草甸子裡，很有些風吹草低見牛羊的意境。可惜的是，沒有牛羊，只有我們幾個單薄弱小身影。我們就這樣在草甸子裡深一腳淺一腳地走啊走，終於迷失了方向。那時已過正午，肚子越來越餓，心也越來越慌，帳篷早就沒了蹤影，於是我說：「往回走吧，別天黑了連我們駐地都找不到。」因為我不認識東南西北，只好聽幾個孩子的指點，可她們意見總也不統一，就這樣吵吵鬧鬧地往回找。終於天黑

了，再也沒人吵了，大家又冷又餓又怕，穿的棉褲已濕到半截，腿沉得邁不開步。我警告大家，誰也不許哭，團結一心，咬緊牙關，向有光亮的地方走。幸虧我們中間有個女孩兒，我已記不得叫什麼名字，她很沉著，有著和自己年齡不相稱的鎮定，且方向感極強，我讓大家都聽她的，跟著她走。黑洞洞的大草甸子和天連成一片，好像一口大鍋罩著我們，天上星光點點密密麻麻，增加了恐怖和神祕的氣氛。這中間我們曾經遇到幾次拖拉機拖著扒犁，我們興奮地又喊又叫，可氣的是，這些人不僅不停車，還在我們身邊加足馬力，濺得我們滿身滿臉的泥水。現在回想起來，那時候知識青年最輕賤，就像地上的一隻小螞蟻，就是被碾死了也不會有人管，且那時候人也已經沒了人性。更可氣的是，連裡丟了幾個女青年，連隊領導管都不管……總之，半夜三更，我們終於回到了連隊，鑽回了帳篷我們的窩。我們脫下了濕透了的棉衣褲：有的鑽進被窩大哭，有的破口大罵，有的不聲不響地刷洗自己的鞋和褲子，只有我這個不知死的鬼向睡眼惺忪的全帳篷的女孩繪聲繪色講述一天的遭遇……

　　和我一同遭遇此險的有程榮淑、王靜一，和我忘記了其姓名的沉靜女孩。因為我的無知無畏，險些要了你們的小命兒，現在想起來除了愧疚以外，我好好後怕啊！

掰苞米棒子

　　還沒有入冬，早早地下了一場雪，這場大雪把正在收割還沒有收完的老玉米都蓋上凍住了，東北人管玉米叫玉米棒子，因此我們從修水利的地方抽回來的工作任務就是掰玉米棒子。北大荒的土地廣袤無垠，莊稼地一眼望不到邊。每天早晨我們一人揹一個筐鑽進玉米地就像鑽進了大樹林子，大家各把著一兩行玉米邊往前邊摘邊往筐裡裝，揹不動了就去找離自己最近的玉米堆，集中倒。你就是一天只把著一

鏟玉米掰，從早到天黑也走不到頭兒。這個活兒雖艱苦但自由度相當大，鑽進玉米林子一會兒，因為幹活進度有快有慢，就誰也找不見誰了。

我們連隊的知青分幾部分，最早的一批是佳木斯的社會青年，大約是六三、六四年來的，他們年齡很大，文化程度很低，有些男的看起來很野，讓人生畏，其中許多人已經結婚。第二批、三批是哈爾濱、上海和北京知識青年，這兩批人都是六七、六八年來北大荒的，有初中生也有高中生。六九年來的全部是北京的應屆畢業生，除了我為了投奔弟弟是高中生外，一水兒的十六七歲的六九屆初中畢業生。我之所以在連隊裡感到非常孤單寂寞，主要是和以前來的人難以融合，和一起來的小孩子們又沒共同語言，沒有同齡人可以交流。試想如果我去了羅北，和同學們在一起，估計日子要好過得多。連隊亂主要因為領導班子不合，也許是老農場幹部跟團裡現役軍人領導不對盤吧，總之，我印象我們就像一盤散沙，根本沒人管。因為沒人管，這個連隊反倒沒有極左的政治空氣，現在想想真該謝天謝地！我們女農工排長是個上海六六屆學生，長得膀大腰圓，不像我想像中的上海人，倒像山東大嬸，她很潑辣也很蠻橫，除了幾次我因例假肚痛得受不了找她請了幾次假，而她幾次都以「大家都一樣來例假，憑什麼你特殊？」為由不准假外，我幾乎沒跟她說過話。每月來例假應該說是我下鄉期間的一個個受難日，肚痛、腰痛不說，腹部冰冷得像裝了冰塊。因為勞累和寒冷，來例假就像血崩一樣，用衛生紙根本不行，只好讓母親用大包裹從北京寄醫用脫脂棉，二角二分錢一袋，一次用好幾袋。每次例假時間還特別長，大約七到十天，所以那時的我人瘦得像麻稈兒，臉色蠟黃蠟黃的，用東北話說：蓋張紙哭得過兒了（形容像死人）。

再說知青在東北，按家鄉分派系，上海幫、哈爾濱幫、北京幫，分得清清楚楚，沒矛盾便罷，有了矛盾就按幫派打群架，互不相讓，

十分可怕。好在我是自己來的，和誰都不搭界，在這樣一個大環境下，我樂得孤家寡人，孤魂野鶴，倒也自在。特別再攤上掰棒子這樣的活兒，心裡就更高興了。

　　掰棒子活兒並不輕鬆，凍上霜雪的棒子冷得扎手，雖然戴著手套一會兒就濕透了，背上的筐也越來越重。苦點、累點我都不怕，我只是喜歡這種自由自在的活兒。鑽進玉米林子，我就一邊掰棒子一邊唱歌，唱那些當時時興的歌，《地道戰》裡的「太陽一出照四方……」《紅旗渠》裡的「劈開太行山……」還有什麼歌唱大寨的「一道清河水，一座呂梁山，大寨那個就在山那邊……」我的艱苦下鄉生活也就這樣在苦中取樂中一天天地過呀過，而那時帶給我生活巨大樂趣的就是讀信和寫信……

鴻雁傳書

　　我所說的鴻雁傳書是廣義上的，泛指家書，父母兄姐、朋友同學的書信。這些書信是我單調枯燥生活的精神食糧。我的一個朋友同時又是弟弟同學的張啟禎是個才子，很有思想，他插隊到山西去了，他來信建議我把大家相互來往的信件都留起來，將來可以出書做個歷史見證。可惜我沒有聽他的話，不然真的可以出一本非常精彩的深深刻著時代烙印的知青書信集了。我們連隊離團部有三十多里山路，隔兩三天團裡的郵遞員就騎車來送一趟信，那時他是知青最最歡迎的人。我們在地裡幹活時只要遠遠看到他的身影，就會扔下手頭的活，一窩蜂衝上去，把他團團圍住。每次他來幾乎都有我的信，最多的是母親和D的，父親和哥哥姐姐偶爾也寫信來，朋友中林伊的信最多，其次如張啟禎、瀟雨等也有信給我。我當時恐怕是連隊裡收信最多的人。每天晚上我會等洗漱完畢，鑽進被窩裡讀這些來信，熄燈以後就拿手電筒照著，趴在被窩裡一一回信。那是我最最快樂、最最享受的時刻。

　　那時我們已搬進了一間能住二十多人的大宿舍了，這個大宿舍有一半是原來連隊的老知青。我的上鋪就是一個上海六六屆初中的老知青，我住下鋪。這個女知青很不像話，經常不脫鞋在我頭上晃著兩隻大泥靴子，甩得到處是泥，跟她說了也不管用。為了不給弟弟添麻煩我一直忍著不說，怕引發矛盾。弟弟給我的床兩邊都釘上了木板，僅留一個我可以坐的地方，就像一個小木箱子，靠牆的地方還釘了一塊木板放水杯等等。我在牆上貼上《紅色娘子軍》、《白毛女》的芭蕾舞劇照，這就是我的避風港和私密小屋。無論外面的環境如何寒冷險惡，收工後我會「躲進小屋成一統，管他春夏與秋冬」。讀親人的來信帶給我的不僅僅是快樂，更多的是苦澀，是無盡的思念，我的夜晚就是在讀信和寫信中度過的，我也常常掛著淚水或滿懷憧憬和希望進入夢鄉。

　　令我高興的是，我不僅收到母親來信，還常常收到包裹，給我和弟弟寄來巧克力、香腸、松花蛋、鹹菜等等。母親掛念我和弟弟，就把每次休息的時間都用來搶購，因為那時北京物資匱乏，副食要憑本，肉食等要憑票，再說成千上萬的知青父母都在給自己的子女搶購、寄包裹，所以每個包裹承載的「重量」可想而知。我的姐姐姐夫就常常陪母親去搶購，去郵局寄包裹，姐姐懷孕時也不例外。姐姐說，當時她妊娠反應嚴重，看到和聞到香腸、肉類都噁心嘔吐，只好由姐夫陪同母親排隊搶購，她遠遠地陪著。可是每次我們只能收到包裹單，取包裹要翻山越嶺到三十多里外的團部去取，所以取包裹對我們來說就是一件相當困難的事了。

　　就在這一年的冬天，我又收到了母親的包裹單，同宿舍的小華也收到了爸爸寄來的包裹單。小華沒有母親，父親非常嬌慣她，她長得黑黑的、高高的很漂亮，她像許多女孩兒一樣，很依賴我。那天她找到我說：「大姐，我等不及了，明天咱倆就去取吧！」冬天的北大

荒被冰雪覆蓋著，氣溫在零下三十多度，颳起風來漫天飛雪，東北叫煙兒炮，很可怕。第二天一早，我倆穿著軍大衣，戴著當時時興的長長的大拉毛圍巾，高高興興上路了。因為心裡高興，我倆走得又快，一點也沒感到冷。大約走了十多里路時，在前面一個離三叉路口不遠的雪地上，站著三隻狼（這是後來我們才知道的）。在白茫茫的雪野上，三隻狼很顯眼，牠們一動不動地盯著我倆看。小華對我說：「大姐你看那三隻狗多瘦啊？」我說：「狗為什麼站在這荒野裡，會不會是狼？」這一下小華害怕了，她一把抓住我就要喊叫，我警告她不許叫也不許跑，更不許看牠們，就這樣快步走過去，權當牠們是狗。我倆就這樣緊緊拉著手，哆哆嗦嗦地走過了路口，而那三隻狼就這樣一動不動地站在離路口有七八米遠的地方緊緊地盯著我們，目送我們走了過去。十多分鐘後，一個農場老職工追上我們問：「你們過路口看到狼了嗎？」我告訴他：「看到了，但不知是狗是狼？」他說：「好險啊，那是狼，冬天餓狠了，出來覓食。幸虧你們不認識狼，沒跑，若是跑了，牠們就會追上來。」我倆聽了嚇了一身冷汗，我們這才知道狼的耳朵是立著的，而狗的耳朵是耷拉的。我對小華說：「饞嘴丫頭啊，我倆差點給狼解了饞啊！」

搶煤

　　冬天的北大荒冷得嘎嘣嘎嘣的，那真是冰凍三尺確為一日之寒，眼淚流一半就凍臉蛋兒上了，屁屁拉一半就凍屁股墩兒上了。每天早上我們到水房去打熱水，打回來一分，每人也就一點點。看水房的是一佳木斯青年，年齡比我們大不少，整天陰沉著臉。我很怕他，誰稍微多打一點水他開口就罵，為了不惹氣，我經常不洗臉就去幹活兒。北大荒的廁所是露天的，四面用磚牆圍起來，地上挖的大坑上架上木板就是廁所。因為沒人管，屎尿越來越多，高出地面，凍成了大糞

探望在石頭山上打石頭的弟弟時所拍攝。

山。所以每天上廁所是一大難關，無處立足，噁心巴拉不說，還凍屁股，那才叫凍掉屁股、砸壞腳後跟兒哪。所以但分能忍，寧肯幹活時到曠野荒郊上廁所，雖然更冷但至少不噁心。我們宿舍的爐子是砌的磚爐子，每天有老職工給添煤，夜裡添煤的男職工隨便進出女宿舍，且宿舍根本不插門，也插不上。但煤得自己搶，因為連隊的煤是從團煤礦拉來的，是有數的，燒多少沒人管，但你得有。各宿舍的煤在各宿舍的門口堆著，自己燒自己的，煤沒了，你這屋就斷火，受凍活該，誰讓你沒本事！為了冬天不受凍，搶煤就成為生活的必需。每隔一段時間，連隊就派大卡車去拉煤，不知為什麼，也許是路太遠了，煤總是夜晚才到連裡。一聽說今夜來煤，晚上大家就全副武裝手拿大鐵鍬等著，煤車一來，一擁而上，拿鍬的先擠占一塊地方，好給拿筐

的裝煤。全宿舍同仇敵愾，空前團結，為的是多搶點煤免得受凍。可女生怎麼能搶過男生呢？特別是膀大腰圓的佳木斯、哈爾濱男青年……直到現在，每當想起在北大荒搶煤、搶飯我就痛心不已，苦和累我都不怕，我最怕的是人與人之間這種冰冷的關係，令你冷到心裡，冷得你想起來都打哆嗦……說出來你們恐怕不相信，這個連隊男女生之間不講話，而我在這個連隊待了七個月，除了自己的弟弟，沒同任何男生說過一句話。本來我就在女校生活了七年，沒同男生接觸過，在這個連隊又見識了如此冷血的男青年們，真令我不寒而慄……

安團長和一臺節目

因為我們連隊是全團的老大難，所以團裡的幹部時常來蹲點。由於安團長兩次來蹲點，我被戲劇性地發現，並被調進了團文藝宣傳隊。

安團長是現役軍人，聽他在連裡講話，覺得跟電影中演的帶兵的軍人沒什麼差別。他講話實實在在，樸實又幽默。我記得他講話中間常說：「你們北京青年說了，特好！」或者說：「哈爾濱青年有話了，賊嫩！」（因為北京青年愛說「特」字，而哈爾濱青年愛說「賊」字。）有一次他檢查知青宿舍，看到我牆上掛了一把吉他，這把吉他是我上學時姐姐用她零花錢給我買的。安團長回團裡就告訴團文藝宣傳隊，某某連有個會彈琵琶的女青年。宣傳隊長王文華一聽，大喜過望，立刻和幾個隊員步行三十多里地來找我。待看到牆上掛的不是琵琶，是安團長「露怯」了時，敗興而歸。時隔不久，連隊張指導員（老農墾的非現役幹部）找到我，說快到春節了，聽說我有點「文藝細胞」，讓我搞一臺節目給連隊演。我在連裡什麼也不是，

和連隊的大小官員也沒有接觸，也不知哪位伯樂「舉薦」的我，但我沒什麼城府，指導員三說兩說，我就不計後果地答應了。當時我的好朋友林伊剛好從她插隊的內蒙古來團裡看我，我倆就一起編節目，一起給大家排練，興致勃勃地幹起來。這是我下鄉後第一次受領導委託幹點兒正事，而這事又是我的長項，況且又有朋自遠方來幫我，自然不亦樂乎。我在自己熟悉的六九屆同學中找了十多個人，又在老職工中找了一個會拉二胡，一個會彈三弦、吹笛子的人，不管水平怎樣，反正有積極性就行。我們就這樣開始邊編邊排練。我們排練了合唱、表演唱、對口詞、老歌填新詞等等，給老職工兩人排了小合奏、自彈自唱等，七拼八湊，一個小時左右的一臺節目就出來了。連裡有好事者在下面傳，認為我要在臺上展示「顯擺」自己，要且唱且舞一番。孰料我除集編導一身外，還和林伊一起吹口琴伴奏，根本沒上臺。這給我在連裡贏得了好聲譽。我們的演員水平雖不高，但讓我鼓動得心很齊，精神面貌不錯。演出那一天，我很緊張，生怕連裡有人搗亂起鬨。果不其然，這邊還沒開演，外邊就放開了爆竹。好在連隊的老職工家屬們都很支持，早早地搬著凳子來了，還給了我些許安慰，知青們抱著好奇和看熱鬧的心態也還真來了不少人。我因為又要組織又要當調度又要賣力氣吹口琴伴奏，腦袋都大了，真還就忘了害怕。演出

這就是那把為我帶來好運的吉他。

一結束我就問弟弟：「節目怎麼樣？」他說：「還過得去。但在這個連裡敢冒這個險的，估計除您以外沒第二個人！」弟弟雖沒誇我，但弦外之音我也聽明白了，他還是頗為他傻大膽的姐姐自豪的。

這臺節目演過沒多久，團文藝宣傳隊又來人了，說是「聽安團長說，某某連那個彈琵琶的女青年一個人搞了一臺節目，還不去看看！」宣傳隊來人說：「宣傳股決定借調你一個月，到團文藝宣傳隊為『五一』勞動節搞一臺節目，你的關係暫不動。趕緊收拾收拾，明天就來團裡報到吧！」就這樣，我因為牆上掛了一把吉他進入了安團長的視線，又因為搞了一臺節目被借調到團文藝宣傳隊，而我的命運也因此而轉變（不用扛大鋤、掄大鎬幹農活兒了）。當然這一切我都得感激命運之神對我的眷顧，感激安團長這個我生命中的貴人，但我更應該感激的是姐姐給我買的這把吉他給我帶來好運，儘管我到現在也沒學會彈吉他。

三十二 團文藝宣傳隊

我被留在團宣傳隊

西元一九七〇年三月底，我被借調到團文藝宣傳隊搞創作。這個宣傳隊連樂隊帶演員不足二十人，樂隊有手風琴、小提琴、大提琴、二胡、大阮、中阮、楊琴、笛子等，演員都是能歌善舞的北京、上海、哈爾濱的知青，只有一名佳木斯老知青，他會彈撥樂，會好幾種，也會編歌，很有才。可別小看了這支宣傳隊，後來還真出了人才：北京的相聲演員趙焱，他原名不叫趙焱，叫趙殿燮，名字是後來他的師傅著名相聲演員馬季給改的。上海的歌唱演員徐小懿，後來她

宣傳隊的工作是下連隊，到地頭為農工慰問演出。

還在北京開過獨唱音樂會，可惜我沒有看到。京劇名家葉盛蘭最小的女兒葉玉珠也是我們宣傳隊的，因為是世家，她天生就帶著那個架式，嗓子特亮，唱李鐵梅唱得味兒特別地道。可她是高度近視，一上臺我們都怕她看不清掉下臺去。據說回北京後她學醫了，沒再唱戲。這些都是我們宣傳隊出的人才。至於還有誰成名或幹本行了我就不太清楚了。更重要的是，這個宣傳隊後來成為兵團文藝宣傳隊的班底，組建了包括三師、四師、六師在內的兵團文藝宣傳隊，一九七六年參加了省裡匯演，本來就要進北京演出了，恰逢「四人幫」倒臺，沒去成。

　　宣傳隊處於半脫產狀態，有排練、演出任務時就全脫產，沒有任務時就參加連裡勞動。當時宣傳隊駐在建材連，後來又轉到修配廠，都是條件較好的工業連隊。我去時還在建材連，宣傳隊隊長叫王文華，是北京六六屆高中生；指導員姓陳，是老農墾非現役幹部，我忘記他是建材連長還是專管我們了。我到宣傳隊後，指導員、隊長找我談了意

圖，把我向大家做了介紹，我就開始了創作。我們沒有辦公室，女生宿舍就是我創作的地方。可宿舍裡除了一鋪大炕外並沒有桌子，我就坐著地上的小板凳，趴炕沿上寫。我比較拿手的還是語言類節目，如：詩朗誦、快板書、對口詞、小話劇等。在宣傳隊我是專職創作，只管寫，不再需要我當導演。樂隊配器、排演和二胡，楊琴王文華、林國光負責；舞蹈編、導、演是北京女十二中六六屆學生趙芃，我的校友；男生編舞是北京青年侯金城；說唱節目及小話劇的連導代演，如果我沒記錯，應該是上海知青劉國強；但實際上都是集體參與排練演。

我的第一臺節目都有什麼我記不清了，但因為演員和農業連的水平不可同日而語，給我寫的節目增色不少，特別是有一個女生表演唱，我用河南豫劇的調兒填的詞，內容是我所在某農業連開展的一次公物還家活動。表演唱的名字叫《送私迎公》，我還記得第一段的詞：「紅旗飄戰鼓敲，今天連裡真熱鬧，送私迎公開大會，讓咱群眾，哪哈依呀依呀嘿，靈魂深處把革命鬧。」每一段有一個女聲表演，把從公家偷拿回家的工具交出來，並做自我剖析。由於連唱帶演，又有活潑的豫劇小調，演出非常受歡迎。「五一」的第一臺節目一舉拿下，並受到好評，特別是陳指導員對我非常滿意，表揚我好幾次。就這樣我順利地從借調一月而變為正式調入團文藝宣傳隊，專司創作。

一臺節目下來，我們就開始全團巡演，一個連一個連地下，大家坐在裝滿道具的大卡車上，像搖煤球似地從這個連搖到那個連，常常半夜三更才到另一個連隊，也是滿辛苦的。但那時我的心情是愉快的，生活重又充滿了希望。

其實宣傳隊的生活也很艱苦，只是與農業連隊相比要好得多罷了。因為所有的大的節氣的農業勞動，宣傳隊都得參加，例如麥收、夏鋤等等。下連隊演出因為山路崎嶇不平，有的連隊在山溝裡，特別遠，所以經常因為吃不到飯而餓肚子。有一次一個連隊傳染紅眼病，

生病的人兩眼紅腫流水，視物不清，很可怕。這個病傳染很厲害，但我們並不知道。隊員演出化妝、卸妝都用連隊知青的毛巾、臉盆，結果宣傳隊的好幾人染上了紅眼病，又在巡演過程中迅速把這病傳染到各個農業連，一時間全團大鬧紅眼病，人人自危。我因為不用上臺演出，躲過此一劫，可好幾個女隊員都染上了。小游就未能倖免，她哭得要命，本來就紅腫的眼睛一哭更腫了。

有意思的是，有一天周濟股長問我：「你是共青團員嗎？」我說：「是呀。」「你怎麼沒轉組織關係？」「啊？還要自己轉？」結果周濟一問十四連，我壓根兒沒檔案，因為我本該去羅北內蒙兵團，是自己跑到三十二團的，後來還是在周股長的過問下，我的檔案才從羅北調過來，直到這時我才知道，下鄉快一年了，我原來是個「黑戶兒」。

一個很棒的集體

團文藝宣傳隊是個很棒的集體，一是專業水平都不錯，男生個個吹拉彈唱一專多能，女生個個能歌善舞，樣樣精通。二是上得臺來生龍活虎，精神面貌很好。三是基本團結，有大局意識。雖然有個別人私下裡愛傳閒話，鬧不團結，有時搞得大家心裡彆彆扭扭，但任務一下來還是能完成得很好的。能在這個集體裡生活工作我很高興。

在建材連時，我們勞動是抬木頭上楞。一截大木頭一般得四個人抬，多時達八個人、十幾個人一起抬。因為人多，就得喊號子，有一個人領喊，大家合。宣傳隊的人幹這個是長項，嗓子好，調門高，喊出來的號子高亢激昂，幹起活來也有精神頭兒。大木頭沉極了，也很危險，砸到誰不死也殘廢。但是大夥兒幹得挺歡，男女生一樣幹，因為比起農業連隊，我們非常知足，不用下農田幹活，而且半脫產，人人都特別珍惜。抬木頭因為是男女一起幹，所以女生得拿出吃奶的力氣，每次幹完活兒，肩膀都又紅又腫，碰都不敢碰，第二天再接著抬

時，痛得流冷汗。後來我們遷到了修配廠，大家分配到各個車間，沒演出任務就隨各個車間一起工作，有任務才抽出來。我被分配在軍工車間當銑工，和別人共用一臺銑床，我們的任務是土法造槍。我們班長是個姓宋的老職工，非常和善，副班長是上海男知青陳財武，我和他經常一起給連隊出黑板報，他寫，我畫。為了出好黑板報我還特地在回京探親時買了報頭畫冊。印象最深的是我們倆合出了一期詩配畫《黃山松，我大聲為你叫好》，他的板書字很漂亮，我臨摹了山石中間的一棵挺拔松樹。後來聽說那詩是歌頌彭德懷元帥的，可我倆並不知曉，我們那麼小，一切聽黨中央的，哪有那麼高的辨別能力？但不經意間辦了一件好事，還是值得驕傲的。

　　所謂軍工車間，其實就是土法造槍，也是應時的產物，因為當時搞戰備，我們身處邊疆很緊張，「備戰備荒為人民」、「屯墾戍邊，建設邊疆，保衛邊疆」是我們的口號。蘇聯老大哥早已和我們交惡，這時要防備的不是美帝反倒主要是蘇修了。至於到底我們生產出合格的槍沒有我就不得而知了。軍工車間設備簡陋，流水作業，技術含量不高。即便如此，我們學起來也並不容易，我就常常銑折刀頭，造成浪費，心裡非常愧疚和害怕。幸虧老班長很寬容，不太為難我，否則給我戴上一頂破壞軍工生產的大帽子，我會吃不了兜著走。

　　修配廠的副連長張若瑜是北京六六屆高中生，幹部子弟，她一點不左，非常平和、富於人情味兒，很有親和力。她皮膚白皙，眉毛、眼睛黑黑的，很好看。因為她不事張揚，待人溫和，和老職工、知青的關係都非常融洽，和宣傳隊的人關係也很好，在連隊威信很高。因為她的關係，修配廠的知青和宣傳隊的隊員融為一體，就像一家人。她是最早調離兵團的人之一。我們團較早調離或參軍走的人大都是有些來頭的高幹子弟，那個階段天天聽到某連某某參軍走了，或某連某某被調到外省市機關工作了，他們是某某中央領導或軍區領導的子女

等等……我們平頭百姓子女只有羨慕和望洋興歎的份兒，連兵團領導也奈何不得，只有乖乖放人。他們的「扎根邊疆」之說，也就是說給廣大的無權無勢的知青而已。說是人人平等，其實那個年代等級制度是很厲害的……不過這並不影響我們之間的友誼，直到今天，張若瑜和許多兵團戰友經常聚會，我參加的不多，但我很感激她從不忘記通知我，一直把我當修配廠的戰友看待。

宣傳隊的舞蹈編導趙芄也很棒，她是我女十二中的校友，比我低一年級，後來她當了宣傳隊長。她很多愁善感，很多情，業務能力強，編舞、跳舞都很有天賦。給我印象深的是：她身體很柔軟，編舞中間常常蹲在地上抱著膝頭思考，一點不吃力。後來她嫁給了同在修配廠同是北京知青的喬。我一直欣賞、喜歡趙芄，直到半年前我開了部落格，筆談中間才知道，我熱愛的東公街小學校長，第一個給我開後門的沈榮欣先生，居然是趙芄的母親，這難道不是緣分嗎？可惜的是，她的母親因為是校長，在「文革」中間被迫害致死，使小小年紀的趙芄不僅要在北大荒勞動，還要經受喪母之痛，真不知她是怎樣熬過來的?!

大提琴、小提琴都是北京六九屆學生，小提琴手林國光二胡、小號都很擅長，還會作曲，是個小才子。他回北京後在外交部某單位工作，負責文體活動，據說搞得很活躍，我們局參加歌詠比賽時我專門請他來做指揮、輔導，後來還得了獎！

舞蹈演員佘湘琪、游靜嬪、馬淑華、梁鳳雲，都能歌擅舞。佘湘琪用現在的說法應該是舞蹈隊的女一號，她是上海六九屆的，長得漂亮，舞也跳得好。她非常愛美，早晨沒起床在被窩裡就開始照鏡子，很單純可愛。但聽說她後來生病，過早離開了人世，令人惋惜。

竇德友是後來的宣傳隊指導員，那時劉國強已成了隊長，他倆搭檔時是宣傳隊最輝煌的時候，曾經獲得過三師優秀毛澤東思想文藝

宣傳隊稱號。我與鞏德友相處時間不長我就調走了。他是個非常敬業
又熱心的人,我的印象中他對我們老隊員很尊重,對小隊員很愛護,
而且很有組織能力和號召力。至今三十二團及宣傳隊的活動都是他召
集、組織,成為我們這些人與兵團戰友的聯繫中心。

　　沈福臣是佳木斯青年,他年齡很大,長得也不帥氣,像個小老
頭兒。可他人特別好,特別有才,又會作曲又會寫詞,而且擅長彈撥
樂。當時隊裡分給我一把中阮,老沈負責教我。因為沒有硬性任務,
他有一搭無一搭的教,我有一搭無一搭地學。最主要的是我這個人很
浮躁,學什麼都三分鐘熱呼氣兒,最終練會了一支《大海航行靠舵
手》的曲子,濫竽充數參加了一輪兒節目中的壓軸兒器樂合奏,從此
再沒摸過中阮。老沈很憂鬱,至少我這樣認為。有一個陰雨天,那時
我們還在建材連,霏霏細雨讓人傷感,我們倆在男女生宿舍中間的一
個過廳練琴,我問他:「你幹嘛叫福臣,多俗氣,叫浮沉吧!多有詩

在政治處宣傳股,宣傳幹事王大偉為我所拼貼的照片。

意。」他苦笑著說：「你還小，什麼也不懂，生活裡哪那麼多詩意浪漫？生活就是柴米油鹽，我叫福臣都沒幸福，再叫浮沉，就更漂泊不定了。」不知道老沈後來怎麼樣了，我常常想起他說的話，想起他憂鬱的眼神，他那麼善良寬厚，應該得到幸福。

宣傳隊的手風琴手是個印尼華僑，那時候北京的印尼華僑很多，大都是父母在印尼做生意而子女在北京讀書。可我不明白的是華僑怎麼也「上山下鄉」呢？是出於愛國熱情還是被迫？不得而知。只知她們姐妹三人都在我們團，兩個姐妹在連隊幹農活兒，她在宣傳隊拉琴。她家庭很富有，三個千金都下鄉，不知父母怎麼想？總之有一天，她們三姐妹在我們宿舍用印尼語說了一晚上後，就不辭而別了。

在宣傳隊和我最親近的是游靜嬪，我倆情同手足。她是六九屆北京女孩兒，能歌善舞，清純多情，我非常喜歡她，她是我的小粉絲、小跟屁蟲，我們倆無話不談。每次無論她或我探親回京前，兩個人都得哭一場，並把自己兜裡的錢送給回京的對方。臨離開宣傳隊前，我專門把她託付給宣傳股的周濟副股長，請他替我關照。小游很多才，畫一手好畫，還愛唱歌，在宿舍裡我經常用手風琴給她伴奏，她快樂地唱：「正月裡放馬，烏溜溜的山崗上喲……」「小乖乖來小乖乖我們說給你們猜……」

到十八團參加兵團文藝匯演

大約是七一年的冬天吧，我們全兵團的文藝宣傳隊都要到十八團參加匯演。十八團前身是友誼農場，是黑龍江省最大和條件最好的團。接到任務，我們就緊鑼密鼓地開始創作、排練開了。我記得我們宣傳隊有幾個節目，頗受歡迎：兩個男聲表演唱，一個叫《快快跑》，是唱戰士們相互關心愛護，偷偷幫著同志洗衣服，非常活潑。另一個是學習毛主席著作的：「小黑板一尺三，它的那個作用不

平凡，幹革命要挑重擔，要學愚公能移山……」演得風趣輕鬆，很有感染力。還有一個我編的小劇，是炊事班改造爐子節煤的，只有三四個男青年上場，很逗樂，現在看來實際就是小品，因為搞笑所以也很受歡迎。這幾個節目的男主演叫劉國強，上海青年，長得很帥，很活躍，後來當了隊長。他應該是在宣傳隊待的時間最長的人，直到一九七九年宣傳隊解散。

但我們到十八團參加匯演的卻不是這幾個節目。一個是芭蕾舞劇《白毛女》喜兒的獨舞「紅頭繩」佘湘琪跳的。一個是京劇《紅燈記》的一場折子戲。李玉和由趙焱扮演，他嗓音宏亮，扮相英俊。劇情裡需要一個賣煙捲兒的老太太，趙焱堅持讓我上。我嫌難看死也不幹。沒辦法，趙焱只好自己扮演老太太了。後來在北京聚會時我和趙焱開玩笑：「幸虧我沒上，否則我在宣傳隊的歷史上就扮演過一個角色還是賣煙捲的老太太，豈不太傷自尊！」還有林國光的二胡獨奏《賽馬》，揚琴伴奏是王文華，那水平也不遜專業。當然少不了女聲獨唱徐小懿，她唱的什麼我忘記了。最後的壓軸節目是我創作的，大型配樂詩表演《徐忠亮》，內容是歌頌我們三十二團修配廠的勞動模範徐忠亮，他在身患絕症的情況下堅持土法造槍的感人事蹟。因為我用了許多特別誇張的歌頌英雄的辭彙，無限制地拔高，再加上配樂十分悲壯，以致在後來召開的主創人員座談會上，其他團的創作人員都問我：「徐忠亮犧牲了？」這次匯演我們沒拿到獎項，這令我很難過，感到辜負了大家，雖然誰也沒說什麼。

其他團的節目和我們水平不相上下，我印象深的是十九團的全場芭蕾舞劇《白毛女》，真令我驚奇，這些女知青們都是現學現上，據說練得非常苦，個個練到腳尖出血，演出水準也真是可以了，這個節目一炮打響，後來調集了全兵團的力量支援十九團，我們宣傳隊的徐小懿還被抽調去擔任獨唱。還有大概是十八團的全場京劇《紅燈記》，一群

有天賦的知青們居然能有模有樣地演出整場樣板戲，我也非常佩服。那時兵團真是藏龍臥虎，人才濟濟，有許多好的節目和出色的演員。我記得給動畫片《草原英雄小姐妹》配唱的上海的孩子已成了知青，她也登臺為我們唱了那首膾炙人口的主題歌：「天上鑲嵌的星星多呀星星多呀，不如我們公社的羊兒多。天上漂浮的雲彩白呀雲彩白，不如我們公社的羊絨白，啊哈呵咿，啊哈啊哈呵咿，不如我們公社的羊絨白！」她雖然長大了，但童聲依舊，嗓音依然那麼甜美清亮！

　　在這次十八團匯演中有兩個小插曲也值得一提，一個是我們住的十八團招待所的大通鋪上，冷倒是不冷，就是被子髒極了，黑黑的，巨噁心。我只好把大拉毛圍巾隔在被頭上睡覺。令我奇怪的是難道沒人管嗎？多給十八團丟臉！再就是我利用休息時間去逛團部的商店，這個商店比我們團的大多了也闊多了。在我細細地「點貨」過程中，居然發現有中成藥大山楂丸，真令我這個饞鬼喜出望外，一下買了兩盒當糖吃了起來，一晚上二十丸下肚，夜裡胃跟痙攣了一樣疼了起來，因為第二天還有演出，我不敢影響大家，就這樣忍著巨痛翻滾了一夜，第二天臉都綠了，也沒敢和任何人說，怕大夥兒說我嘴饞。也就是從那天起我才知道，藥再好吃總歸是藥，再也不能幹這種蠢事啦！

團宣傳股報導組

　　十八團匯演之後沒多久，在一次宣傳隊的會議上我提出轉行。並不是我不喜歡這個集體，而是一臺節目寫完了要巡演好久，才能再換一臺新節目。我沒有演出任務，跟著宣傳隊跑來跑去，感到無所事事，太浪費青春了。那時候還不懂編劇創作在一個演出團體中舉足

報導組成員，由左至右依序為王大偉、楊才華、小朱、葉玉枝、我。

輕重，也應該算個腕兒了。反正我每天看到大家熱火朝天地排練、演出，總感到很失落，像個多餘的人。於是在一次發言中，我借助當時報紙上的大標題：「我們也有兩隻手，不在城市裡吃閒飯。」提出：「我也有兩隻手，不在宣傳隊吃閒飯。」我要求轉到修配廠當工人。孰料非但沒讓我走，反倒把我調入了團政治處宣傳股搞新聞，改行做通訊報導工作，從此我的兵團生活又掀開了新的一頁。

　　讓我至今懊悔的事是，那時候有那麼多的時間，那麼好的條件，可以好好練一樣樂器，可我卻把時間白白地荒廢了，至今一事無成，真個是閒白了少年頭，空悲切！

　　政治處共有組織股、宣傳股、保衛股，還有一個面向全團的廣播站。政治處主任是現役軍人李楚華，各股的股長也都是現役軍人。宣傳股長是現役楊股長，副股長是老農墾的筆桿子周濟（他同大興安嶺農墾局的辦公室主任劉靜、省農墾局書記鄧燦等四人是老農墾系統的四大才子之一）。還有一名復轉軍人也曾是部隊筆桿子的任兆奇、上海知青方月華等三名宣傳幹事。我們報導組有五名新聞幹事，說是新

報導組兩大筆桿子聞黎明（右）和楊才華（左）。

聞幹事其實也沒有職稱，就是專職的通訊報導員。兩名廣播員也算宣傳股的人。

　　宣傳股報導組因為是全團的喉舌，在政治處有著特殊地位，就是由政治處主任李楚華直接領導，他一竿子插到底，所有的大稿件他親自佈置，親自把關，所有的會議他都親自參加。李主任是個思想很左的人，言談舉止、指導思想都帶有那個時代深深的烙印，但他不是壞人，至少我個人這樣認識。

我的第一篇文章

　　我的第一篇文章題目是《愛在心上，育在根上》，副標題是：《記黑龍江生產建設兵團某部老貧農李盛喜對知識青年進行再教育的事蹟》，是一篇大的人物通訊，刊登在當年的《黑龍江日報》上，占了半個版面，而我憑這第一篇文章得到了政治處領導和同志們的認可。

　　文章是我寫的，但實際上是在政治處李楚華主任的親自督導下完成的，可以說是他一遍遍地讓我動手修改了若干次，才一舉見報。而

我也從此篇文章中學會了怎樣寫通訊報導。我還應該感謝報導組的上海知青楊才華、北京知青聞黎明（著名愛國志士聞一多嫡孫）。他倆在我剛到報導組時給了我巨大的精神上的鼓勵與支持。要知端的，還得聽我從頭說起。

　　剛到宣傳股時我心裡很緊張，想想團裡的精英們聚在一起，哪個也不是善茬兒。你總得有點真才實學吧，自己能勝任嗎？心裡一點沒底兒。當時報導組沒幾個人，但團領導非常注重宣傳，每週都要統計上報紙幾篇稿，如果沒有上報，就叫打光頭，就得挨批評。據我所知，報導組有個女青年來了一年多了，寫的文章也沒上過一次報，哪怕是豆腐塊大小。因此個人和全組的壓力都很大。我剛到宣傳股，人生地不熟，不知從何下手幹工作，每天除了看報紙和資料，一句話也不說，很壓抑。來了沒幾天，楊才華和聞黎明就商量：「咱們是不是應該和小劉談談呀，看她心事挺重的。」就這樣，有一天晚上，他倆約我談談心，我們仨就在辦公室聊開了。他們各自做了自我介紹，讓我談談自己的想法，我把自己的顧慮、壓力全盤托出，甚至想打退堂鼓，回農業連幹活算了。沒想到他倆非常熱情地鼓勵我，並各自講了自己的切身經歷，說憑我老高中生和搞過文藝創作的寫作功底，只要肯下功夫，認真學習實踐，一定能勝任。那晚上我們談了很晚，用那時的語言就是，他倆幫我「放下了包袱，開動了機器」，從那天開始，我輕裝上陣了。我記得特別清楚的是，我回宿舍很晚了，還有個女生沒睡覺等著我，問我他們和我談什麼了，我這個傻瓜一五一十向她做了彙報，不料她很生氣：「我來一年多了，思想壓力比你大，他們幹嘛不給我解決？」為此，在我內心深處，更加感激小楊和小聞，並下決心好好幹，不辜負他倆的好意。

　　很快，任務來了，毛主席的「知識青年到農村去，接受貧下中農再教育，很有必要」語錄發表也不知是三週年還是四週年的紀念日快到

了，團裡要求報導組寫一篇紀念文章，並要我們按照團裡掌握的線索分頭下去抓材料。政治處主任李楚華親自披掛上陣，抓這次專題宣傳。我因為剛來，讓我到團部最近的連隊，如果我沒記錯的話，應該是七連，去採訪老貧農李盛喜教育知青的事蹟。這可真難為了我，我怎麼採訪呀，他能信任我跟我說嗎？沒辦法，我硬著頭皮、厚著臉皮整天跟著他，他下地我跟著幹活，他吃飯我跟著吃飯，晚上我回到團裡休息，天一亮就又去了。李大爺不愛說話，連隊領導特意為我召開了幾個知青座談會，瞭解李大爺的事蹟。我的執著終於感動了李大爺，後來他終於開口說話了，他好像是鮮族人，吃過很多苦，他說不出什麼大道理，但很真誠，非常非常樸素、樸實。一週以後，我將素材整理好做了彙報，李楚華主任拍板就寫這個老貧農了。

那個年代我們寫文章講究套路、語言、思路都有個定式。假大空是文章的通病。材料有了，要集體討論「定調子」，即定文章的主題、基調。定完調子要「吹路子」，即把大綱和每節的標題內容定下來，然後再動手寫。而且寫得要層層深入，要無限拔高，寫出境界來。當然這都是我後來才明瞭的。我這篇人物通訊寫了不下十遍，寫了改，改了寫，每次李主任都不厭其煩地啟發我（他從不動手改）：「還有哪些東西沒挖掘出來？」最後給我擠兌得鼻涕、眼淚橫流，晚上不睡覺玩命地改寫。直到李主任滿意了露出笑容：「小劉不錯，肯吃苦，有靈氣兒。」真是功夫不負有心人，這篇稿件發出去就見報了，《黑龍江日報》大半版，署名「紅鋼炮」，那是我們報導組的名字，因為無論誰寫的文章都要署報導組的名字，那是時代的特色，連《紅燈記》、鋼琴協奏曲《黃河》等，都署名集體創作。而我這篇通訊還確確實實應該算作集體創作。我高興，全組人高興，李楚華主任更高興。我立刻把這個好消息寫信告訴了父親，當時父親在邯鄲，他立刻找到了這份報紙，並親筆題了字給保存了下來。當然時隔四十

年再看這篇文章，時代的烙印太深了，空話、套話連篇，有點「慘不忍睹」。據說因為這篇文章是秉承了團領導的旨意，又是連領導班子找人開的座談會，僅代表了領導的意圖，文章一見報即在連隊引起爭議。當然這是我四十多年以後才知道的，雖然那時的我並不瞭解內情，但我還是誠懇地向七連人道了歉，若我無意間傷害到誰，務請原諒我的無知和「左派幼稚病」。因為這許多年走過來，我已有了自己的頭腦，我對當時許多問題已有了自己的認識，不說別的，單就是這個命題：「知識青年到農村去，接受貧下中農再教育，很有必要」，若讓我再寫，肯定要另當別論了。

　　緊接著兵團宣傳工作會議在二十八團召開，宣傳股推薦我到三師二十八團講用。李楚華主任又親自指導我寫這篇講用稿：即學習毛主席著作指導寫作實踐的體會，具體內容我忘記了，但我記得大體的思路是：第一遍改稿讓我克服了什麼，第二遍改稿讓我克服了什麼，第三遍改稿又讓我克服了什麼⋯⋯最後的結局是毛澤東思想指導我在寫文章中改造世界觀，在改造世界觀中寫文章。現在聽起來多麼牽強附會，可當時卻認識不到。去開會的時候李主任還讓我到三師師部紅興隆去送一篇我寫的另一篇稿件，讓報導組長小楊直接到二十八團等我。結果是我繞到三師開會晚了，小楊替我在大會發的言。

　　這中間發生了一件令我難忘的事：我一個人從師部紅興隆啟程去往二十八團，中途要住店，我又住進了一個極其骯髒的小店，小店裡人很少，被子髒的黑黑的，我一個人住店非常害怕，該不會是《水滸》中孫二娘開的黑店吧？但有什麼辦法呢？硬著頭皮住下吧！我餓著肚子在黑黑的房間裡黑黑的被窩裡不斷地唸叨：「下定決心，不怕犧牲，排除萬難，去爭取勝利！」用以克制著因為害怕和孤單不時往外流的眼淚。後來我乘公共汽車到二十八團，車開到一個叫尖山的地方就到站了。我下車一看，哪裡有什麼二十八團啊？明明是個荒涼

的小站嘛！那時天已近黃昏了，我該怎麼辦呀？我壯著膽子問了一個當地人：「二十八團在哪兒？」那個人用手往前指了指：「翻過這座山就是。」啊！翻山？我怎麼敢？就在我一愁莫展之際，一個小夥子搭話了：「跟我走吧，我就去二十八團。」聽口音，他是天津青年，沒奈何，我將信將疑地哆哆嗦嗦地跟著他上山了。這個小夥子好像看穿了我的心思，他大步流星一直走在我的前面，隔一段時間就等等我，也不和我說話，逢到對面有人過來，他故意問「二十八團還有多遠？」以消除我的顧慮。終於天黑了，而我們也馬上到了，已經看到團部星星點點的燈光了，我一下子輕鬆了，一反常態地使勁追著他道謝，告訴他我是北京知青，來開會的。他操著濃濃的天津口音說：「沒嘛！應該的，誰讓咱都是知識青年呢？」

　　時間過去四十多年了，但這感人的一幕一直封存在我的記憶中，我多想讓這個天津知青看到我的文章啊，看到我的感激，須知：你帶給那個膽小無助女孩兒的不僅是幫助，更是一種信心和希望，讓她感受到人世間尚存的溫暖和關愛。

政治處的新生活

　　政治處是個大集體，雖然分好幾個股，但是全處經常在一起學習、勞動、活動。政治處的政治空氣很濃，有了最新指示，紅頭文件馬上組織學習，學完了要分頭下連隊組織學習或組織稿件。政治處的知青有北京、上海、哈爾濱的，以上海青年居多。上海青年有楊才華、傅衛民、方月華、于英、劉淑芳等人，北京青年有聞黎明、葉玉枝、小郭、我、魏秀敏、小聞（保衛股的），廣播站的兩個女孩一個是北京的，一個是哈爾濱的。哈爾濱青年有保衛股的張娟茹、陳莉等人，因為大家各有本職工作，經常要下連隊，又都很敬業，所以除了開會學習，就是回宿舍接觸多一點，基本團結，相安無事。上海

我與住在一個炕頭上的戰友、好友——葉玉枝。北京六九屆知青，返城後在北京某區法院任副院長一職。

青年比較激進，很抱團兒，逢到節假日都在一起做飯，男女生關係很親密。而北京和哈爾濱青年從感情上更親近一些，特別是女青年，都有點大大咧咧，沒什麼心計。男女青年也從不在一起活動。政治處男女生分住在只有一牆之隔的兩個大集體宿舍裡，中間的隔斷只是一層薄薄的木板，一點不隔音，說什麼都聽得見。女生嘴饞，有時晚上吃零食、炒葵花子（東北叫毛磕兒，據說原來老毛子，即俄國人愛吃葵花子，所以得了這麼個名兒），男生聽見了就嚷：「吃什麼呢，給我們送點過來呀！」我們也從不拒絕。更有意思的是，冬天晚上太冷，女生不願出去上廁所，逢到誰要小便，怕隔壁聽見不雅，就喊「伴奏」，於是其他人就不是唱歌就是吹口琴，以掩飾尷尬。能上政治處的人從性格上也都比較開朗，不然怎麼開展工作呢？所以除工作外整天嘻嘻哈哈，講故事、講笑話，有時我拉手風琴，女聲合唱《我愛北京天安門》等兒歌，生活得很緊張、很快樂。如果不是中間發生過兩件不愉快的事，政治處留給我的都是愉快的記憶。

　　一件事是，女生宿舍經常丟東西，而且丟東西的人總是上海人，搞得大家心裡很彆扭。有一次上海人丟了毛線，我們所有人都成了懷疑對象。晚上她們就想盡辦法看我們穿的毛衣，甚至找藉口看我們的箱子。我和小葉非常氣憤，這不是侮辱人格嘛！可我勸小葉說，也好，這樣大家心裡亮堂，免得別人疑心生暗鬼，叫我們裡外不好做人。後來聽說破案了，那是我調走以後的事了，是哈爾濱青年某某幹的，我很不解，她家庭條件很好，又很活潑可愛，到底為什麼呢？但她的作為，無疑影響了我們的團結，在集體中留下了不和諧音。

　　另一件事是，保衛股的某某不知怎麼成了反革命（到現在我也沒明白），也不知為什麼牽連到我頭上，大概因為開了幾次會我沒發言。我聽到我宣傳股的男戰友私下商量，怎樣讓我開口揭發，不然就給我施壓。我很意外也很生氣，大家都不錯，為什麼不和我當面說呢？其實我知道保衛股的某某偷拆過我的來信，因為沒證據我什麼也沒說，心裡對他並沒什麼好感。最後團部召開批判大會時，據說是于副政委（老農墾幹部，分管保衛的）指定讓我做大會發言。我不敢違抗，只好寫了批判稿違心地做了發言。這件事讓我改變了對政治處一些人的看法，也感到對不起某某，對我自己來講，也是一件令我內疚和羞愧的事情。令我至今不明白的是，我和某某基本沒說過話，幹嘛把我扯上呢？事情雖然過去了四十年，但我仍誠懇地自我檢討，為自己的膽小怕事和明哲保身。

　　團部司（令部）、政（治處）、後（勤處），除了夏鋤、秋收等特殊的農忙時節，基本上是不用下大田勞動的，因為我們各有分管的工作。每年的夏鋤時節，我們都要分頭下到各個農業連隊參加勞動。每兩三個人分到一個連隊，一邊幹活一邊蒐集材料，諸如好人好事、好幹部、好戰士之類，上不了報紙的就在團廣播站廣播。白天下田幹活兒，晚上還要連夜寫稿，還是滿辛苦的。我忘了我在幾連了，和連

隊裡的上海、寧波女孩吃住勞動都在一起。她們待我好極了，白天幹活她們搶著幫我幹，晚上回宿舍，她們好奇地問這問那，並纏著我給她們唱歌跳舞。晚上我們擠在一起聊東扯西好不開心。因為經常下連隊，我在好幾個連都有特別要好的朋友，我還記得上海青年蕭懷珍、曹幼佩、盛曙麗、陸群，寧波青年徐愛寶、小蔣、張頻，北京青年小陳、張波等等。小蔣個子和我一樣高，我倆還交換了冬天罩棉襖的花布外罩。小陳是十三連的，有一次我們用爬犁從十四連往團裡拉戰備糧，我們頂風冒雪，每人拉著一個裝滿糧食的木爬犁往團部送，待到往回趕時，天已經黑了，況且每人已經拉著幾百斤糧食走了三十多里地，也實在走不動了。當時剛好經過十三連，我於是帶著幾個女孩兒去投宿。十三連的女青年熱情地接待了我們，尤其是小陳。她給我打熱水，去食堂要饅頭，把自己的被子讓出來，對我這個素不相識的荒友無微不至的照顧，令身心俱疲的我感受到久違了的溫暖和親情。晚上熄了燈，躺在小陳暖暖的被窩裡，我不聽話的眼淚又汩汩流了下來，打濕了小陳的枕頭。從那天起，我們倆成了知心朋友，我經常到連裡找她，她也常去團裡看我，直到回了北京，她分到玻璃店，我分到藥店，我們仍保持著友誼。寧波女青年張頻後來考入了北京第二外國語學院，她的愛人史繼虹也是同連隊的，考入了中央美院，後來移居美國，成了很有名氣的畫家，我們在北京還見過面。上海知青盛曙麗成了作家，曹幼佩到阿聯酋做生意，陸群成了香港一家知名公司的副總裁，她（他）們都成了事業有成的人。我下連時，她們甚至連連隊裡誰誰對她們有好感，自己舉棋不定的事都告訴我，徵求我的意見。上海男孩（也可能是寧波的）邱永年和金寶麒也是我的好朋友，他倆經常寫稿件讓我幫著改，我還幫他們投稿或在廣播站播出。我幹活從來不行，夏鋤時節，天上懸著毒日頭，令人頭暈目眩，莊稼地一眼望不到頭，讓人心生畏懼。幹活時大家各把一壟，她們幹得快，把

我夾在中間，看我落在後面就過來幫我，在政治處的兩年多時間，我最願意下連隊，生活讓我親身體會到連隊處處有親人的溫暖。

當然下連隊也並不都是愉快的事，因為農業連隊的知青幹活非常辛苦，看見團裡來的「脫產」知青很不順眼。特別我們這些人再有極左的或愛指手劃腳的，就特別招人恨。有一次我下連隊，幹完活兒，連隊領導讓我出一期黑板報，我辛辛苦苦又寫又畫地出了一期黑板報，內容無非是鼓舞士氣或表揚之類的。剛剛寫完，我還沒顧上喘口氣兒，就被從食堂打飯出來的男青年用菜湯潑了，令我又氣惱又無奈。

最有趣的是，我非常怕曬，怕人說資產階級思想，也不敢戴草帽，一曬就黑得跟黑人牙膏似的，只剩下一口白牙。就因為這，夏鋤回來我還被評了先進，戴了紅花，還給家裡寄了立功喜報。而和我一同下連隊一點沒少幹活的小楊，卻因為曬不黑什麼也沒評上，他頗有些忿忿然。你們可別以為這就算幸運，我還真為此付出了巨大代價：一是我黑得有點出圈兒，一進團部食堂打飯，大夥兒就敲飯盒唱：「我是一個黑孩子，我的祖國在黑非洲……」以至於在很長一段時間裡我都不敢到食堂吃飯，都央求同宿舍的女生給我帶回來。二是因為嚴重灼傷，回北京後我得了紫外線過敏病，只要太陽一曬，馬上起大包甚至紅腫搔癢，夜不成寐，雖遍求名醫也未治癒。

驚魂「九一三」

一九七一年秋季，我下連隊組織採寫以當時中國的副統帥，地位僅次於毛澤東的林彪倡導的，以建設連隊的「四個第一好」為主題的綜合報導文章，在連隊組稿已經一週多了。一天傍晚我回到團部，感到氣氛不對。團部大禮堂周圍站滿了荷槍實彈的武裝連的戰士，看來裡面正在開會。可什麼會議值得這樣森嚴壁壘？值得開到這麼晚？我滿腹狐疑地回到宿舍，宿舍裡空無一人，我整理了一下材料，然

後打水洗涮，吃晚飯。晚上，大約七八點鐘的樣子，陸續回來了幾個人。看到我從連隊回來了，上海青年、宣傳幹事方月華湊到我身邊，神祕地說：「聽說了嗎？特大新聞！」我說：「沒有啊？我還沒見到人呢？」她趴在我耳朵邊說：「林彪，林彪在叛逃的路上摔死了！」我吃驚地看著她：「你說什麼？你瘋了吧？」她直起身，嚴肅地說：「掉腦袋的事情，誰敢開玩笑？這是千真萬確的，今天已經傳達到連以上的黨員幹部了。現在是外鬆內緊，我們已經進入一級戰備狀態了。」我只覺得一股涼氣從後背升起，瞬間手腳冰涼，震驚、不解、氣憤、恐懼……各種錯綜複雜的情緒一下子攫住了我的靈魂，我驚魂甫定，疑為做夢……這天晚上直到半夜，大家七嘴八舌都講著這件事情，從口氣和神情上，我知道這件事對每個人的震撼都不亞於我。這天晚上，我失眠了：林彪，毛主席的親密戰友、黨的副統帥、稱讚毛澤東思想是馬列主義頂峰、毛主席的話一句頂一萬句的人；被我們天天敬祝身體永遠健康、永遠健康的人；被寫進黨章的毛主席的法定接班人，居然要謀害毛主席；要另立黨中央？居然叛逃到國外，居然摔死了……這讓我怎麼能相信，怎麼能接受得了。更可氣的是我這個傻瓜，剛剛在連隊採寫完以堅持「四個第一」為主題的報導稿，還是按林彪建設部隊的思想去組織的。一種被欺騙、被愚弄、被出賣的憤怒讓我難以自已。說實話，對林彪我談不上崇拜、熱愛，我也並沒有因為林彪的死而惋惜，我只是痛心，為自己，為所有善良的、單純的中國人痛心，我們是不是太愚昧了？我們這一代人，是思想最單純最機械的人，被後人稱為批量生產的人，對毛主席、對黨中央的信任已經到了無以復加的地步，凡事從不問為什麼，只要是毛主席說的就是真理，毛主席的話是我們前進的指路明燈……很快，我們被組織起來學習、討論、提高認識，進入了一輪無休止的學習提高階段。那時候的政治思想教育一直堅持的做法是：上邊得病，下邊吃藥。中央不管誰出了問

題，老百姓都得洗腦吃藥，聯繫自己思想，鬥私批修。也許各位很難相信，這個事件對我思想乃至信仰的打擊是致命的，在學習中，我不斷地問自己：「這是為什麼？我們還能相信誰？」所有跟著毛主席打天下的老幹部都被打倒了，只剩下林彪一個毛主席最忠誠的學生、最親密的戰友了，最後卻仍是一個「最可怕的階級敵人」。我們還應該相信誰？我憤怒地撕碎了我的稿件，也同時撕碎了我的信仰……從那天開始，我不再信任什麼，不再信仰什麼，在我內心深處，一種理性的清醒甚至近似灰色的消極情緒悄然升起，我甚至有一種感覺：我自由了！

政治處的三位股長

我因為在團部宣傳股工作，有很多機會和團裡的現役、非現役的領導幹部接觸，他們個性不同，思想和工作方法迴異，但和他們一起工作的有趣經歷，使我至今不能忘懷：

先說說我們宣傳股的兩位股長。現役軍人楊股長，他叫什麼我不記得了，只知道他是唐山人，有一對雙胞胎子女。他濃濃的眉毛，個子不高，整天樂呵呵，沒什麼脾氣。我進宣傳股時，恰逢有他的傳言，好像是生活作風不檢點吧，具體怎麼回事，我因為接觸面太窄而並不知情，於是有趣的事發生了：先是臨到我要調走時，修配廠的文書賈午光找到我，告訴我這個傳聞，並囑我千萬小心。而賈當時也就十六七歲，六九屆的小孩子，是我的一個小朋友。他很有才，寫得一筆好字。我還記得開會時，我倆互遞條子，寫打油詩，他寫道：「秋風蕭瑟抖殘霞，斜陽不暖九月花。塞外鴻飛江南去，可捎邊書到我家？」我回的是：「金城古屋映赤霞，塞外鴻鳴屋簷下，爺娘聞得阿午訊，笑語喜面淚如花。」（當時我好像要探親回家，他讓我給家裡捎信吧！）返城回北京後，他從事了法律工作，據說職務不低呢。

有了這個鋪墊，我心裡就有些打鼓，但又不好問別人。說來也

巧，我到股裡沒幾天，楊股長要帶我下連隊，不知是宣傳什麼還是佈置什麼任務。我初來乍到，雖心裡忐忑，但豈敢違抗？於是我又拿出了去二十八團翻尖山時的伎倆，就是在五六米以外遠遠地跟著。那天是大雪之後，山路不好走，我們去的連並不太遠。楊股長是個沒心沒肺的人，走一段就喊：「小劉，快點啊，你也太磨嘰了！」我呢，憑你怎麼喊，我就跟纏了小腳似的，任你說什麼我也走不快，直到進了連隊我才跟上他。氣得他說：「你這個同志啊，太缺乏鍛鍊，趕明兒團裡組織拉練，先把你送去！」

相處長了，我慢慢瞭解他了，我認為他生性樂觀，口無遮攔，熱情有餘，毫無心計，不似外面的傳聞。當然除工作外，我也不和他接觸，他也不可能知道我對他的防備之心。他的家人都在唐山，唐山大地震時我早已離開了兵團，不知楊股長家人是否平安？

周濟副股長是典型的知識分子型，是老農墾的筆桿子。他不僅文章好，還寫得一手好字。他當時應該也就四十多歲吧？但我感覺他像個小老頭，有很重的安徽口音，且有迎風流淚的毛病，所以我覺得他老像在感冒，鼻涕狼藉的。他很愛才，愛惜有才幹的知識青年。我們宣傳股的小青年都在他的呵護之下。但我感覺他更偏愛上海青年，因為他們更善於表達自己的感情吧！周股長分管團文藝宣傳隊，因為我是從宣傳隊來的，每次他去宣傳隊審查節目都要帶上我，還鼓勵我提意見。可我一開口講話就緊張，他就批評我：「怕什麼嘛，想說什麼就說什麼，說錯了也沒關係嘛。」其實我一直不自信，我的不自信害得我失去了許多機會，而機會於人常常是擦肩而過，你不伸手抓住它，它是不會等你的。我的字寫得不好，周濟股長就批評我：「字是人的第二張面孔，你的字就像蜘蛛爬，好好練練，下下功夫。」我明明知道自己字寫得不好，但我還嘴硬：「小楊字也不好，你幹嘛不說他。」周股長樂了：「小楊字不錯，人家是自成一體，你懂什麼，好

好學吧！」我喜歡周股長，喜歡他難得的知識分子氣質。喜歡他嚴格要求我們而又不粗暴。我調到大興安嶺之前，他親筆在送給我的筆記本上題辭：「楊樹風光好，興安戰友親，沃土育新人，邊疆同扎根。」因為我去的地方叫大楊樹，而我要投奔的男友，後來是我先生的D也是北京知青。

田股長叫田培垣，是組織股長，他是湖南人。因為六九年我下鄉是他去北京接來的（前面文章已講過），因此我一調到政治處就去找他，問他：「還記得我嗎？」他說當然記得，只是不知我跑到哪個連隊去了。田股長人非常憨厚，辦事認真也不左，要論人品，我敢說田股長是政治處第一大好人。可惜因為他是組織股長，我又不是黨員，因此工作上沒有太多來往。大概因為是他接我來的兵團吧，如果論交情，團裡這麼多領導，我從內心裡還是和田股長最親近。有兩次任務使我和田股長有機會合作，並留下了深刻的印象。

一次他帶我下五連組稿，有關先進典型和發展黨員的。我記得五連離團部非常非常遠，那時我們下連隊都是步行，沒有車可坐。任務完成準備回團部時他提議抄近道兒，從草甸子橫穿過來，可以省好多里路。那是個深秋，天很冷，草都黃了，我們已穿上了軍棉襖、軍棉褲，我記得第二天就是國慶日了。為了早點回團部過節，我高興地答應了。不料草甸子越走越深，水漸漸沒到了膝蓋（我在農業連水利點的遭遇又重演了），冰冷冰冷的，且舉步維艱。眼看著天漸漸黑了，人卻越陷越深，大有沒腰之勢。本來一路有說有笑的我，開始害怕了，並不斷地埋怨他不該走這麼危險的路。起初他還講笑話，給我鼓勁兒：「大方向是對的，肯定一會兒就到。」後來看我氣鼓鼓地不買他的賬，他也氣了，開始批評我：「以為你是個好強上進的好同志，是個可塑性很強的好苗子，原來這麼禁不起考驗，這麼嬌氣……」之類的話。我們就這樣一路吵著架，一路走，回到團部時我倆的棉衣褲

都濕透了，狼狽極了，而且已經是晚上八九點了。我不知道是不是真是自己不對，但我就是不認錯。不料第二天田股長倒認錯了，說按理說這麼遠的路應該第二天再走，但他急於回家過節（那時的現役軍人都帶家屬，田股長有妻兒在團部），害得我跟著吃苦受累。看到田股長滿臉通紅那麼誠懇地給我道歉，我立刻被感動了，連忙檢討是自己不好，太嬌氣了。想起昨天的狼狽相，我倆隨後又哈哈大笑起來。這段經歷後來得到了印證，我們採寫的人就是後來成了兵團先進典型，並當了三十二團副團長的上海知青方金平，四十年後我們在上海見面，他握著我的手說：「感謝你們的那次採寫，才有了後來我的成長。」他說哪裡知道這次採訪讓我吃了那麼多苦，他並且告訴我，之後他同田股長建立了如兄弟般的友誼。

　　還有一次，我和田股長及另一個女生，好像是組織股劉淑芳吧，一起去三師師部紅興隆開會，我記不清了？晚上他鼻子流鼻血，「哐哐」地來敲我們的門，讓我們陪他去醫院，我們嘲笑他嬌氣，不像個當兵的，說：「用涼水沖沖，用涼毛巾冰冰就行了。」後來血流不止，還是去了師部醫院，打了止血針，誰知那竟是他鼻咽癌的先兆，至今想起來還讓我內疚。

　　我調離三十二團時，田股長給我寫了一首詩：「六九年接你來邊疆，心情激起三尺浪；前年國慶和你去五連，淌水過江不能忘。今年送你去農場，兵團的好傳統要發揚；再過多年重逢時，祝你百鍊鑄成鋼。」可惜的是，田股長因為患鼻咽癌，過早地離開了人世，而我再也沒有機會見到那個平易近人、忠厚隨和的好股長了。

黑老李、白老李和安團長

　　知識青年都很調皮，給團領導都起了外號。團參謀長姓李，我不知道他叫什麼名字，因為長得特別黑，大家私下叫他「黑老李」。

政治處的領導和戰友們（後排左一為周濟副股長，左二為政治處李楚華主任，左四為楊股長，前排左二是我。）。

政治處李楚華主任皮膚白，外號「白老李」。白老李的故事我已經講了不少了，就說說黑老李吧！參謀長是管軍務股、做訓股的，和我們不搭界，因此基本沒接觸過。但有一次參謀長要組織一篇稿，當時只有我在家，宣傳股就讓我跟著去了，去的也是團部附近的連隊。那時好像是夏天，夏天的北大荒並不太熱，只是多了蚊子小咬兒。在連隊辦公室開完會，又要找個別青年談話。我們就坐在連隊大操場的大木椿子上，在外面等著連裡指派的談話青年。那時正是夕陽西下的時候，連隊的青年們收工陸陸續續回來了。這時候就有男青年大聲喊：「快來看嘿！李黑子帶個小黑子來了。」我尷尬極了，又很生氣，不知如何是好，只好低頭裝聽不見。李參謀長似乎並不生氣，看看我，挺認真地說：「啊？你叫小黑子！」我心裡說：「你缺心眼兒啊？」嘴上卻說：「誰叫小黑子呀？他那是挖苦咱們哪！」不料參謀長卻說：「那怎麼叫挖苦啊！本來就黑嘛！小青年調皮唄！」接著他就和

我聊起來，問了問我的情況。當他聽說我還有個弟弟在農業連隊後，連說：「好！好！不錯不錯！相互有個照應。」我說：「哪兒照應得上啊，他離我三十多里地呢！」這件事說過去也就忘了。而我完成這個組稿任務後也沒再和參謀長共過事。過了好久好久，有一天我在團部碰到李參謀長，他說：「讓你那個弟弟來軍務股吧，這兒剛好缺人手！」我驚呆了，真是感動萬分，他還記得我有個弟弟在遠遠的農業連隊。我告訴他：「因為母親身邊沒人，弟弟已經返城回北京了。」「亂彈琴，怎麼讓男孩子回去？應該女孩子回去啊！」我說：「因為連隊又打石頭又放炮的，我弟弟還被派去煤礦挖煤，我總怕他出事，所以讓他回去了。」「好好好！！回北京當然好！」他邊說著邊揮揮手就走了。我望著他的背影，大聲喊：「謝謝你參謀長，我會寫信告訴我弟弟的！」我是個特別愛動感情的人，望著他的背影，我心裡熱呼呼的，還有點酸酸的味道。

　　大約是一九七三年的六七月吧，兵團掀起了學馬列原著的熱潮，團以上幹部都分批集中到佳木斯兵團總部學習。部分新聞幹事宣傳幹事也參加學習。我被派隨安團長、李主任一同參加學習。來做理論輔導的都是挺有水平的理論教員，做學習班總動員的是兵團任副政委。他含著一支雪茄（我覺得是），吸一口點一次煙，令我好生奇怪，但也覺得他真有架式。記得他對團幹部們說：「你們戰鬥在前線，辛苦了！現在回娘家來了，好好休息，吃好喝好，學習是任務，休息放鬆更是任務！」這讓我這個聽慣了極左語言的青年頗感吃驚和意外，噢，原來部隊的大官兒是這樣兒的啊！我有多久沒聽到這麼富於人情味兒的話了？

　　團幹部們學習得很輕鬆，真認真學的是我們這些小嘍嘍。因為我們得記筆記，記討論發言，還得在學習結束時幫他們寫總結。李主任是筆桿子，不用我寫，安團長的就得我瞎編了。我這個人幹什麼都特

別認真，學習也挺爭氣，學習結束，我以安團長名字寫的一篇《學習國家與革命心得》，即國家機器的兩個作用，以《鎮壓敵人　保護人民》為標題，於七月份發表在《兵團戰士報》上，令安團長、李主任非常高興。那時候我有很嚴重的頭痛失眠症，一痛起來就怕光嘔吐，吃藥也不管用。在一次會議休息時安團長、李主任親自帶我去兵團醫院神經科看病。我記得醫生拿著小槌子敲我的膝蓋等關節，問這問那，最後說：「沒病，思慮過度，吃點穀維素，休息休息就好了！」有一個可笑的細節是，看病的地方很大，可能是給領導們看病的地方吧，我看病時，他們背對著醫生和我，在遠遠的地方看著窗外，而醫生的話他們是聽得到的。所以從醫院一出來，安團長就說：「我聽到了，你沒病，就是沒出息！是想對象想的。」回去再開會討論時，安團長就和其他團的團長拿我取笑（我負責這個組的發言記錄）。其中一個團的領導，好像是二十八團的，說：「好辦，散了會，小劉跟我走吧！我們團組織股有個上海青年，出身好，黨員，沒對象，小夥子不錯，配得上你，我給你們介紹介紹。」直到這時，我才害怕了，玩笑開大了。會後，我趕緊向李主任坦白我有男朋友了，他在大興安嶺，因為兵團不准談戀愛，我沒敢說。李主任不愛開玩笑，他馬上告訴了安團長，安團長說：「我說對了吧！小劉就是沒出息，想對象想出病來了！」我百口莫辯，這才真是應了那句俏皮話：「秀才遇見兵，有理說不清哪！」

政治處的戰友和朋友

政治處年輕人很多，大家關係都不錯，但和我最要好的，是我的室友，兩個北京青年。一個是同是報導組的葉玉枝，一個是保衛股的魏秀敏，她倆都是六九屆的。她們雖然年齡很小，但非常要強。特別是小葉，不僅工作上努力，生活上儉樸得對自己近乎苛刻。她在家

裡是老大，因此她的成熟和她的年齡不太相符，像個小大人。回北京後，小葉在某城區法院工作，據說是副院長呢！她的文章經常見諸於報端。而小魏則泥牛入海，再無消息了。

相對保衛股來說，我們報導組要辛苦得多，因為幾乎每天都要下連隊組稿、寫稿，像夏鋤、麥收等大的農業節氣，全政治處就不僅都要分頭到各連隊勞動，還要寫出東西，反映連隊的精神面貌、好人好事。小葉應該是我們報導組最小的了，她好像比我來得還早，她能吃苦，很勤奮，筆頭子也很快。魏秀敏思想活躍，不太拘泥於那時的極左的形式主義，這當然也和她所處的部門有關。保衛股因為總要破案，抓階級敵人，因此她經常半夜三更才回宿舍。她每次回宿舍都躡手躡腳，但還是常常吵醒熟睡的我們，她只好又吐舌頭又做鬼臉，表示歉意。團部附近有個豆腐房，只要我們仨都沒下連隊，就輪流值日，早晨去買豆漿、油條（會不會記錯了？有油條？）其他兩人在被窩裡等著。無論誰回北京，都帶回大瓶的郫縣辣醬。每當小魏吵醒了我們，我們就索性爬起來，半夜三更烤饅頭片抹辣醬吃。因為沒有副食，沒有肉吃，那時的我們饞極了，總也吃不飽。我們仨出則同行，睡則同床，彼此之間無話不談。我是姐姐，當然得義不容辭傾聽她們的喜怒哀樂，與她們同喜同悲。有時週末團文藝宣傳隊的游靜嬪來了，我們四個人就一塊兒吃飯聊天，或者一同沿著團部的大土道散步。春天我們沐著春風，秋天我們淋著小雨，夏天我們迎著晚霞，冬天我們踏著積雪，度過多少難忘時光啊！直到我要調離前的晚上，我們四人在一起話別。她們仨說：「今天咱們一起哭個夠，明天到車站，誰也不許掉眼淚，咱們要微笑著分手！」第二天她們真的做到了，而我卻在汽車開出站臺之後失聲痛哭，我珍惜這段親如手足的情誼，留戀我們一起度過的日日夜夜，她們的友情使我在兵團的艱苦生活中多了一道靚麗的色彩，給我的青春增色！我不知道我們未來將如

何，我們還能否再見？而小魏給我的留言（似乎是普希金的長詩中的一段）不但讓我傷感還那麼浪漫，使我記憶至今：

> 最後一次了，在幽靜的庭院裡，我們的家神，聽著我們的詩歌，中學時代的親密的弟兄啊，讓我們共用最後一刻，團聚的夏天冉冉逝去，就要分散了，上帝保佑你，親愛的朋友，但願，你的自由的菲伯永不分離，你將體驗我所不知的友誼。它將充滿著希望、歡樂和激動，你的日子會在幸福的靜謐裡飛快地流去！無論我在哪裡，無論是處於沙場的戰火或平靜的溪旁，我都會忠於神聖的友誼，這就是我的禱告（命運可會聽見），祝你所有的朋友活的快樂幸福！

還有幾位我欣賞的、後來成了名人的人我不能不提，也許他們早已忘記了我，但因為他們是如此地與眾不同，給我的兵團生活留下了深刻的記憶：

宣傳股報導組全體，後排中為三師報導員黃海。他回北京後一直在「中央文獻局」工作，後又在《鄧小平文選》中擔任主要編輯。

　　一位是兵團三師的新聞幹事黃海，北京青年，清華附中學生。他長得高高胖胖，光頭，不修邊幅，但非常有才華。他寫東西從不打草稿，而且寫得飛快，採訪完了，一稿定音，我對他佩服得五體投地。我問他：「你怎麼不打草稿？」他頗得意地說：「怎麼不打，我打腹稿，晚上我躺在床上，把採訪的素材在肚子裡過一遍，排列好了，寫出來就行了。」他上我們團都是帶著任務來的，我們一起下連隊一起討論，他很隨和，含而不露，從不張揚，思想活躍但一點不左，和他在一起工作覺得很輕鬆。還有一個原因，他的字也寫得特爛，跟我有一拚，想想他那麼有才，字也同樣寫得不好，我心中頗感安慰。有一次我上三師師部送稿碰到了他，一起在食堂吃飯時，又碰到了我小學同校男同學何寧。何寧那時在兵團畫畫。因為我不認識他了，他指著自己的鼻子，大聲說：「我是何寧，你怎麼忘了！」我很奇怪，於是說：「何寧怎麼了？你又不是列寧？」黃海在旁邊叫好：「說得好！又不是列寧，為什麼非得記得你！」於是大家嘻嘻哈哈吃完了午飯。後來在兵團總部，我們還一起看了大禮堂放映的朝鮮電影。我在大興安嶺結婚以後，忘記是在哈爾濱還是佳木斯，又見過黃海，他開玩笑說：「還行，變化不大，真怕你變成老家屬了！」黃海在兵團時，曾主持編輯了兵團新聞幹事培訓教材，這在當時，別說是兵團，全國都絕無僅有，是一件非常有意義的事。回北京後黃海在中央文獻局工作，是《鄧小平文選》的主要編輯之一。後做到國家商務部部長助理，相信他的才華會發揮到極致，實現為社會做貢獻的抱負。

　　聞黎明也是才子之一，他是著名愛國民主鬥士聞一多嫡孫。他瘦瘦高高，戴副深度眼鏡，如果穿上長衫，簡直就是一舊文人。他溫文爾雅，說話、辦事不緊不慢，不溫不火，從沒看他急過。他和報導組長楊才華是好朋友，工作上配合默契。他倆資格老，筆頭硬，我們幾個新手對他倆很尊重。他也是北京知青，和我關係很不錯。記得有一

年探親回北京，他到我家看我，剛好碰到我為姐姐帶兒子蠻蠻。那時蠻蠻也就一歲多，因為不常跟媽媽在一起，我帶久了，就叫我媽媽。這一鏡頭剛好讓聞黎明碰到，驚得眼鏡差點掉地上，我則尷尬不已。小聞後來考入北京大學近代史專業深造，畢業後進入中國社會科學院從事近代史、革命史研究，他著作頗豐，大陸、臺灣都有他寫的書，印象較深有《聞一多傳》、《第三種力量與抗戰時期的中國政治》、《聞一多——涅槃的鳳凰》、《聞一多年譜長編》等等，其中《聞一多年譜長編》被北大百年校慶評選為向研究生推薦的古今中外六十種必讀、選讀書之一；《第三種力量與抗戰時期中國政治》獲全國歷史最高獎「第三屆郭沫若歷史學獎」；《抗日戰爭與中國知識分子》一書獲全國第六屆「國家圖書館文津圖書推薦獎」。應該說現在的聞黎明在史學界已經是很有造詣的一位教授、學者了。

另一位高人叫陸幸生，上海知青，上海育才中學六六屆初中生。當年我家在團政治處時，他在團後勤處工作。因為工作單位不同，大家各自忙，我們並沒有打過交道，不過彼此是知道的。和他相熟是近幾年的事了。

當年的陸幸生高大帥氣，不善言辭，給人的印象是比較清高，不太好接近。後來熟悉了，知道他的清高其實是一種出於驚恐的躲避，是一種自我保護而已。想想也是，育才中學俗稱「小清華」，育才的學生當然是瞄著上大學去的。突然的政治變故，父母受到衝擊，個人一下子從大上海的學生娃變成了北大荒扛大鋤接受貧下中農再教育的知青，這個落差極其大，不是一個年輕人能夠接受得了的。何況男生和女生不一樣，女生可以用哭、用和人傾訴的辦法減壓，男生則不行。不過陸幸生也有自己的辦法，他選擇的逃避外部世界的辦法，就是讀書。據說當年他帶了滿滿一箱書，讀完了通過火車「零擔」托運回去，讓家裡再寄一批書來。別人說笑打鬧的時間他都用來讀書了。

記得保衛股的小魏就說過，她們經常向陸幸生借書或者交換書看，為此還被領導叫去調查和訓話……上帝終於公平了一回，經歷十年下鄉的歷練，十年的苦讀，1977年恢復高考的第一場考試，陸幸生在三十二團近300名考生中，總分拿了第七名（前六名都是高中生），從而成為黑龍江大學中文系第一批學員。

畢業後，陸幸生做了《上海青年報》記者，上海作家協會《萌芽》雜誌部主任，因為作風深入，筆頭快，寫出的東西又深刻，被調入上海文匯報社，任《文匯報》「獨家採訪」專訪主編。之後又在上海文匯新民聯合報業集團《新民周刊》任特稿部主任、高級記者。

改革開放後，陸幸生如魚得水，在新聞記者這個職位上大施拳腳，幹得風生水起，先後寫出總計三百多萬字的報告文學、散文等，出版了《穿越滄桑》《世界是圓的──上海汽車工業30年》《快速路網》等著作，並多次獲獎。他的《天下第一難》獲中國潮優秀報告文學創作獎，因責編《鯤鵬展翅》《永遠是黎明》同時獲得兩個全國優秀報告文學獎。他個人曾獲得上海「長江韜奮獎」。

可喜的是，陸幸生目前仍然在新聞戰線跋涉，相信他會寫出更能揭示社會深刻變化、催人奮進的好作品。

說我們兵團藏龍臥虎真的一丁點不誇張，我隨便想想，有造詣的或在各條戰線上有建樹的就有一籮筐，上面提到的幾位，只是和我共過事的人，身為黑龍江生產建設兵團的一員，教我怎能不為之自豪！

那一場驚心動魄的山火

記得那天應該是一九七一年春季裡的一天，那一天全團經歷了一場火的洗禮，而這場山火持續了三四天（或者更長），幾乎每個人都經歷了一場生與死的考驗。

起火原因據說是某農業連的一名老職工，幹完活閒來無事，抓住

隻老鼠，用打火機把老鼠尾巴點著了，疼痛不已的老鼠在秋天乾透了的麥田裡瘋狂亂竄，尾巴點燃了麥梗，恰好那天有風，風助火勢，火藉風狂，不一會兒大火就控制不住了。我在團部政治處，起先聽說某連著火了，看到了滾滾濃煙遮住了半邊天，很是嚇人。心想我們團燒荒起火也不是一兩次了，很快就能撲滅的，沒太往心裡去。但很快火勢就蔓延到離團部很近的連隊了。團部的青年、宣傳隊的青年以及附近連隊的青年都被集合起來去撲火。我們沒有撲火的經驗，開始時找樹枝打火，很快樹枝著了，大家又把外衣脫下來用衣服抽打，火是中午十一點左右起的，而這時天已黑了，熊熊火光照亮了一張張真誠的焦急的臉。因為是秋天，宣傳隊的女生脫掉外套後，裡面穿著紅紅綠綠的毛衣，而睛綸¹毛衣更易被燒著，很快，毛衣外面就像落上一層黑灰，被燒壞了。我不記得我們是在哪裡救火，只記得這裡的火勢控制住，馬上換一個地方。但火越燒越大，越燒越遠，後來開來了幾輛大卡車，大家湧上卡車，奉命到更遠的地方去滅火。我們卡車的前面已有一輛輛的卡車開過去，卡車上的青年們高喊著《毛主席語錄》和口號，有的唱著《國際歌》，和我們最近的一輛卡車是司令部的，他們高唱著用《林彪語錄》譜寫的歌：「上戰場槍一響，老子今天就死在戰場上了！今天就死在戰場上了！」那陣勢、那氣勢很是悲壯。放眼望去，團裡四處火光熊熊，被燒毀的山林發出「嗶嗶剝剝」的聲音。我們團因為在山裡，火光沿著蜿蜒起伏的山路，一路向前，站在卡車上，遠遠望去，就像油畫《延安的火炬》的畫面，只不過這不是星星之火而是可以燎原的災難之火罷了。

　　按照團裡的指揮，這些卡車分別把拉著的青年拋到不同的地方，在火場中心的就打火，離火場遠的就挖防火通道。在一處人員集中的

---

¹　即acrylic fiber，又譯做亞克力纖維。

地方，我們碰到了安團長。面對這些熱血青年，我以為他會鼓勵大家上刀山、下火海為革命獻身，想不到他大聲喊：「要救火，不要蠻幹，誰也不許缺胳膊、少腿兒的回來！更不許燒壞了臉，將來找不到對象。」他的話無疑給頭腦發熱的青年潑了點冷水，大家鎮靜多了。

我不能連貫地記述我們滅火的經過，但有幾個鏡頭始終在我腦海中揮之不去。

鏡頭一：第一天的夜裡，經過十多個小時的滅火，我們又一次轉移了。我和保衛股及宣傳股的幾個女生，跟著前面的大部隊，深一腳淺一腳走在山路上，大家又累又餓又緊張，我和葉玉枝、魏秀敏幾個人緊緊挽著手，互相鼓勵著，生怕掉隊。後來不知誰提議，我們唱歌吧，我們得堅持住。於是我們小聲唱起了歌，那是一首阿爾巴尼亞的《游擊隊之歌》：「迎著風雨，腳踏泥漿，不怕飢餓我們更堅強，我們用歌聲當食糧，我們用歌聲當食糧！這歌聲，這歌聲暖心房，前進！前進！勝利向前方！」伴著歌聲，是身邊不時頹然倒下的樹木，是遠處熊熊燃燒的山火，而在我們的心裡，正在升起的是一種神聖的莊嚴的甚至要壯烈犧牲的情感⋯⋯

鏡頭二：不記得是第幾天，也是個夜晚，在某連隊宿營地，大家累壞了，東倒西歪地倒下休息。只有宣傳股的于英不知疲倦，把大家脫下的濕漉漉的鞋，一雙雙放到火上烤。于英是上海青年，短短的頭髮，略方的臉。她平時積極上進，總是朝氣勃勃的，而且很大氣，不管什麼場合，不管人多人少，周股長只要說：「于英，給大家唱一個吧！」她就毫不忸怩地站起來，用上海話唱：「有一個小朋友，家住臺灣，他父親是工人，生活艱難⋯⋯」那晚她不顧勞累，一雙雙給大家烤鞋的樣子令我非常感動，也使我至今不能忘懷此情此景⋯⋯

鏡頭三：在一個火場，這是個荒草燃燒的火場，凡是參加過撲救火災的人都知道，撲滅山火相對危險性小一些，因為樹與樹之間有

距離，除非要躲避一些要倒下來的樹椿子。而撲滅荒草的火幾乎是不可能的。那些草（不知是莊稼還是草）一人多高，加上熊熊竄起的火苗，大家雖然密密集集地排成一橫排，用樹枝、用衣服、用麻袋打，但還是撲不滅。這時，只聽見報導組小郭喊：「同志們，我們滾吧，用身體把火撲滅！」她激情萬丈地邊說邊要撲倒，被一旁的復轉軍人任兆奇一把拉住，邊喊：「不要做無謂的犧牲！前面正在打隔離帶，我們盡力撲救，實在控制不住，還可以給前面的同志爭取時間……」如果不是老任及時拉住她，後面的場景將不堪設想……後來我和政治處的小葉、小魏想起來還怕，那種情況下，無論怕與不怕，誰敢不趴下，如果不是老任阻止，說不定我們早就燒殘或燒死了……但我們都相信小郭是真誠的。

　　鏡頭四：火越燒越大，火苗越竄越高，我們被烤得面紅耳赤，一陣大風，荒火迎面撲來，似乎要把我們吞噬。我們慌了，我們轉過身，拚命地順著火勢奔跑，大火在後面瘋狂追趕著我們……這時，作訓股長突然出現了，他大聲喊：「聽我的口令，向後轉！迎著火跑，我喊一二三，誰也不要怕，衝過去就安全了，你們十一個人，一個也不能少！」我們這些驚慌失措的小青年，跟著作訓股長的口令，眼一閉，心一橫，調轉方向，迎著撲面而來的大火衝了過去……現在想起來，其實也就是一瞬間，我們就衝出了火海，過了這道火牆，全部是燒焦了、燒禿了的地面，我們安全了……作訓股長一清點人數，少了一個，他二次衝入火海，把那個沒敢跑出來的男生拉著衝回來了。我和作訓股長沒打過交道，甚至不知他姓什麼，只記得他小小的個子，人瘦瘦的很精幹！但我永遠記住了他，記住他救了我們十一個人，特別是他冒火二次進火海救那個小男生的情景，讓我銘記至今。

　　幾天以後，火停了，這場大火毫不誇張地說，把我們團和周邊過了一遍，過火面積達九萬公頃。後來來了飛機，火勢在雙鴨山市邊上

被控制住了。我不知道經濟損失，但我知道我的不少戰友被燒傷甚至燒死，長眠在那片富饒的黑土地上。讓我以此文紀念和祭奠那些為黑龍江生產建設兵團做出貢獻直至獻出生命的無名英雄們！紀念和祭奠為兵團奉獻青春和生命的知識青年，我親愛的戰友們！

第五章　千淘萬漉雖辛苦
　　　　吹盡黃沙始到金

在「上山下鄉」十年生活的後五年中，我從兵團轉入農場系統，調往大興安嶺農場管理局。而要寫我的五年農場系統生活，不得不先做個鋪墊，這就是我和D的故事。我的婚姻與愛情和我的人生一樣，千迴百轉，歷盡坎坷，充滿時代烙印。我們之間從沒有花前月下、風花雪月，從沒有鮮花美酒和禮品，只有苦澀、艱辛和苦難，哎，那也得寫啊，總不能空格吧？權當教育下一代吧！

道是無心卻有心

大約是初三的第二學期吧，一天早上我像每天一樣，揹著書包去上學，那時候我家住在東四十條。忽然背後一個女孩追上來，自我介紹說，她也是女十二中的，比我低一年級，因為知道我是同校學生，一直想和我認識，好結伴一同上下學。從這天開始，每天早晨她都來找我，放學後也常到我家來做功課。小妮很熱情，很愛說話，她自我介紹說，她是家中唯一女孩，還有三個兄弟，分別在北京工業大學、男二十六中（過去的匯文中學，教會學校）和男一中讀書，她很以兄弟們為自豪，誇讚他們如何高大英俊，如何學習出色。但我從未與她的兄弟們謀面。

日子過了許久，有一段時間她沒來找我上學。一天放學後，我按她說的門牌號去她家找她。她家在一個特大的大雜院的最後面，一個單獨的小院裡。我站在小院門口，大聲呼喊她的名字，不見有人應答。過了好久，從房間窗戶裡探出一個男孩的頭，他遲疑了一下，又

高中就讀男二十六中（匯文中學）的D。

初中三年級就讀女十二中的我。

把頭縮了回去，一句話未說。我只好又接著呼喊，又過了一會兒，他出來了，說：「我妹不在家。」我一面往回走，心裡一面生氣，你就回一聲「不在」不就得了，真是莫名奇妙，害我等那麼久。生氣歸生氣，這第一面的印象卻不錯，他高高大大，白白淨淨，確如小妮所說，英俊帥氣。看年紀和我不相上下，我猜是二十六中的那個。又過了一段時間，時近期末了，我開始緊張地複習功課，因為面臨畢業和升學兩個考試。小妮邀我到她家複習功課，說他二哥比我高一年級，還是學習委員，複習中遇到難題可以幫我解答。後來我們就常到她家做功課。他二哥（以後就稱D吧）很有意思，我們雖從未說話，但他經常在我們做功課時，送過一疊疊的白報紙（草稿紙）。而且有一天，他給了我一疊幾何卡片（至少五十張），每張卡片一道題，下面用幾句話標出解題要點，他的字跡清秀，語言簡明扼要，令我不得不高看他一眼。從這一天開始我們才算相識了。D學習確實棒，特別是理科，

上初三時，小妮常來東四十條我家一起做功課。

他解題思路清晰快捷，有的題我解答完了，他看了就會告訴我：「走彎路了，兩步就可以出來，你繞了圈子。」現在想想，並非他比我聰明多少，而是比我高一年級，掌握的知識比我多點罷了！

更有意思的是，有一天我在他家的櫃子上看到了戶口本（戶口本怎麼能隨便亂放），我隨手翻了翻，不禁大吃一驚，我和D竟是同年同月同日生。但我沒敢言語，又偷偷放了回去。

很快我們該填報志願了，我第一志願仍報本校，第二志願報了六十五中（男女合校，哥哥就讀的學校），後面寫了「服從分配」吧？忘了。D知道後，熱心地參與意見，讓我把後面兩個志願全改成女校。理由是：「一、你肯定會留本校，後面的志願形同虛設。二、在女校學習後再上男女合校會不適應。」我聽從了他的意見，改成三個志願全報女校。其實我內心當然願意在女校學習，只因哥哥在六十五中上過學，且說學校師資不錯我才報了。入學通知來時，我如願地又考入

了本校：女十二中。但今天想想看，D會不會那時就存有私心呢……答
案只有D心知肚明。

少年不識愁滋味

很快暑假到了，這個暑假過得實在太開心了。往年的暑假雖不能
說足不出戶，但活動範圍很小，頂多跟著姐姐去她學校北師大玩玩，
到哥哥學校北京郵電學院玩玩。但這回不一樣了，因為認識了D，活
動範圍大大拓展。因為D是那一片的孩子王，這個圈子裡有男五中
的、男二十六中的、男二十五中的、男一中的、女十一中的、女十二
中的，還有幾個D的表弟妹，都在西城上學，足有十幾人之多。且這
時D已打入「敵人」內部，和我的弟弟打得火熱。他經常帶著弟弟去
舊城牆廢墟上去逮蛐蛐，去諸如紅領巾公園等野公園的小河溝裡摸
魚，玩的花樣層出不窮。當然我們也常有集體活動，大家一起騎車去
頤和園，去北海划船，去什剎海游泳，或者集體去文化宮，北海看露
天電影。

D的家境不富裕，父親畢業於黃埔軍校保定陸軍軍官學校，曾在
楊虎城部隊做文職官員，後又隨傅作義部起義，解放前開過工廠，在
演樂胡同還有房產。但因特殊的歷史背景，且歷經三反五反、打老虎
等系列運動，已一貧如洗。我們認識時，只知道他父親在某紡織器材
廠做技術員，母親是小學教師，父母的收入要供四個子女上學，生活
只能說是還過得去。但D的家庭氛圍很好，父母上班早出晚歸，大哥
住校，三兄妹自己過生活，好則無事，歹則動手打架，我就碰到過三
兄弟打架，妹妹掀著門簾，任他們裡外屋亂竄的有趣場面。因為大家
家境都不富裕，我們這一行十幾人出去玩時都是AA制，各付自己一

份。我還記得我們十幾人一塊兒騎車去頤和園，每人出一元錢，中午吃飯時，要了不少菜，但人太多，如風捲殘雲般一搶而光，男孩們還吵吵未吃飽。

記得有一次我們一起去運河游泳，那次姐姐也參加了，還有弟弟的同學張啟禎等。河岸是水泥砌的，很陡的坡，大家紛紛跳下去游開了，D還在水裡不斷秀他的游泳技術，蛙泳、蝶泳、仰泳，真是如魚得水，好不瀟灑，只有我膽小水性差（只敢在游泳池游且水不能沒過胸部），遲遲不敢下水。這時岸邊恰好有一對母女，小女孩不過四五歲，問媽媽：「大姐姐為什麼不游？」她的媽媽說：「看大姐姐腿多長，一定是個游泳健將。」聽到母女倆的對話，我恨不得找個地縫鑽進去，可水下的夥伴們都不幹了，紛紛催我快點快點，連姐姐也在水下喊：「水不深，不用怕。」沒辦法，我只好一咬牙一閉眼「砰」的一聲跳了下去。因為心慌害怕，沒游兩下就亂了陣腳，踩不到地面還灌了水，我大呼：「救命！救命！」這時離我最近的D和張還有姐姐都奮勇游了過來，連推帶拽把我送到岸邊。不料因為岸邊太滑太陡，他們剛剛游走，我就又身不由己地往下滑，眼看要入水了，我又大呼「救命！救命！」這下把岸邊的那對母女樂壞了，夥伴們也都樂出了眼淚，是呀，誰見過岸上的人要水下的人來救？那天的我真是顏面掃地，好幾天不敢見人。

我們還一起到工人體育場外面的廣場上打羽毛球，因為只有一副球拍，只好玩淘汰制，三局二勝，勝則接著打，敗則下臺，逢到我和D打對手賽時，他常常手下留情，不打長短球遛我，也很少扣球，讓我多玩一會兒，但為顯示公平，看著時間差不多了，他還會三下五除二，把我淘汰掉。

轉眼間，寒假又到了，我們又開始一起去北海、什剎海溜冰。那時北海和什剎海的冰場都用竹蓆圍著，日場、夜場都有，在電影《青春萬

D打羽毛球時的英姿。

歲》、電視劇《大院子女》等許多影視作品中，都有北海、什剎海溜冰場的鏡頭，那是我們這一代人的共同記憶。自己如沒冰鞋可以租鞋穿；如果自己有冰鞋，溜一場冰用不了幾角錢。不會滑冰還可以租冰車，自己推著車練。D滑冰技術了得，跑刀、球刀、花樣刀的鞋他都能穿，而且在冰上穿梭自如，是我們一群人中的佼佼者，也是我們大家的教練。我們不僅在市內滑，還到郵電學院（我哥學校）、北工大（他哥學校）溜冰場去滑冰，大學的冰場不要錢，更划算。一起瘋玩的女孩通常有四個，小妮、我，還有女十一中的兩人。弟弟同學李丹那時也加入進來了。我記得我還編了歌，教其他三個女生唱：「今天天氣真正好，手拉手在冰上跑，小妮來一個圓圈圈，懶貓（女十一中的）來一個尾巴翹，嘿，咱們來拍張照，那該有多好，哎喲喲，那有多好！」

春到心頭草木知

　　轉眼到了第二年的期末，未及考試，那一場給億萬中國家庭帶來災難的文化大革命風暴來臨了。一切都猝不及防，讓人暈頭轉向。先是學校亂了套，校長挨批鬥，老師靠邊站，我們沒學上了。緊接著我不少同學及我所住的這條街的許多住戶被抄家、遣返、流放。我居住的院子房東婆媳二人被打死，房客被遣返，轉眼間偌大一個院子只剩我們一家三口（母親帶著我和弟弟）。有一天，小妮來了，她哭著說，她家不久前也被抄了，父母被遣返農村，她二哥警告她，不許再與我來往。她一直想告訴我一下，但怕挨揍，今天是偷偷跑來的。我問為什麼，她說二哥說了，別給人家添亂。說完她就匆匆走了。我是個極講義氣的人，本來天下大亂，我們已好久沒顧上來往了，一聽說他家倒霉了，心想，不管怎樣，朋友一場，我應該去看看。於是我隨便找個理由就去她家了。我去的那天是個下午，天氣很熱，只見她家院子裡傢俱狼藉，走路的地方都沒有，屋子裡更是亂七八糟，狼狽不堪。我進去後，D看了我一眼，沒說話就進了裡間屋。小妮則又哭了。我木頭似地站了半天，不知說什麼好，只好退出門來。小妮追出來送我，原來她家已被抄多日，抄家的那天，除老大外，他們兄妹三人都在。紅衛兵在院內地上畫了三個圈，命他們兄妹站在中間，不許亂說亂動。連翻帶砸後，見沒有什麼可上綱上線的對象，就把其父母押上大卡車，連同弟弟小三一同被遣返回鄉。後其弟又歷盡辛苦自己跑了回來。「那你們靠什麼生活？」「賣東西。」父母走後，三兄妹沒了生活來源，D擔起了撫養弟妹的責任。實在揭不開鍋時，D只好去姑姑家求助。奇怪的是，D的父親參加了國民黨的部隊，兩個姑

姑卻參加了革命，去了延安，還是高幹。每次D到姑姑家要錢得看人家臉色，有時從早等到晚才能要來五元錢。小妮還說，每次做完飯，D讓弟妹們吃，自己借故走開，為的是讓弟妹們吃飽，自己寧肯餓肚子。我聽完後，內心五味雜陳，既為小妮家的不幸難過，也為D的所作所為感動，一時不知如何是好。這天晚上，我失眠了……

第二天一早，我又來到D家，我跟小妮說：「不管家裡發生了什麼，日子還得過，咱們一起清理房間吧！」那些日子女十一中的姐妹倆家也被抄了，同病相憐，她們仍常去D家。於是大家動手，用了整整一天時間，把被「顛覆」了的破家收拾一新，房子收拾好了，大家的心情也好多了。從那天開始，我和弟弟就經常從家中偷米偷麵，不時地「接濟」D家（可憐我的親娘，一家三口過日子，倒有兩個是家賊。母親常愛說一句老話：「寧養賊子，不養癡兒。」真應當恭喜母親竟養了一對賊子）。

那時D很頹，很消沉，臉色慘白，不去學校也很少和人交流。我勸他應當去學校看看，他說：「去也是受歧視。」「但總不能永遠這樣下去吧！」我勸他無論如何也得常去學校看看：「沒有了組織，將來誰還管你們？」為了鼓勵D上學校參加活動，我還把自己的零花錢偷偷塞給D，讓他去買月票。日子就這樣一天一天慢慢滑過去，而我和D之間的感情不知不覺起了變化。我的感覺是，我是D將要沉到河底前的一根稻草，我要竭盡全力拉住他，不讓他沉底。而D呢，認為生活的唯一希望是有了我這個可以盡吐心聲的朋友。我把D介紹給我的兩位同學林伊和瀟雨，我們開始一起聊天、討論和交流。我記得那時中學生裡四三派四四派爭論得很厲害，而我們四個人也常在一起爭得面紅耳赤。我不記得細節了，只記得林伊趴我耳邊說：「你怎麼聽不出來，他觀點和你不一樣，也不可能一樣。」我們是三比一。他們都認為我是陽光思維方式（確實，我一輩子如此），頭腦太簡單，將

來會吃虧（可我卻因為這種思維方式交了一大堆朋友）。我去中山公園音樂堂給參加演出的學生們化妝時，D和林還一起去接我。那時我的活動圈子已回到同學中間，不再瘋玩，我們常在一起議論當前的形勢和諸多不解，D也常參加進來。因為同學、朋友都或多或少受到衝擊，成了倒霉蛋兒，我已經體會到生活沉重的滋味。

那時候的青年都思想單純，儘管我和D很要好，但我們從未單獨約會，僅有的一次爬香山還是約林伊一起去的。我們三人從香山的小路一直爬到八大處，現在想起來，真是不可思議。

西風愁起綠波間

這樣平靜的日子沒過多久，一切就都變了。先是因為D的經常到訪，聰明的母親看出了端倪，對我提出了警告。緊接著，我把想與D甘苦與共、共度終生的想法告訴林伊和瀟雨時，遭到她倆的強烈反對！母親說：「我看這小子是醉翁之意不在酒。」（因為D從未來找過我，總來找弟弟）林和瀟雨則說：「千萬不要感情用事，大家交個朋友，互相幫助、共渡難關是好事，作為終身伴侶堅決不可以，家境好壞且不說，揹上個反動軍官出身的罪名，一輩子就完了。」哥哥則乾脆告訴我，如果我敢不聽母親話，仍和D交朋友，就和我斷絕關係。母親更決絕，不僅警告，還果斷採取行動，為避開D，決定搬家，而且說辦就辦，很快我們就搬走了，搬進了朝陽門內一個大院的前跨院三間北房（之所以換房這麼速成，也因為那個特殊的歷史背景，我家搬離十條還因為我家大院空了，改成了革委會，朝陽門這家住戶也因為前院是革委會，受不了這刺激，互換的結果，是兩家都換湯不換藥，掉進了新的革委會大院）。遭遇了這個挫折後，D徹底垮了，生活無望，前途

無望，初戀剛剛開始，希望就破滅了。北京已無可留戀，D決定帶著弟弟妹妹下鄉，並很快報了名。D打電話約我出來，說有事情找我。

那天一早我和D第一次單獨約會了。怕碰到同學，我們倆決定騎車去香山，車騎到動物園，D堅決不讓我騎了，把我的車存到動物園存車處，一定要騎車帶我。又走了一段，D又怕車後架硌著我，把絨衣（那時的男孩都穿的運動衣）脫下來，疊好放在車後架上讓我坐，一路呵護備至（後來這成為我取笑D的一個典故）。到香山後，我們爬到半山腰，坐在一塊大石頭上，D才告訴我，他已報名下鄉，不日即出發，他感謝我讓他有勇氣活下來，但我們之間不會有結果，他不想拖累我，一切都結束了。聽到這意外的消息，我禁不住失聲痛哭。D非常冷靜地說，其實一開始他就料到了，我們之間懸殊太大，肯定是悲劇的結局，只不過他不甘心輕易放棄，因為我是他的生命，是他生活的唯一希望。現在一切如他所料，而且他還有撫養弟妹的責任，帶弟妹下鄉是活下去的唯一出路，希望我不要恨他。除了哭以外，我一點辦法也沒有，唯一能做的，是我堅決不同意分手。我告訴他，如果有可能，我去他下鄉的地方找他，一切都還有希望，只要我們倆不動搖，什麼困難都不要怕。就這樣商量了許久，最終我倆決定不分手，我們相信瓦西里說的：「麵包會有的，牛奶也會有的。」（前蘇聯電影《列寧在十月》中，列寧的保鏢叫瓦西里）因為形勢較亂，又因為毛澤東再三強調：要準備打仗，要備戰、備荒，我們做了最壞準備。一旦打起仗來，失去聯繫，無論誰回到北京，都要在每週的星期天到天安門華表[1]下等對方，永不放棄希望。

那時的我們非常純潔，雖然已經戀愛，但彼此連手都沒拉過，因為要分手了，因為前途未卜，我們擁抱了，這是我們相識以後唯一的一次擁抱，但這次擁抱卻給我造成嚴重的心理壓力：我會不會因為擁

---

[1] 是中國一種傳統的建築形式，古代用以表示王者納諫或指路的木柱。

│一九六八年「上山下鄉」時，D家四兄妹於北京火車站留影。

抱而懷孕？我忐忑不安了幾天，去問誰呢？多難為情，最終決定去問
我的好友瀟雨。我裝做若無其事的樣子漫不經心地問她，男人、女人
怎麼生的小孩？擁抱會不會生小孩？她傻傻地吃驚地看著我，卻沒問我
為什麼問這樣丟人的問題（我們是女校，她比我還單純，還沒交過男
朋友），半晌才搖搖頭遲疑地說：「不知道擁抱會不會生小孩……」

　　那天以後，D開始做下鄉的準備，我竭力想為D做點什麼，我的
兩位鐵磁朋友也加入進來，我們仨湊錢給三兄妹買了衣服、褲子。D
出發這一天，我們一幫十多人去北京站送站，想到今日一別，不知何
日再見，想到我們未卜的前途，我心如刀絞，但當著那麼多人，我們
只能強忍著，沒有說一句道別的話。

　　一九六七年夏季的一天，D走了，火車轟鳴著帶走了他和弟妹，也帶走了我的心。從那天開始，等信和寫信成為我生活的重要內容。雖然不在一起，但我們同喜同悲，無論生活多難耐，我們充滿希望。D來信說，他在火車上和內蒙古莫力達瓦旗的領導們打得火熱，他們同情他的遭遇，感動他對弟弟妹妹的情感，給他們分到一個相對富足的名叫札如木臺（意即美麗的小魚）的美麗小村落。村裡以淳樸的達斡爾族人為主，那裡沒有了北京的爭鬥歧視，是世外桃源，只要肯勞動，靠他的雙手，生活沒有問題。他描述了村莊的美麗和靜謐，老鄉們的憨厚樸實，他動員我去找他，許諾：憑自己的勞動，為我蓋一棟紅木到頂的房子迎接我的到來。從此，去札如木臺找他成為我心中的美麗幻想。

　　冬去春來，轉眼一年過去了。弟弟六八年也下鄉了，去了黑龍江生產建設兵團。我的好朋友林伊也決心離開北京下鄉。我動員林伊去找D，在那裡等我，如果留京無望，我去找他倆。D接我信後，大喜過望，立刻親自來北京接走了林伊。林伊後來來信說，札如木臺確是山青水秀風景幽美的好地方，但知青要生活，還是很艱難，工分值非常低，一個工分才幾分錢，靠勞動掙工分養活自己，對於大城市的學

D帶著弟弟妹妹離京去內蒙，送行的只有我們一幫玩伴們（右圖後排右二是我）。

生們來說真是太辛苦了，幾乎是不可能的，只是D不願告訴我而已。大興安嶺是高寒禁區，冬季氣溫零下三四十度是常態，知青沒有活兒幹就沒有工分掙，吃飯都成問題。D和弟弟的能幹在全公社都有名，他們和當地的村民幹一樣的活兒，種地、放牛、放夜馬、打草，只要能掙錢，兄弟倆什麼都幹。最令知青佩服的是，冬天知青們沒法生活都回城「貓冬」了，為了生存也為了還有弟弟妹妹需要照顧，D卻和農牧民一起進山伐木，一進山就好幾個月出不來。待到初春，再和他們一起去放木排。那是一項非常危險的活兒，也是需要勇氣和技術的活兒，更是一項能掙錢的活兒（看了《闖關東》電視劇的人就知道這活兒多危險了）。冬天的大興安嶺冰天雪地，晚上D和農牧民一樣在雪地上為自己挖個坑，鋪上、蓋上氇子皮，就這樣露天睡覺。每天睡覺時D都擔心夜裡自己會被凍死，再也見不到我。農牧民則靠喝烈酒禦寒。吃的是用木柴支起的大鍋燒上開水，煮上臨時打的野味和帶來的凍得硬梆梆的乾糧。有一次D的腳扎破了，化了膿，一條腿腫得厲害，淋巴紅線都到了胳肢窩，沒有醫生也沒有藥，他居然奇蹟般挺過來，沒有死也沒落下殘疾。

　　伐好的木材要到春天江水開化才能放下去，那時晚上就住在木排上，排上用樺樹皮搭上篷子遮風擋雨。D說，原始森林是很壯美，放木排看起來是很豪邁，但大自然的殘酷無情卻是一般人難以承受的，個中的艱辛困苦、精神上的寂寞孤單，只有他自己知道。他常常有挺不下去的感覺，他說那種生活不是生活，只能叫苦熬、苦度，如果沒有我，他甚至想放棄一切……

　　因為D的能吃苦、能幹，農牧民非常喜歡他，把他當成自己人。據說，當時在莫旗，提起北京知青大D和小D，沒有人不豎大拇指的。

　　這一年的春節，D因為和我的弟弟的情誼，也因為想為我分憂，他跋山涉水，從大興安嶺來到黑龍江生產建設兵團三十二團弟弟所在

的連隊看望只有十六七歲的弟弟（我尚未下鄉）。當時弟弟正好外出執行任務，弟弟的校友、師兄左英接待了他。據說因為連裡春節搞「憶苦思甜」教育，沒有東西可吃，左英到小賣部買了餅乾和罐頭招待他。在等弟弟的時間裡，D每天都和大夥兒一起幹活，還給大家顯示劈拌子的本事（把木頭劈成一個個小木條燒火）他劈得又準又快，誰也賽不過他，他的能幹在弟弟的同學和朋友中獲得了一致稱讚。

人與青山都瘦

　　一九六九年九月，我也下鄉了，因為母親的反對和堅持，也因為弟弟已先我一年去了兵團，我沒能去大興安嶺，而是到黑龍江生產建設兵團三十二團在京招生處報了名。我想，我無力掌握自己的命運，也不要讓D苦苦等我，我和D的關係該畫上句號了，這是歷史的捉弄，也是我們的宿命。我給D寫了一封訣別信，告訴他「母命難

一九六九年大興安嶺實況。

違」、「親情難以割捨」（弟弟太小，一人在東北），去找他的夢想破滅了。我還隨信寄了一張兩吋照片，讓他留作紀念。就這樣，我懷著悲壯的心情踏上了赴東北兵團之路。

到兵團以後，一個多月也沒接到D的回信。生活的艱苦，環境的冷酷、內心希望的幻滅，加上對D這個實用主義的黑心狼的怨恨，使我幾近崩潰。我提筆又給D寫了一封信，憤怒譴責他的薄情寡義，我認為無論怎樣，他應該給我回封信。對於我來說，現在是我人生最困難的時候，生活把我推到這個境地，讓我無法抉擇，但我需要他的關心和態度。令我沒想到的是，D沒有接到之前我寄的那封信，更不知道我已下鄉到了三十二團。這封信一到，D就像瘋了一樣（林伊的原話），連夜牽了一匹馬，星夜兼程，騎馬走了七八十里山路，還淌過一條大河，趕到火車站，搭上火車，直接到三十二團找我來了。那時我正在修水利，見到風塵僕僕、穿著高筒膠靴的D，我驚訝得說不出話來。D看到渾身沾滿泥漿的憔悴不堪的我，看到我住在關不上門的帳篷風口上，看到我被鐵鍬磨破了的雙手，心痛不已。因為弟弟不在水利點，我向領導請假，要求回十四連看弟弟……那天，我們倆走在回連隊的山路上，真是千言萬語不知從何說起。那時已是深秋初冬季節，D卻只穿了一身褪了色的軍裝。我問他為何穿膠靴，多冷啊，他說因為要淌水過江。這回輪到D不同意分手了，他說，我們都還年輕，世事難料，只要我們相愛，雖遠隔千山萬水，精神上也是富足的，比起別人，我們擁有的幸福別人難以體味。我們就這樣手拉著手，走啊走，說呀說，山路兩旁的白樺樹沙沙作響，金黃的樹葉吹落滿地，這一切多像蘇聯小說《紅肩章》裡描述的景色，一切恍如夢中……

回連以後，弟弟接D到老職工老董家款待一番，但弟弟不讓我們單獨相處，怕給我造成不良影響。但是鬼使神差，有一天清晨四五點

鐘，我怎麼也睡不著覺，遂披衣下床，走出女生宿舍，卻看見Ｄ一個人在晨曦中靠在過道的一面破牆上吸煙。看見我出來，他很驚喜，一下拉住我擁入懷抱，我們就這樣默默無言地相擁了一兩分鐘光景。怕別人出來看見，我奮力推開他：「連裡人看見會當我們是壞分子鬥爭的。」遂又急急地回到宿舍，但心裡卻感到很溫暖甜蜜，覺得是上天在眷顧我們，好幸福啊！

轉眼間Ｄ要走了。Ｄ走的那天，我和弟弟一起送Ｄ到連隊路口，眼看Ｄ趕上一輛馬車順著山路走了，我再也控制不住，哭著追著馬車跑。Ｄ跳下馬車，看著我哭成一團，卻束手無策，再三寬慰，許諾會再來……直到這時，一直保護著我的弟弟才無奈地自己往回走，給了我們一會兒話別的時間……因為趕馬車的人不會久等啊。

……

我和Ｄ就這樣遠隔千山萬水、天各一方地苦戀著，我們不知道將來會怎樣、苦難的日子什麼時候是頭兒，只有不停地寫信，寫信，寫信……告知對方自己的生活，訴說著希望和思念。靠著精神上的相互支援，我們從春到夏，從秋又到冬，度過了漫長的一年又一年。

有一年春天，Ｄ到佳木斯開會，那時他已因籃球打得好，調入大興安嶺大楊樹區生產科，混得不錯。我也已經調到團政治處宣傳股工作。他說想來團部看我，因為兵團不讓談戀愛，我怕影響不好，不讓他來。但Ｄ不肯放棄，他從佳木斯逕直來到七臺河（七臺河離我團很近，坐汽車兩三個小時就到），電話打到三十二團總機。那是一個中午，總機的女孩直接把我叫到她那兒接電話。Ｄ苦苦哀求，一定要來，或者讓我請假到七臺河去見他。但當時我就像魔鬼附了靈魂，怕得不行，死活不肯讓他來，最終Ｄ失望地掛斷了電話。放下電話，我心痛地大哭，總機的女孩也哭了。她說：「我聽懂了，你做得對。政治處這麼左，你男朋友出身不好，若來了，不定給你惹多少麻煩呢，

D調到大楊樹鎮生產科時到佳木斯開會。

說不定你在政治處都待不住了。」她一邊擦眼淚一邊告訴我，她會為我保密，讓我一萬個放心。而這個連姓什麼我都忘記了的北京女孩，真的恪守諾言，沒有向任何人說過此事。當然這之後我們成了無話不談的好朋友。事情過去了那麼多年，每每想起這件事我仍心痛並對D滿懷歉疚，想想當時，我一定是魔鬼纏身了，要不怎麼能做出這麼不合情理的事呢？

　　轉眼又是一年冬天。有一天，我忽然接到D的一封絕交信，信寫得很簡短，說不想耽誤我的青春，讓我不用再等他了，衷心祝福我能夠找到真正的幸福。接到這封信，我氣懵了：世間還有這等沒良心的黑心狼！我每年回家母親都給我介紹男朋友，有個在法院工作的男青年甚至對母親直接表白，沒關係，他可以一直等。還有一個國家級樂團的小提

琴手一直不停地給我寫信，我都沒動搖，他竟然毫無理由地突然提出分手……我憤怒！傷心！絕望！精神一下子垮了，甚至在幹活兒時，用銑床把手銑掉了一塊肉。我打電話給在農業連隊的弟弟，讓他趕緊來團裡看我……

那一天的情景我至今記憶猶新：我和弟弟站在團修配廠附近的一個大水泡子（像河、像湖又像大水溝）邊上。大水泡子已結了厚厚的冰，周圍的萋萋荒草隨著風搖來擺去，天和我的心一樣冰冷，我只覺得冷徹心脾。我哭著跟弟弟訴說這一切，痛斥沒心肝的D。弟弟一直不作聲，不表態。後來看我快崩潰了，弟弟才道出事情的原委：原來弟弟每年探親回北京，母親就嘮叨我和D的事，說我不聽話，不甘心讓我嫁給D這樣的倒霉蛋。結果弟弟竟然出主意說，除非母親親自出面找D談，讓D主動斷交，他說：「要想讓我姐姐提出分手絕不可能。」母親聽罷，立刻提筆給D寫了一封聲情並茂、催人淚下的信（憑母親的水平，寫這樣一封信應屬小菜一碟）。告訴D，只要他肯和我斷交，母親就認他當親兒子，北京沒有家，母親的家就是他的家，請他理解母親的心主動離開我。D接到這封信，覺得無論如何不能再堅持了，否則將來無法面對母親，才違心地給我寫了上面那封信。聽了弟弟的敘述，我啼笑皆非，心說怪不得母親說你天上一腳、地上一腳，您到底是哪一頭兒的？我責備他糊塗，怎麼能這樣對待D和我？弟弟說，作為家人，他不願看到母親痛苦，更希望看到姐姐幸福，他很矛盾和無奈，才出此下策。真相大白後，我的憤怒和怨恨一下子化解了，心裡輕鬆多了。但轉而想到D的痛苦，我又痛心不已。鑑於我當時的精神狀態，已沒法正常工作，我找到周濟股長，謊稱家有急事，要求請假回京。善良的周股長一口答應，准了我半月假。臨行前，我給D寫了回信，說我同意斷交，希望他好自為之，祝願他幸福，並告訴他我回北京休假了。

在我和D的關係中，姐姐一直堅定不移地支持我，因為姐姐自己也是愛情至上的理想主義者。當我疲憊不堪地回到北京時，姐姐正放寒假在家，姐姐說：「事已至此，已無辦法挽回一切，認命吧！」她為我做各種好吃的飯菜，想盡辦法為我寬心。我回家不到一星期，有一天，裡院革委會喊我接長途電話。電話是D從齊齊哈爾打來的，知道我回北京，他也回來了，現在齊齊哈爾轉車，告訴我第二天中午的車次，要在北京火車站和我見面。我飛跑著把這個消息告訴姐姐，姐姐也很高興，鼓勵我第二天去火車站接站，並答應為我保密（那時母親白天要上班）。

第二天中午，我懷著複雜的心情去了北京站，孰料車站預告火車晚點一個多小時。我在火車站給姐姐打電話問怎麼辦，姐姐說：「在附近逛逛商店，散散心，別走遠，到點再去接。」就這樣，我在北京站附近轉了轉，就又回到站臺去接站。等了好久，不見車來，一打聽，原來火車早就到了，我剛好那時沒在。這下我又繃不住了，我孤零零一人回到家，進門一頭栽到床上哇哇大哭。姐姐一再勸我不要哭了，還打了熱水讓我洗臉，說否則母親下班回來又要挨罵了……這一晚我不知怎樣度過的，只記得我躺在床上，臉朝著牆，一夜眼淚沒斷……

第二天一早八點多鐘，裡院革委會又喊我接電話。我跑去一接，是D，他說昨天在火車站找了許久沒找到我，到姑姑家住了一夜，現在什剎海邊上等我見面。

下面的故事好像不用再說了吧！

冬天的太陽暖烘烘地照在什剎海的冰面上，亮光光的湖面晃得人睜不開眼睛，欄杆邊一對青年男女，哭了又笑，笑了又哭，最終決定手拉著手去見母親……

至於見到母親後的情景，各位看客充分發揮自己的想像力吧！

柳暗花明又一村

　　一九七三年夏季的一天，我到三十二團郵電局去發信，碰到在那裡辦事的非現役副團長王樹德，他告訴我他要調走了，我問調到哪兒，他說建三江。我們聊了一會兒就道別了……

　　下面的故事就得從D的角度敘述了：

　　D因為籃球打得好，從札如木臺調到公社，又在打比賽時被甘河農場要走當了教師，後來又在地區的籃球比賽中被大楊樹區政府調到區政府生產科工作，同時兼職區籃球隊隊員，當時已是城鎮戶口。有一天，D看見球場上幾個男孩打籃球，其中一個男孩的紅色球衣上赫然印著三十二團幾個大字，D走過去問怎麼回事。男孩說爸爸是三十二團的領導，剛剛調過來工作。D說：「走，帶我上你們家去。」見到男孩的爸爸後D自報家門，相互介紹後才知道，原來孩子的爸爸竟是三十二團副團長王樹德，奉命組建大興安嶺農場管理局。（世間竟有這等巧事？令人不可思議！難道冥冥之中真有誰在幫忙？抑或這就是通常所說的緣分？）D問其認識我嗎？王樹德說：「怎麼不認識？我來時還在郵局遇見她呢！」D說：「她是我女朋友。」王樹德大喜過望：「調她來，我這兒正沒人搞宣傳呢。你也來，我這缺人手。」D趕緊寫信給我，告訴我這個好消息，並說王副局長（大興安嶺農場管理局是地師級）邀請我先來看看，相中了這地方就發調令。

　　這一年的秋天，我探親回北京，走到哈爾濱換車時，我突然決定不徵求母親意見，自己做回主，直接去大興安嶺探探路。我退掉了回北京的車票，轉而買了去加格達奇的火車票。並請結伴回家的寧波青年，宣傳股的一個男生，進郵局幫我打個電報給D（因為郵局裡太擠

了，我擠不進去，在外面幫忙看東西），結果這個男青年不知出於什麼目的，居然辜負了我的信任，沒有給D發電報就出來了，害我又經受了一番折磨。

火車到大楊樹時，是清晨四點多鐘，大興安嶺是高寒禁區，冬天常溫在零下三十多度甚至四十度；因為離漠河很近，冬天晝短夜長，早晨八九點天才亮，下午三四點天就黑了。我去的時候是深秋，天又冷又黑，在這個四顧無人的荒涼小站上，那種刺骨的寒冷直透我心。D沒來接我，我也不敢貿然地出站，因為一個人也沒有，只有偶爾進來、腰裡別著酒壺的流浪漢，歪歪邪邪地瞪著我。我在恐懼中哆哆嗦嗦挨到天亮，看看八點半了，機關該上班了，我才一路打聽到農場局。經過詢問才知道D去宜里農場了。籌建處幾個女生聽說我來找D，很熱情，把我安頓到女生宿舍（大帳篷）讓我休息，她們去和宜里農場聯繫。直到下午的三四點，D才搭上大卡車回到機關。見面的驚喜自不必說，當然也責怪我不該不打個電報給他，無端又讓我受了苦。

大楊樹很荒涼，說是城鎮，實則東西一條不足五里地的土路橫亙小鎮，塵土飛揚，土路兩旁有零星副食、百貨、酒廠、招待所等小店，區政府機關集中在大楊樹以東，農場局機關剛剛組建，集中在大楊樹以西。條件很艱苦，幹部都是四處抽調的老農墾系統的人。青年不多，大部分是本地農場上來的，知青也是札蘭屯、海拉爾、突泉等地的人，和兵團的情況相比，特別是人才方面，不可同日而語。王副局長動員我來，說這裡物產豐富，嫩江的大米可以和江南稻米相抗衡，漫山的嘟什榛子，遍地的獐麅野鹿，發展前景廣闊，發展速度會很快（聽起來簡直又是一未開墾的北大荒）。王還說，宣傳處只有一處長，幹部奇缺，就等我來開展工作了。而且這裡的工資有百分之三十三高寒地區津貼，我一來就可以每月掙四十二元錢（此前在兵團五年一直掙三十二元錢，從未變過）……和D商量的結果，我決定來。因為這裡交通方便，下了火車

就是機關，不再受山路顛簸之苦。再有這裡政治環境寬鬆，不似兵團那麼嚴，那麼左。至於生活的艱苦我不在乎，五年的兵團生活，我什麼苦沒吃過？何況能和D在一起，也算是一場馬拉松式的戀愛有了結局。我只提出一個條件，不搞宣傳，不再奉旨而寫，我實在搞膩了，太累了，能做一項業務性強的具體工作，讓神經一直緊繃的頭腦歇息歇息，是我唯一的願望。王副局長當即拍板讓我去勞資處，並馬上派人去開調令。

興奮不已的D帶我到機關、到球隊去見他的朋友們，給我印象深刻的是他的球隊，個個一米八九，高大健壯，英俊瀟灑，而且非常熱情愛開玩笑，球隊中不少少數民族，其中堅強（蒙古族人）和小安子（天津青年）是D最好的朋友。他們帶我到大楊樹周圍的甘河去玩，深秋的甘河美極了，汩汩流動著的甘河水清可見底，岸邊的樹林匯集了各種色彩：楓葉紅、橘紅、金黃、棕黃，還有殘留的深綠、黃綠色，構成一幅色彩斑斕的絕美的油畫。飄落的樹葉給大地鋪上一層厚厚的軟軟的地毯，不時有不知名的鳥兒叫著飛過，有松鼠、小刺蝟跑過……使我猶如到了童話世界。他們請我野餐，喝大楊樹自製的白酒，大家都為我的到來高興，為D高興，催促我趕快去辦調轉手續的心情一點不亞於D。這裡面還有一個小小的插曲：當時球隊有個女隊員叫「大張」的一直在追求D，她個子高大，樸實，D的衣服一換下來她就搶走去洗，恐怕這是她示愛的唯一方式。在機關還有一上海女青年也在追求D，她長得白淨又漂亮，據說為了有理由和D約會，常來找D讓他教唱歌（不知D教沒教她）。我的到來估計她倆不會高興。唯一讓我感到遺憾的是從此沒人給D洗衣服了，反正我是不會給D洗衣的，我還想讓他給我洗呢！

一九七四年初，我辦好了調轉手續，離開了我生活戰鬥了五年的黑龍江生產建設兵團，轉戰另一戰場。我和D約好，他到哈爾濱接我。當時快過春節了，在團部學校的老師左英剛好要回北京休探親

假，答應順路送我到哈爾濱。左英是我原在農業連隊的戰友，北京二十五中六七屆高中生，弟弟的校友兼學長，在連隊時我們從未說過話。弟弟返城以後，左英調到團部學校當老師，由於是從一個連出來的，我們才有時會相互借書看看，有事情也相互幫幫忙。

我們到達哈爾濱後，住在兵團招待所。我們在招待所貼滿了留言牌的黑板上給D留了條子。左英被同連隊的哈爾濱籍的戰友們拉走了，當然他們也邀請了我，可我和他們不熟，寧願留在招待所休息。這天的下午，左英陪我到哈爾濱的秋林公司、百貨公司等熱鬧地方走了走，還買了哈爾濱特產大咧巴（一種特大的麵包）。左英說把我交給D他才能走。左不善言辭，很紳士，很可靠。後來我把他介紹給了我最要好的朋友林伊，最終他們喜結連理，成為幸福的一對。更令人欣喜的是他們養育了一個優秀的在音樂界頗有成就的女兒。

當天的晚上，D來了，為了感謝左英，D請他在哈爾濱吃了西餐。令我驚訝的是，西餐竟這樣簡陋，還以為哈爾濱居住著不少從前蘇聯流亡過來的白俄貴族，西餐應非常正宗，孰料端上來一看，所謂的紅菜湯居然跟番茄煮洋白菜似的。食具也不似北京「老莫」（當時北京青年人對莫斯科餐廳的簡稱）的精緻銀餐具，而是大藍邊碗，估計武松喝的「三碗不過崗」的白酒用的就是這種大碗！

第二天一早，我們送走了左英，從火車站回來的路上，我們漫步在冰雪之都哈爾濱的大街上。清晨的哈爾濱被剛剛下過的厚厚的積雪覆蓋著，雪白的城市沉浸在一片靜謐中，顯得分外神聖純潔。靜靜的街道上空無一人，完全是舊俄羅斯式的建築在積雪的覆蓋下分外美麗莊嚴。我和D手拉著手，踏著厚厚的積雪，聽著腳下「咯吱咯吱」的聲音，憧憬著我們的未來，蘇聯小說《紅肩章》中的一幕彷彿又在我的生活中上演了。

從此，我的「上山下鄉」生活又掀開了新的一頁……

第六章　另是一番天和地

一九七四年初，我踏上了大興安嶺的土地，開始了我「上山下鄉」第六年的別樣生活。

好一個下馬威

我剛剛報到，D就提議帶著我到他曾經插隊的札如木臺去看看。我當然求之不得，只可惜我的好友林伊那時已去幹校了，不然該多高興啊！

出發的那一天是個大晴天，D不知從哪兒套來一掛馬車，他在馬車上鋪上氈皮，又帶了一個老羊皮襖讓我蓋在身上。我頭上戴著D小三親手做的白兔皮帽子，歡歡喜喜地出發了。

大楊樹早已落過雪，鎮上的房屋店鋪彷彿披上潔白銀裝，往日坑窪不平的土路，被雪填平補齊，變成白茫茫一片平地，給這個荒涼的小鎮增色不少。D穿著皮夾克，颯爽英姿地揮著皮鞭在地上抽得「啪啪」響，讓我體會他愉快無比的心情。坐在馬車上，我突然聯想起電影《紅旗譜》中的一個鏡頭，朱老忠帶著一家老小，「啪啪」甩著響鞭，趕著馬車去找地主老財算賬！D真應該戴上小氈帽，而我則應該穿一大抿襠褲！

穿過小鎮，馬車走在蜿蜒的山路上，整個大興安嶺，彷彿披著一件碩大無比的白色斗篷，從綿延起伏的山脈一直覆蓋到山頂。我們順著荒涼的雪野，在寒冷、清澈而搖晃的太陽的光輝中向前走著。看見

D那麼熱，我也把帽子摘下來，跳下來跟著馬車跑了一會兒，覺得耳朵有點痛才又戴上了帽子。

　　大約走了一兩個小時，我們先到了煤礦，這裡已有D的不少朋友等著我們。他們熱情地把我們迎進屋，非讓我上炕暖和暖和。脫掉大衣帽子，我坐在暖烘烘的炕上，才覺得臉被凍得火辣辣地疼。忽然我聽見耳朵「茲茲」直響，剛要用手摸，D的朋友喊：「別動！耳朵凍傷起大泡了，快用雪搓。」我爬下炕去照鏡子，嚇得哇哇直叫──有一隻耳朵的大泡已經大如鴿子蛋，亮如燈泡了！D的朋友趕緊從外面端進一臉盆雪，把我尚未起泡的另一隻耳朵搓了又搓，我又用雪搓了手和臉，才算甘休。再一照鏡子，整個臉變成一大紫茄子！估計D的朋友們還納悶兒呢，D左等右等，居然把關公的妹妹等來了，真個是酒糟鼻子赤紅臉兒，櫻桃小嘴一點點（嘴凍得都噘起來了）。

　　因為凍傷，讓我領教了什麼叫高寒禁區，聯想到今後艱苦的生活，下午趕路時的好心情明顯打了折扣。

　　傍晚時分，我們到了札如木臺。這可真是個美麗的小村，靜靜的奎勒河流過小村莊，此時已結冰被冰雪覆蓋。兩面圍著白樺和黑松的樹林，下面的山溝裡密密生滿了柳樹、楊樹和名目繁多的灌木叢。溫柔的初冬的夕陽光輝灑在一個個用木柵欄圍起來的小院落，院子中是用堅硬的、粗糙的木頭建造的，大約就是D所說的紅木到頂的房子。場院中碼放著高高的木杵子和尖尖的乾草堆。家家的煙囪冒著裊裊炊煙……該是做晚飯的時候了。

　　晚飯我們是在知青點吃的，這個當時被旗裡稱為「東方莫斯科」的知青宿舍（意即修正主義、自由主義的誕生地）已沒有幾個人，但全都是北京青年。這些青年都很有思想，桀驁不馴，很有些壯志難酬的不甘。其中有一高三男生還給我看了他寫的小說《死不了》（一種有頑強生命的小花，用以比喻知識青年低微但頑強的生命）。我想如

左：在D插隊的地方、美麗的札如木臺騎馬。
右：與D在札如木臺奎勒河邊聊天，一隻大黃狗也參與其中。

　　果他們去了兵團，大約命運會好得多吧，艱苦歸艱苦，至少可以吃上飽飯。可惜的是他後來還是死了，據說死於車禍……知青們特意包了餃子，大家一邊神聊胡侃，一邊喝當地的白酒，我居然一口氣喝了八杯還毫無醉意。我不知道是該稱為酒逢知己還是應稱為他鄉遇故知，總之大家都很高興。

　　第二天上午，D領著我去一家一戶拜望老鄉。老鄉的家裡都很簡陋，家家熱炕上擺著紫色或橙黃色的雕著各種圖案的炕琴，鋪著麅皮、羊皮或狗皮的墊子。有孩子的家房樑上吊著木製的雕花搖籃。娃娃的臉都黑紅黑紅，繃得緊緊的，像是要崩瓷兒！達斡爾人無論男女都抽煙，家家都瀰漫著濃烈的煙草味和酒味。他們熱情地叫我「妞妞」，說著蹩腳的我聽不大懂的漢語，並不斷伸大拇哥，不知誇D還是誇我。我沒有在任何人家中久留，就匆匆告別了純樸的老鄉們。

走前知青們給我照了或騎馬、或在奎勒河邊的照片（當時這裡的知青為了生活，偷偷地走村串戶為老鄉照相，以賺取點零花錢，當然我是不用掏錢的），並且把我和D送出好遠好遠……

不一樣的感受

很快，我到勞資處報到上班了，知青辦也設在勞資處。我們服務的對象是農場局所屬的各農場，還有局機關直屬的如物資供應站等單位。我記得下面有巴彥、甘河、宜里、札來河……等等十多個農場。農場的知青有天津、哈爾濱、上海、海拉爾的。大概因為局機關幹部主要是從各兵團和農場系統抽調上來老農墾系統的人，這裡的知識青年反而很少。以局機關來說：北京青年只有我和D，有三四個哈爾濱青年，其餘就是札蘭屯、突泉的青年，還有幾個少數民族幹部。辦公地點還不錯，是一幢兩層的樓，D已從區裡調入農場局，在計財處工作，我倆毗鄰而居，從天涯變咫尺。只是沒有知青宿舍，男的大都住辦公室，而我則和女生們一起又住進了帳篷，開始受二茬罪。住得不好，吃得更不好，連白菜、蘿蔔都很少見，一年到頭總吃炒海帶絲（晾乾的，不知哪兒運來的），以至於我到現在一見海帶就想吐。

農場局的幹部才是真正意義上的來自五湖四海，哪個地方的都有，哪個系統的都有，還有不少少數民族幹部。我們的處長是五十年代曾經在北京中科院工作過的侯子鵬，最早是部隊的，山東人，非常好的一個人。處裡兩個男同事，一個是蒙古族人小韓，一個是從「九三」農場調來的老呂，都很不錯，我慶幸又遇到一幫好人。我的工作性質也變化很大，無非是辦辦調轉關係，做做人員分析，統計報表，幹一些非常具體的事務性工作。我們處權力不小，但那沒我

什麼事，我什麼都不懂，什麼都不介入，只是幹活兒。因此與大家相處關係都不錯。

大概因為工作性質變了，不搞宣傳工作了，接觸不到下面農場的**轟轟**烈烈和先進事蹟了，總之，這裡和兵團相比，從政治氛圍，到工作環境，都有很大差異。我從一個以青年為主體的地方來到一個以成年人為主體的地方，好長時間腦筋轉不過彎兒來。當然，這裡的發展明顯比兵團滯後，人的觀念也比兵團落後。但我的感覺是這裡的工作和人都更平和，更實際，更人性，管理也更鬆散。沒有了兵團的熱火朝天，沒有了兵團的人才濟濟，也沒有了兵團的清規戒律。生活環境雖然很艱苦，思想和精神卻很放鬆。慢慢地我才悟出真諦：兵團的管理者是現役軍人，主體是知識青年，整個氛圍充滿了理想主義色彩，又在左的思想的禁錮下，特別是我又一直搞宣傳工作，我看到的、聽到的是否全部都是真實的呢？我該怎樣評價我眼中的兵團和農場系統？這個問題大約得留待若干年後才能得出客觀的實事求是的結論……

很快，三十二團來了不少非現役幹部投奔王副局長，更巧的是，我剛下鄉所在的那個農業連隊的指導員也調來了，我不由得不感慨，這個世界是不是太小了！

住帳篷、吃海帶、啃土豆，沒有任何文化生活的單調日子沒過多久，局裡第一批家屬宿舍落成了，而且分給了我們一套，雖然我們還沒結婚。當時局裡的老同志都跟D說：「快點結婚吧，看樣子小劉心氣兒挺高，弄不好這兒留不住她。因為局裡一邊倒向著D，沒有任何異議我們就有了房子。」現在回想起來，局裡的領導和同事可真是費心，我們真是幸運。本來我們說好三十歲再結婚，可房子一下來不結也不行了，就這樣，在全局領導和同事們的祝福中，我們結婚了。沒有任何儀式，沒收一份禮物，我們兩個人一起回了趟北京，買了些生活必備的東西，就算成家了！這一年，我們二十六歲。

結婚照。我和Ｄ在沒有任何儀式、任何禮物的情況下，帶著所有的同事們的祝福結婚了。

漂泊的心有了歸宿

　　下鄉六年了，雖然一直喊著「扎根邊疆」，但在內心深處，一直沒有在邊疆落戶的足夠的心理準備，一直隱隱約約地憧憬著什麼，期待著什麼。這下好了，終於死心了，踏實了。我成了東北「老家屬」，生活開始了柴米油鹽醬醋茶。

　　這裡的冬天寒冷而漫長，一年得有多半年是冬天，九月份天就冷了，十月份開始飄雪，直到第二年的五六月天才開始轉暖。冬天晝短夜長，每天下午三四點天就黑了。因為天寒地凍，零下三十多度是常態，夜間達到零下四十度一點不稀奇。上班的路上，我穿得像個大棉球，戴著帽子、口罩，不一會兒口罩就凍硬了，眼睫毛、眉毛都掛上了霜，像白鬍子老頭兒。我們住的房子都是雙層玻璃加火牆、火炕，每家都用楊木椿子圍一個院子，院裡有倉房，倉房挖的地下室就

是菜窖。菜窖裡是D到農場買的土豆、蘿蔔等。一個搖搖晃晃的小木
梯直通到地下室（當然這一切都是D親手建的），下去取菜要拿個大
手電筒兒，一股潮熱的土腥味兒瀰漫其中，很有些神祕的氣氛。這裡
用不著冰箱，當地人過年時做的粘豆包、餃子都碼放在房頂上，想吃
時隨時可爬房上取。由於我的工作性質關係，我沒有下農場的任務，
也很少加班，因此工作之餘，寂寞成了生活的主旋律。這裡既沒有書
店更沒有圖書館、電影院等文化設施，我只好讓家人從北京寄書。最
欣喜的是家裡給我寄來了剛剛允許出版的《三國》、《水滸》、《紅
樓夢》、《西遊記》四部書。從那天起，每天一下班我就開始讀書，
只一部《紅樓夢》我就看了不下三四遍。如果我有我哥的腦殼那麼聰
明，估計我也能寫出惡搞紅樓了。我常常問D：「這裡天黑這麼早，又
沒有任何文化生活，當地人腦袋還不睡扁了？」D說：「當地人生活很
辛苦，大部分人都要為生計操勞，打獵、伐木、做大醬（北京人叫黃
醬，當地人冬天一做一大缸，當醬油用）、醃酸菜、鹹菜，給孩子們
縫縫補補……冬天要做的事太多了，一切得為來年生計做準備。」

　　漫長的寂寞冬天一過，日子就好過多了。大約得到五六月份，冬
天的嚴寒才開始消除，刺骨的寒風也暖和多了，積雪開始融化，滴滴
答答地從樹枝上、房頂上掉下來，堅冰下的甘河也活躍起來，伴著「咔
嚓嚓」的響聲碎裂成塊，擁擠著向下流奔去。人們從圈了一冬天的房子
裡走出來，相互間點頭打招呼，直到這個時候，大楊樹方顯露生機。

　　天暖和了。週末，D球隊的朋友開始到我家串門，一起吃飯喝
酒，一起到樹林去玩。夏天我們還一起到甘河游泳，因為一起去的都
是男隊員，加上我本來也不會游，所以一般都是我看堆兒（其實不用
看，根本就沒人）。只有一次，耐不住大家極力鼓動，我穿上D的球
衣下了水，我到離開大家遠遠的一個小木橋邊，為的是隨時抓住橋垛
子以免下沉出醜。河水清可見底，身邊有漂浮的綠色水草和小魚游

當時我是女籃十二號。

過，別說我不會游泳，就是會游，我也不忍心驚擾了小魚。蒙古族的堅強能歌善舞，我們常坐在河邊拉手風琴唱歌，或者聊天侃大山。從他們聊天中，我知道球隊小夥子們的「情路」都不一般，可以獨立成章地寫成愛情小說。堅強是海拉爾人，女友也是蒙古族，能歌善舞，雖留在海拉爾沒下鄉，但仍忠於這份感情，兩個人好得不得了，每月工資一半打了長途電話。球隊的隊長大張是天津知青，長得高大魁梧，被公認是球隊最帥的小夥子，他與女友上演了一場纏綿悲戚的生死戀。女友在與大張戀愛之前，曾與部隊現役軍人談過戀愛，後來又和大張好上了，前男友不同意分手，以破壞軍婚為名，把大張送進了監獄。女友為表達自己對大張堅貞不渝的愛，喝農藥自盡，結束了自己年輕的生命。想到高牆內剛剛二十幾歲求生不得、求死不成的大張，隊友們都難過不已……

惡夢般的經歷

轉眼又快到春節了，因為錢少，也因為D回北京已無人投奔，我準備一個人回北京過年。大楊樹是個小站，無法直接買到回北京的火車票。D給省局一個女同事打了電話，託她從哈爾濱買一張到北京的火車票。其實從大興安嶺到北京，正常情況下應從齊齊哈爾轉車，因為託了人，我才從大楊樹坐車到哈爾濱轉車。那個女同事一口答應，並信誓旦旦保證，她會親自去火車站接我，送我轉車（這之前她曾兩次到大楊樹來，還來我家作客，彼此認識）。火車到哈爾濱天已經快黑了，找遍了站臺不見人影，我只好打聽著坐公交車到了省局某處。還不錯，這女人在處裡，可冰冷的態度和去我家時判若兩人。因為天晚，她和另一個女同事正在辦公室吃飯，看我來了，既不讓坐更別提讓吃飯了，就好像不認識我一樣，給了我一張當晚七八點鐘的車票，把錢要走就又坐回去吃飯。我一看車票，已經沒多長時間火車就要開了，只好心急火燎地跑著又原路乘車回哈爾濱火車站。到車站才知道，這是一列過路車（即哈爾濱不是始發站），車上已擠得像沙丁魚罐頭，門一開恨不得車裡的人往下掉。但那我也得上啊，我手裡提著一個給母親帶的，裝滿了土特產的大提包。我使出渾身解數擠上車門，不料站臺上幾個帶紅袖標的男人（不知紅袖標寫的什麼，大概維持秩序的吧），一把把我拽了下來，我拚命再擠，他們再拽，就這樣不下三四次。眼看火車快開了，我急得哭起來，他們卻開心地哈哈大笑：「別走了，在哈爾濱住下吧！」原來是流氓！我一邊嚎啕大哭一邊繼續往車上擠，這時車上忽然有人接走了我的提包，又有兩個人伸出手緊緊地拉住我的雙手，使我不致再被拉下去。這時汽笛響了，車

「哐啷」一聲起動了，我就這樣半身在外懸著，被火車上的人拉著慢慢駛出了站臺。車開了好久（我感覺好像過了一個世紀）我才在大家的努力下關上了車門。驚魂甫定後，我才看清，幫我的是三個解放軍戰士，年齡看起來和我相仿。因為人擠人，我的手提包無法放下來，一直是其中的一名解放軍像董存瑞[1]托炸藥包似地舉著。我一再要求我自己「托舉」，但那幾個小戰士死活不答應，就這樣我們大家擠成一團兒，三個小戰士輪流托舉著「炸藥包」，在火車的「咣噹噹，咣噹噹」聲中默默向前走著。車箱內又悶又臭，加上一晚上我又驚又怕又緊張又累又沒吃東西，我面色慘白、雙腿發軟，想吐又沒辦法吐，那種難受的滋味一生都沒再遇到過。我昏昏沉沉不知過了多少個小時，又經歷了幾次上下車，車上鬆動多了。三個小戰士告訴我，他們要下車了，他們是瀋陽軍區的，看我臉色難看又不斷地冒虛汗，讓我和他們一同下車，到部隊去看病休整，然後再回京。我謝絕了他們的好意，說再堅持七八個小時就行了。他們看說不動我，擔心我出危險，有一個去找了列車長，讓他給我補張臥鋪票。列車長說，下一站下車人多，補票沒問題，但要交全程票費。我心想要命要緊，趕緊答應了。三個小戰士對我叮囑又叮囑，又拜託列車長，並把提包交到列車長手裡才下了車（我當時不定多慘的慘相呢）。我不知道小戰士下車那站是不是瀋陽，反正是個大站，車一下子空了許多，列車長給我送到臥鋪後，我一頭栽到中鋪上就昏睡過去……

　　不知過了多久，我被人推醒了，送上一個削好了皮的蘋果，說再過一個小時北京就到了。我從中鋪爬下來，坐在送我蘋果的人對面。他告訴我，我從上車到現在就沒動彈過，夜裡他起來看我好幾次，看還出氣兒嗎。他說：「這下好了，總算見到你還活著。」他幫我打開水，洗熱

---

[1]　董存瑞（一九二九年～一九四八年五月二十五日），在國共內戰時期在河北省隆化縣的隆化戰鬥中捨身炸碉堡而死亡。

毛巾，對我非常照顧。同鋪位的幾個旅客也長吁短嘆，對我更對廣大知青們的境遇充滿同情。聊天兒中知道他是牡丹江歌舞團的演員，來北京出差。他長得很清秀，一看就是南方人，但說話辦事透著東北人的熱心爽快。更令我萬分感動的是，火車到北京後，他堅持送我回家，並且不容分說，拎上我的手提包就跟我下了火車……直到送我進了家門……

　　這次遭遇讓我銘記終生，我遇上了壞人，但我又遇上了更多的好人：三位不知姓名的解放軍戰士，一名素不相識的熱心腸的演員。十年「上山下鄉」生活，我邂逅了數不清的好人，這些好心人為我的艱苦生活增加了溫暖的色彩，像道道彩虹照亮了我平凡的人生之路，也造就了我開朗樂觀、永不言敗的性格。

　　到家的第二天我就進了醫院，醫生說：「你難道是傻子嗎？你懷孕至少三個月了！萬幸沒出危險，沒事兒偷著樂去吧！」可憐我的兒子，剛剛進入萌芽狀態就遭人陷害，可見人心好險惡啊……

　　一切安定下來，我開始反思：「這究竟是為了什麼？那名省局的女同事為什麼這麼恨我，為什麼要這麼幹？」我百思不得其解。有一天，我忽然想起我剛調來大楊樹時，我局計財處佟會計曾經告誡我：「省裡的某某一直追求D，你可要小心啊！」因為我沒聽D說過這事，也就沒往心裡去。沒想到這位妒嫉心極強的女人對我實施了報復，險些要了我們娘兒倆的小命。

漫長的入黨歷程

　　大約是一九七一年吧，我已在三十二團政治處宣傳股工作了一段時間了。在一次聊天中周濟股長說：「你怎麼不要求進步申請入黨？」我說自己差得太遠。周股長說：「差得遠可以努力，但應當讓

組織上知道你有這個願望。」加入中國共產黨對我們那個時代的青年來說，是一件十分神聖的事，因此我選擇了一九七一年三月十八日這個巴黎公社誕辰一百週年的不同凡響的日子，非常鄭重、非常虔誠、滿懷激動、熱血沸騰地寫下了我的入黨申請書，從此開始了我的艱難的入黨歷程。

政治處青年黨員很多，要求入黨的人更多，我不是一個表現很突出或者有特殊貢獻的人，因此黨的門檻對我來說確實太高了。但我對每項工作、每次任務都認真地努力地完成，思想上也對自己高標準嚴要求。每次學習開會我積極發言，鬥私批修，絕沒有半點虛的。可是不知為什麼，小資情調、感情脆弱的帽子我一直頂著，甚至在一次幫助積極分子（寫了入黨申請書的人）的會上，某黨員對我的缺點進行分析，上綱上線，說感情上的脆弱就是政治上的脆弱，政治上的脆弱就會導致政治立場搖擺不定……憑良心說，在政治處我沒入上黨並無怨言，總覺得自己離黨員標準就是差得太遠，得進行脫胎換骨的改造。但看看周圍的有些黨員，我又有些不服，覺得自己比他（她）們一點不遜色，因為至少我是真誠的，努力的。直到一九七四年初，我該調走了，在我的歡送會上，大家才對我做了充分的肯定，認為我入黨目的明確，努力在思想上要求入黨，嚴格要求自己，但是來不及發展了，於是給我做了鑑定，向對方黨組織介紹了我的情況，要求對方黨組織經過考驗，早日解決我的組織問題。

到大興安嶺工作沒多久，黨組織找我談話了，根據我的介紹材料和我本人的一貫表現，決定發展我入黨。開發展會那天，想到自己要成為黨組織的一員，多年的願望就要實現了，我心情非常激動，以致發言中幾度哽咽。在座的黨員都很感動，一致舉手表決同意我入黨。散會以後，我馬上給周濟股長寫信報告喜訊。但是沒過多久，我的處長，介紹人侯子鵬找我談話了，說黨委開會沒批准，原因是：「黨委

書記李在人說，你是投奔小D來的，而他從沒要求過入黨，檔案中沒有政審材料，因此不能批准你入黨（這理由簡直太荒謬了）。」侯處長是個大大咧咧的人，他說：「沒關係，別灰心，再爭取。」說完他就要走。不料我立刻火冒三丈，我一下衝到辦公室門邊，用手攔住大門，大聲說：「這不能成為我不能入黨的理由，今天你不說清楚，就別想出門。」侯處長不是極左的人，對我很好，他沒想到我反應這麼激烈，非常吃驚。我問他，我和D並沒結婚，就是結婚了，這也不能成為理由，我說：「我知道你們是因為D出身不好，但黨對出身不好的青年的政策是，出身不由己，道路可選擇，重在政治表現。不管D要求沒要求入黨，他的表現你們也是清楚的。再說他是他，我是我，這樣草率地、武斷地對待一個要求進步的青年，不應該是黨的政策。傷害的不僅僅是我一個人，還有D，甚至更多出身不好的青年的積極性。」我不記得侯處長都說了什麼，只記得他不斷地「哎呀，哎呀」的，很無奈、很歉疚，說：「確實太輕率了（其實這一切不是侯處長能夠決定的，他不過是黨委的替罪羊）。」正在這時候D進來了，我滿腔怒火無處發洩，順手抓起一個墨水瓶朝D砍了過去。D一偏頭，一瓶墨水摔到辦公室的白牆上，瓶子粉粉碎，一面牆濺得污七八糟。D什麼也沒說，轉身走了出去。從這天開始，他不再理組織處榮處長和相關領導（其實榮處長也是我們的好朋友），而我也沒再找任何人，我們倆共同的選擇是沉默。我心灰意冷，我的心底萌生了有朝一日離開這裡的念頭，而且我明白，嫁給了D就預示著黨的大門對我永遠關閉了，這在若干年前我的兩位朋友就告誡過我，這回我真的領教了。

　　一九七八年，我隨百萬知青返城回到北京，經歷了半年多的待業生活後，我被分配在藥材公司某藥店。不料我上班沒幾天，經理書記劉世賢就找我談話，說他看了我的兩份組織介紹材料，說我表現不錯，讓我繼續努力爭取入黨，說黨的大門永遠對我敞開著。我什麼也

沒說，只是心中升起諸多無奈：這到底是怎麼了？又說我好又不讓我入黨，每到一地我又都被列為積極分子，真是讓人哭笑不得。

我的組織問題最終在我調入政府職能局，粉碎「四人幫」七年之後的一九八三年才得到解決，而此時離我寫入黨申請書已經過去整整十二年之久⋯⋯

令我崇敬又心痛的知青英雄蔣美華

剛到大興安嶺時，我還沒有退團，在局裡團委擔任個職務。這一年的春天，我被派到山河農場參加大興安嶺地區共青團工作會議，會議期間，我見到了知青英雄蔣美華。

蔣美華是山河農場的上海知識青年。她是資本家出身，積極要求入團，一心想和家裡劃清界線。她的英雄事蹟是：有一天中午，一名負責聯繫她的共青團員正在和她談入團問題，兩人正在交心，忽然聽到有人喊：「倉庫著火了！快來救火呀！」她倆立刻站起身，一同跑出房間衝入火海，和大家一起，從倉庫往外搶運東西。正在這時，房頂上一根樑柱燒斷砸了下來，瘦弱的蔣美華用肩膀和雙手扛住正在燃燒的柱子，讓身後的人們衝出去，直到自己昏倒⋯⋯。我見到的蔣美華已經是燒得面目全非，幾經整容後的樣子了。她沒有頭髮，戴著假頭套，手和臉、身體都嚴重燒傷，鼻子是假的，鼻孔出氣很困難，而且異常乾燥。她一一和我們握手，用細微的聲音跟我們問好。握住她被燒得像雞爪子一樣殘缺的手時，強烈的心痛和震撼讓我不能自已。我強忍著眼淚不讓它掉下來，努力做出平靜的樣子，不讓她覺察我的驚悚，內心的衝動使我恨不得一把抱住她。我說不清內心的情感，到底是崇敬還是心痛，只覺得內心撕裂一般地疼，一股憐憫和痛心的感覺蓋過了對她的崇敬。

　　散會以後，她邀我們到她的宿舍，她拿出一冊冊在上海照的，沒有毀容以前的照片，分給大家看。她以前可真算是個林黛玉式的美人兒，白皙的皮膚，姣好的容顏，苗條的身材，無可挑剔。我們一邊看她一邊講：「這是夏天的黃浦江邊……這是春節的豫園……」整個兒身心都沉浸在對過去的美好回憶裡……她告訴我們，現在她的健康是最大問題：呼吸困難，皮膚無法排汗，血流不暢，手腳冰冷。農場給了她很高的榮譽，對她照顧有加，派專人陪護，二十四小時不離人，但她覺得身體狀況不容樂觀。她心態平和，沒有豪言壯語，更沒有一句後悔的話。我們大家都感到很壓抑，不知說什麼才好，直到有人說別讓美華太累了，我們才和她道別。我一步一回頭地向她揮手，強忍了半天的眼淚終於不聽話地流了下來。也許因為都是知識青年，也許因為都是女孩，也許是她過去和現在容貌的強烈對比，也許是我的狹隘難以理解她的胸懷，總之，她的英雄事蹟沒有讓我熱血沸騰，反倒讓我感到一陣陣的悲涼。為什麼人的生命如此輕賤，為什麼讓一個個年輕鮮活的生命去為什麼木材、鐵片之類的國家財產去犧牲？這種宣傳、這種提倡是否人道？這種價值觀是否正確？這麼多年過去了，雖然她一直在我心中，但我沒有勇氣打聽她的消息。

　　美華，不知你可還記得那個雙眼噙滿眼淚，在你面前手足無措的北京女知識青年，不知你生活得可好？

兒子降生了

　　一九七五年春夏之交，我的兒子出生在大興安嶺大楊樹鎮。而我則又經歷一次有驚無險的生死考驗。兒子出生後，胎盤不下，如果

大出血後唯一的後果就是大人死亡。命運讓我恰恰遇上了送醫下鄉的
上海「六二六」醫療隊的婦產科醫生楊大夫夫婦，她（他）倆救了我
的命。我只記得大夫、護士們急得大呼小叫，楊大夫焦急地操著濃濃
的上海口音問站在門外的她的丈夫：「儂說咋辦？」她丈夫不是產科
大夫，這時也進到產房：「還猶豫什麼？趕緊做胎盤剝離手術！」隨
後我就聽到楊大夫喊：「新潔而滅，新潔而滅……」手術中遭受的痛
苦我不想重溫，因為瞳孔都放大了，好久好久看不清東西……對我來
說，那太殘酷了。我只是慶幸我的好運，如果沒有上海醫療隊，依當
時大楊樹的醫療條件，我必死無疑。（葛優主演的電影《活著》中的
女知青不就是這樣死的嗎？）生命中我又一次遇上了貴人。可惜的是
我連楊大夫的名字叫什麼都不知道，甚至沒有來得及當面向她道一聲
謝，等我恢復正常再找楊大夫時，她們已經巡迴到別的邊遠地區去送
醫送藥了。

兒子出生後，為我和 D 的生活增添很多樂趣。

　　兒子出生後有一件趣事不能不說：當醫生搶救完我時，天已亮了。D和我局的一個司機老于用擔架抬上我，往病房送。產房和病房中間隔著一個幾百米遠的空曠草地。經過一夜折騰，我已筋疲力盡。六月的早晨天還很涼，我躺在擔架上，貪婪地吮吸著清晨的新鮮空氣。空氣濕漉漉的飽含著水分，夾雜著青青的鮮草的味道，讓我感受到生命的可貴、重生的喜悅，活著可真好啊！進了病房，放下擔架，我忽然想起：那個剛生的小孩子呢？怎麼沒見？D大叫一聲：「啊？忘產房了！」說時遲，那時快，D已飛奔出去，仗著他個大腿長，又有運動員的素質，三步併作兩步，幾百米遠的路，一會兒就氣喘吁吁地抱著兒子奔回來了。他說：「萬幸！萬幸！」醫護人員都撤了，產房的門開著，只有兒子扯著嗓門哇哇大哭，正在用盡力氣聲討他的一對不負責任的粗心的父母：「哇哇！你們好好可惡啊！」

　　兒子的出生使原本平淡的生活生出許多忙碌和樂趣，也更加顯得物資匱乏帶來的生活的艱難：六月份的大楊樹除了青草什麼也沒有，最主要是沒有青菜和水果，冬天的菜吃光了，春天的還沒種上。剛好局裡當時的汽車「二一二」京吉普大修無零件，派D出差回京購買零件，D利用這個機會在北京購買了些水果、蔬菜、中藥之類生活必需

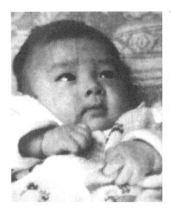

出生在大興安嶺大楊鎮的漂亮兒子。

品，來去匆匆並帶回了姐姐給兒子買的嬰兒衣褲等等。

兒子長得白淨又漂亮，這讓黑皮膚的媽媽很有些得意，因為之前就有同事和我開玩笑：「你指定（東北話）生個小煤球。」我說：「我偏要生個元宵給你看！」可兒子到底叫什麼名字好呢？這可犯了難。我又查字典又打電話，甚至一天變一個名兒，以至於隔壁王大夫家雙胞胎小姐妹每天過來問：「弟弟今天叫什麼名字？」爺爺說按排行，中間一個字應是「金」字旁，我不同意。嫂子來信說：「既然端午節生的，叫端端吧！」端端用蘇州話發音滿好聽，用北京話就很生硬，我仍舊不同意。我給兒子取名段煉，弟弟又不幹了，來信說：「你自己是不是沒鍛鍊夠，讓兒子還鍛鍊？」嚇得我又趕緊改了……最後折騰到沒人理我了，結果我給兒子起了一個再普通不過的名字，以致有一次回北京看病，叫到陽陽這個名字時，齊刷刷站起了一溜兒家長。D取笑我說：「您真太有學問了，折騰得天翻地覆，起了這麼個名字，咱家兒子就是叫鐵蛋兒，也沒這麼多重名的。」後來還是我哥給改了中間一個字，才與大眾兒童區分開來，足見兒子在我生命中的位置。因為地處高寒禁區，缺醫少藥，怕兒子生病不能及時醫治，給我精神上造成了巨大壓力，以致到了神經兮兮的地步。

生兒子時，爺爺奶奶都和我們在一起，因為尚未落實政策回北京。奶奶養了一隻大白貓，整天抱著。我不在家時，貓就跑進我住的房間炕上，圍著兒子轉。我覺得太不衛生、太不安全，趕緊查了書，跟婆婆說：「貓傳染出血熱，您一會抱貓一會兒抱孩子，太危險了，您如今有了孫子，就不能再養貓了。」婆婆不樂意，嫌我事太多，但拗不過我跟她講道理，只好把貓送了人。落實政策後，公婆都回北京了，父親剛好退休了，我接父親來大興安嶺小住。父親養了一隻小黑狗，取名「黑煤烏嘴」，每天圍著父親搖頭擺尾，很討父親開心。我雖不忍掃父親興，但仍還是怕不衛生傳染病，說服父親為了外孫，不

把兒子打扮成女孩養。

要養狗。父親是個開通的人，只是囑咐送個好人家，別委屈了小狗就好。這邊廂我倒是陪著千萬個小心地防著傳染病，那邊廂D大人可大大咧咧沒事人一樣。就在兒子九個月大時，D因為到處去打比賽，賽完籃球喝酒，傳染上急性黃疸型肝炎，繼而傳上了我，我氣得大哭一場。為了不傳給兒子，不僅馬上給兒子斷了奶，而且我恨不得喝殺蟲劑給自己殺菌消毒，並在家裡實行嚴格的消毒隔離辦法，連局裡的醫生、護士都不得不咋舌高看我一眼。最終我保住了兒子沒被傳染上。

這還不算，為以防萬一，我回北京探親時，買了各種小中藥預備了一個小藥箱，甚至準備了當時最好的抗生素紅霉素。逢到我感冒，我整夜戴一大口罩睡覺，憋得面紅耳赤也不肯摘下來，所有來我家串門的人一律不許親兒子臉蛋，為此我挨了不少同事的罵，並成為局裡笑談。

生活趣事

生活安定了，又有了兒子，大概D認為人生圓滿了，他骨子裡好玩的本性開始大暴露。除了打球以外，他人生最大的愛好是釣魚，而且這一愛好得到了全處的大力支持（這個愛好一直延續至今）。首

先是伍處長，他家屬沒來，一人住在局裡伙食又不好，很盼望D釣魚打打牙祭。其他如孟處長、佟會計也鼓勵D「悅己助人」之舉，這可苦了我們娘兒倆。D釣魚要到好幾十里地外的小黑山，那兒有個解放軍水庫，每次D都和局裡的蒙和巴雅爾一起，頭天晚上坐火車走，第二天天一亮開始釣魚，待到晚上再乘火車回來。回來時我家門口放個大洗衣盆，放滿了D釣的魚，局裡的同事、好友都來取，而伍處長沒家沒業就和我們家一起吃。因為釣魚，我和D沒少吵架，並不是我不懂事，而是我們住的地方太偏僻，過了這一片家屬房，就是一望無際的荒地。晚上D走了，我一個人帶著孩子很害怕，就把宣傳處廖處長的小女兒娜娜接來作伴。可她也才十一二歲，膽子更小。晚上我把門反鎖上，用大木杠頂住，把暖瓶灌滿了開水，放在床頭，還把斧子、木棒放在手邊。我告訴小娜娜：「要是壞人來了，你就抱著弟弟躲起來，我用開水潑他們，和他們搏鬥……」可見我有多麼緊張。可氣的是，即便如此，即便每次D去釣魚我都如臨大敵，D從不為所動，必去無疑！甚至還派蒙和巴雅爾來做說客。蒙和很憨，一說話臉就紅，但總愛和我開玩笑。有一次他來找我，假裝正經地說：「我說你們大城市的學生，咋還沒我們農村媳婦通情達理，瞧，我一說去釣魚，我媳婦就趕著給我烙糖餅，你也跟我媳婦學學婦人之道，別一天到晚乍乍呼呼的！」

　　那一年的初冬，果然出事了。一個週末，D又釣魚走了，第二天早上我起床開門開不開，發現門被人從外面用八號鉛絲綁上了。我從窗子往外看，院門大開，倉房門大開，知道是進來賊了……開不開門，我只好去敲隔壁的牆，隔壁王大夫用鉗子撬開門我才出去。到倉房一看：D的自行車、兒子的小車、一副水桶、幾袋子過冬的糧食、半扇羊肉及東北大粉條等等，所有能吃、能用的東西都沒有了，估計他們是用一副水桶挑上吃的，優哉游哉地騎上車走了……D回來後，

D在大楊樹天然冰場上與蒙古族好友堅強一起滑冰。

毫無愧疚之心，反倒說：「人沒事就沒關係，我兒子福大命大造化大，賊不敢進屋！」把我氣得七竅生煙，感慨萬端：怪不得人人都說婚姻是愛情的墳墓。D啊D！這才幾天啊，您就蛻化變質成這副嘴臉了，讓我好不寒心！好在我們倆群眾關係不錯，很快，同事們送米、送麵、送油、送肉、送雞蛋、送粉條……生活用品一應俱全，原來有的原來沒有的一時間堆得倉房滿滿的，我的領導、他的領導都專門派家屬過來，不僅送來許多好吃的，還陪我聊天給我寬心，讓我感受到濃濃的親情。

　　每年的「八一」建軍節也是我們快樂的日子。姐姐在燕郊中學當老師時，校長大宋的愛人當兵駐嫩江部隊，是個連級幹部。因為姐姐和大宋關係非常好，我們和張指導員就像親戚一般走動。嫩江離大楊樹很近，那幾年每到「八一」建軍節我們一家三口就去「擁軍」，到部隊看望大宋愛人。我們坐火車到嫩江，再乘汽車去部隊，在連裡至少要住兩三天。部隊伙食好，張指導員拿我們當貴賓對待，不但給我們開小灶，還派小兵專門來照顧我們生活。從小我就渴望當兵，喜歡部隊，雖此生無緣，但到部隊去感受感受那種氛圍也是一種滿足。

　　夏天的嫩江天亮得很早，清澈的空氣使營地清涼如洗，遠處，在操場盡頭的樹林後面，杏黃色的圓圓的太陽慢悠悠地升上來，在樹林的深綠色樹頂上燃起了一片朝霞。接著，吹起了起床號，戰士們開始出操了，「一二三四」的喊聲此起彼伏，充滿著英武之氣……我們帶著兒子，站在營房門口，遠遠地欣賞著眼前這一切，吸吮著帶著露珠的甜蜜的空氣，再看看蹣跚學步的兒子的驚喜目光，我感到生活是這樣美好和充滿希望：快快長大吧兒子！苦難即將過去，你的未來將無可限量……

探親假的記憶

　　探親假是我們這一代知青生活中最重要的日子，可以說是勝過所有節日的日子，因為在遠離父母家人的時光裡，那代表著希望、團聚、親情、溫暖和愛。

　　十年下鄉生活，回北京探望父母的假期也有七八次之多，因為每到一年或稍長些時間，我會想家想到心痛，並毫無「覺悟」地找領導請假回家，「聲情並茂」，「涕淚橫流」。因為不在農業連隊，又不

曾擔任任何職務，我請探親假的難度比起在連隊幹農活的知青和知青幹部們似乎小得多。

探親回家的路程是要遭不少罪的，一是路途遙遠，從七臺河坐小火車到牡丹江，再從牡丹江轉車到北京，記憶中要兩天一夜。逢到春節、「十一」等節假日前後，一是買不到火車票，二是買到車票也沒有座位，常常是兩腳沾不到地地擠著，不吃不喝不上廁所，火車上悶熱空氣惡濁無比，加上我暈車，那時又瘦弱，所以我每次都咬緊牙關，在心中默默鼓勵自己，到北京只要還有一口氣，能搶救過來就是勝利！

後來到了大興安嶺，改由大楊樹乘小火車到齊齊哈爾，再由齊齊哈爾轉車到北京，旅途時間差不了多少，但因為開始有Ｄ與我同行，

再後來有了兒子就開始「奢侈」地買臥鋪票，狀況就好多了（那次「惡夢般的經歷」除外）。

第一次享受探親假是在團文藝宣傳隊時，記得是個夏末初秋的日子：

火車剛到豐臺，我就打開車窗把頭伸到窗外，任秋風狂吹著我的臉、我的頭髮，我深深地大口地吸著窗外的空氣，心裡覺得好親切好親切……

因為沒有告訴母親，因此也沒人接我，走出站臺，走到大街上，一種沁入心脾的對故鄉的愛、對首都的愛滿滿地充溢著我的胸懷。那時候尚在文革中期，表面上如火如荼的「群眾戰爭」已轉入中央內部爭鬥，當時的北京也還很封閉，外地人不多，外省市的人到北京辦事都需要縣以上的證明，北京的適齡青年又都參軍、下鄉在外，只覺得街上的人很少，映入眼簾的是北京人一水兒的白襯衫，無論男女。女人也大都穿長褲，少數穿裙子的不是藍就是灰，很少別的色彩，那種樸素大氣卻也別具一格，只有牆上的大標語是紅色的，血紅血紅的，分外扎眼。

每次的探親假一共僅有十四天，因此每一天的時間都分外寶貴，可是越怕時間過得快卻越是快。我每次回京探親，父親都會趕回北京和我團聚幾天，姐姐在三河縣上班，離北京近，也能見到，只有哥哥尚在阜新，不能輕易回京，是見不到的。

母親除了在家為我改善伙食外，還會帶我到外面餐館吃飯，給我買這買那。後來弟弟返城先我而回北京，他在北京飯店工作，因為我愛吃番茄大蝦，他就讓廚師做了，用飯盒裝了帶回來讓我解饞。那可真是好吃啊，似乎在以後的幾十年裡，再沒吃到過如此的美味。除此之外，家裡人還得滿足我要這要那的慾望。母親說，每次我走以後，她和弟弟兜裡的錢都被我花得一乾二淨，不得不節衣縮食，熬到月初發工資那天。

　　第一次探親假臨歸隊前，母親勞累加難過，血壓驟然升高，躺在床上頭暈、嘔吐不止，我實在不忍心走，冒著受批評的風險，給文藝宣傳隊的頭兒發了電報。至今我還記得那電報內容：「臨行母昏倒，不能按時歸隊。」

　　另一次探親假是夏天，我仍舊沒有座位，一直汗淋淋地擠站在諸多知青們中間，頭暈、噁心，想吐又吐不出來，覺得自己快死了。這時聽到有人叫我：「二姐，二姐！」原來是我家鄰居，裡院春福，他也在東北下鄉，但和我不是一個團。他擠出來去廁所，看到了我，連忙連擠帶拽把我送到他的座位上，並且把他的餿了的汗漬漬的毛巾遞給我讓我擦汗，在他的照顧下，我得以平安抵家。

　　也還是這一次，我的假期快滿時，接到宣傳隊的一封電報，讓我買發酵的酒釀。雖然不知是買什麼酒釀，是公用還是私用，我和母親還是高興壞了，因為可以名正言順地延期歸隊了。但後來的具體情節我記不太清了，只記得我延期歸隊後隊長王文華問我：「第二封電報讓你不要買酒釀按時歸隊的電報收到沒？」我吃驚地說：「沒有啊！」王文華對其他隊員說：「我說了吧，這第二封電報她肯定收不到！」言外之意是我撒謊了……我當時窩囊壞了，辯解也無用，我確實沒收到嘛！好在王文華這個人不左，很有人情味兒，我並未因此受到批評指責。只是現在想想，那電報肯定是母親藏起來未讓我看到罷了。

　　下鄉十年，因為享受探親假的次數不少，所以記憶有些混亂，分不清具體哪年哪次的事，只能是拉拉雜雜地點滴回憶，用現在時髦的話說，只是撿拾記憶的碎片而已。

　　一次是裡院革委會添了黑白電視機，放映的是老電影，無非是《地道戰》、《紅旗渠》之類，但我卻擠在人群中不捨得走，母親叫了我幾次我才回來。母親心酸地說：「真是可憐啊，那麼一個小破電視也至於讓你這樣入迷……」

　　還有一次，是當時北京正在放映內部電影，《山本五十六》、《啊，海軍》等等，還有《火山爆發》的紀錄片，母親帶我去看電影，手裡提著一個塑膠編織筐，裡面放著小籠蒸包等許多好吃的，餓了可以隨時吃。看《火山爆發》時我很恐怖，緊緊抓著母親的手，以致回到家，夜裡不斷地做惡夢，驚醒……母親一直認為我神經脆弱，禁不起事，因此若干年來一直讓我吃穀維素。可事實上，這許多年來，無論禁得起與否，許多大事都不得不由我獨自面對，這是母親的悲哀，更是我的悲哀。

　　到大興安嶺後，有一次和D一起請假回北京。我們倆繞路阜新去哥哥家，在一個小站上等火車，天冷極了，火車又晚點，半夜三更我又睏又乏，不顧D的勸阻，一屁股坐在冰冷冰冷的水泥地下，迷迷糊糊就想睡過去。D拚命拉起我，要和我玩「撞火車」的遊戲（即，左腿前屈，右手拉住左腳，單腿蹦著兩人相撞），他說這麼冷的天，坐在地上睡覺會凍死人的。記憶中那小火車站清冷清冷地落滿了積雪，小站上幾乎沒有人，我和D二十好幾的大人了，卻在玩小孩子的把戲。路燈把我倆的影子拉得長長的，黑色的影子不斷變換著位置，這一幕淒楚又溫暖，一直沉澱在我的記憶深處。

　　也是這一次吧，在瀋陽換車時，我們帶著三個大行李包，裡面裝著黃豆、榛子、木耳之類土特產。D不知幹什麼去了，讓我看著行李，但他回來時卻發現行李少了一件。顧不上問我，他沿著火車站臺跑開了，一邊跑一邊找。這時看到一個人提著我們重重的大提包，正在往火車上擠，D一個箭步上去，連人帶包把那人拉下了車，然後二話不說，連跑帶跳地又回到我跟前……那時的D在我眼裡是何等的英雄氣概啊！

　　再後來就是有了兒子以後了，我一個人帶兒子回北京探家。每次都是D送我們娘倆到到齊齊哈爾，平時我覺得兒子跟爸爸似乎並不親，但火車一開，兒子卻總是哇哇大哭，「爸爸，爸爸」地叫得D也

不由不動情，而我也讓兒子哭得好心酸。有了兒子，我開始坐臥鋪回京了。臥鋪上一般都是出差或「內查外調」的國家幹部，那時候還沒有生意人，頂多有些機關單位的採購員之類，車上不再擁擠，有了兒子旅途的感覺也好多了。

有一年夏天我帶兒子回北京，我的上鋪是個維吾爾族人，他看到對面的一個男人毫無教養地光著臭腳伸到我的床位上，立刻毫不客氣地伸手就打那男人的腿，並用我聽不懂的話嚴厲斥責那男人。中午我帶兒子睡了，他還細心地為我們拉上了簾子，我心裡對他充滿感激，並從此對維吾爾族人產生了好感。

還有一次，那大約是兒子兩歲多時，我帶著摺紙的書和一些彩色紙，那是我預備在火車上教兒子學摺紙的。對面臥鋪是北京某部委的幾名幹部，像是知識分子的樣子，他們對我這個在邊疆結婚生子的知青很同情，問這問那，關心備至。有一個戴眼鏡的先生甚至點上煙給我，教我吸煙，他說吸煙可以緩解心理壓力，打發無聊的日子，他甚至教我女士應怎樣拿煙、撣煙灰。因為一直和他們聊天兒，卻冷落了我的兒子。只見兒子站在臥鋪旁，一隻小腳搭在另一隻小腳上，不聲不響專心致志地自己照著書摺紙，居然與書上的樣子分毫不差，令我十分驚詫，周圍的幹部們誇讚不已。有人說：「瞧！這兒有個東北小神童。」我對面的幹部們馬上糾正：「誰說是東北的小神童，這可是正宗北京孩子！」因為年年和我坐火車回北京，以致後來有一次我帶他乘通縣的小火車，他一上車就嚷「西（吃）飯飯，西飯飯。」我告訴他短途車沒有飯飯，他又拍著座椅說：「睡覺，睡覺。」令母親和姐姐都很心酸。

……

我有多少年沒坐火車了？那令我又愛又恨的北京站。在返城歸來的很長一段時間裡，我根本不能走近北京站，那會勾起我無數辛酸的

回憶。有多少年了，我常常在夜間驚醒，「溝幫子車站到了」，於是那夜間火車的「哐啷哐啷」聲、那淒厲的汽笛長鳴聲、那寒冷冬天的長夜的記憶，又開始敲打我的心扉……

哀樂低徊的一九七六年

　　一九七六年是中國近代史上值得大書特書的一年，是多事之年，轉折之年，是中國人民脫離苦難的不平凡的一年。先是三位開國元勳先後逝世，接著是唐山大地震，最後是禍國殃民的「四人幫」倒臺，而這震動全球的大事發生時，我還在資訊滯後的大興安嶺工作和生活，但這些事件發生時我的感受卻讓我銘記一生，永世不能忘懷：

　　一九七六年一月九日早晨，我正準備上班，忽然聽到大楊樹的廣播喇叭傳出了低沉的哀樂，我衝到院子裡仔細聆聽，是周總理？是嘔心瀝血為老百姓操勞一生、鞠躬盡瘁死而後已的周恩來總理逝世了……我從震驚中緩過神來，趴到床上，失聲痛哭。冷靜下來之後，我開始找黑紗，我要為周總理帶孝，表達我，一個生在北京、長在北京的下鄉知青對總理的悼念、哀思。D勸阻我：「別這樣，這裡不是北京，不是兵團，悼念有各種方式，不必非做表面文章。」我執意不聽，但翻遍了抽屜也沒找到黑紗，只好去上班。我印象中，我們這兒的人似乎並不太關心政治，我的同事們也都比較年長，雖也議論，扼腕歎息，但沒有我反應這般激烈。局裡也沒搞大型的悼念活動（事後才知道是上邊的意思），我決定以自己的方式紀念總理，哀悼總理。

　　我們處除了訂閱《人民日報》、《黑龍江日報》外，還有《參考消息》。《參考消息》每天以一兩個版面報導北京市民以各種形式自發悼念總理的消息，並報導世界各國政要對總理的評價。我每天都要

流著眼淚把所有的文章看一遍,然後剪裁下來,裝訂成冊。封面上我讓D用毛筆字提上《中外齊悼,五州傷絕》的大標題。有時報紙的正反兩面都是紀念文章,沒辦法剪裁,我就到別的處去偷報紙,以保證我的剪報的完整性,直到《參考消息》上不再登紀念文章為止。那一段時間,北京市民自發的悼念活動越演越烈,我從家裡來信中知道隻言片語,知道姐夫馱著兒子蠻蠻到天安門參加悼念活動。知道哥哥因為在阜新,專程跑回北京到天安門悼念總理,我還收到哥哥寄來的:「欲悲鬧鬼叫,我哭豺狼笑,灑淚祭雄傑,含笑劍出鞘」的天安門詩抄。因為消息閉塞,我對北京市民是頂著官方壓力,用悼念總理的方式抗議「四人幫」的倒行逆施並不太知情,只是局裡有些老同志總愛問我:「家裡來信沒?有沒有小道消息?」直到爆發了震驚中外的天安門「四五」事件。我在官方學習的文件中知道的情況和從家裡來信中知道的情況剛好相反,官方文件稱此事件是鄧小平幕後指揮的否定「文革」的右傾翻案風,而實際情況是北京市民隱忍十年的怒火,在總理逝世後爆發了,是一次真正意義上的群眾自發的反「四人幫」運動……我為我們北京市民的政治覺悟和大無畏精神自豪,也深以自己是北京人為傲!

這一年的夏天,大約是七月份,好像是個星期天,哀樂再一次徘徊在大楊樹的上空,和毛澤東共同創建中國工農紅軍的朱德總司令逝世了,一位親身經歷了中國革命從艱難困苦到輝煌勝利全過程,被周總理譽為「中國革命里程碑」的領袖逝世了。那一天我和D的球隊朋友堅強等人正揹著手風琴,興高采烈地帶著兒子到河邊去玩,聽到廣播後,大家黯然神傷,悄悄地又返回了家中……

還沒容我回過神兒來,還是七月份,準確點說,是七月二十八日夜,唐山發生了七點八級大地震,且京、津地區也地震了。我從廣播中知道消息後,急於想知道北京家中母親的安危,但是長途電話打

不進去，發電報只能到二百多里外的加格達奇。我心急如焚地坐上火車跑到加格達奇郵電局，郵局裡擠滿了焦急的，從墾區、林區來的，家在京、津、唐地區的人們，大家爭相打長途發電報問候家人……一個星期以後，我接到了母親的來信。母親告訴我，雖然我家的老房子在地震中晃了晃，但最終沒事。為防餘震，市政府要求全體市民搬出住房，住進臨時搭建的地震棚。姐姐不放心母親和蠻蠻的安危，把她們祖孫二人接到自己任教的三河縣燕郊中學。可國難當頭，姐姐還得參加學校的抗震救災，顧不了母親和孩子，母親又被弟弟接回北京，和尚未過門的弟妹一家一起，住進了天安門廣場的地震棚。生性不怕事且愛熱鬧的母親來信很樂觀，說每天早晨在天安門的馬恩列思像前刷牙，晚上華燈照亮了廣場上紅紅綠綠的地震棚，認識或不認識的人住在一起，成為一個大家庭，彼此關心照顧，生活很開心，全沒有一點災難中的感覺，讓我千萬放心。至於唐山的情況，因為「四人幫」封鎖消息，我們並不知道災情的嚴重性，只是事後聽同事的親戚來信說，他當時出差在唐山，夜裡悶熱得出奇，他剛走出火車站不遠，想透透風，就覺得山搖地動，就像被人來了個螳螂腿，站立不穩，摔倒在地上，待到爬起來一看，剛剛還熱鬧非凡的唐山火車站已在瞬間夷為平地，不復存在……多年以後我才得知真相，那一場地震竟使瓷都唐山的二十四萬同胞罹難，更不能理解的是，中國竟拒絕國際紅十字會的人道主義救助，從而使死難的人數不斷增多……

　　緊接著，這一年的九月九號，哀樂又一次鳴響在大楊樹的上空，中國人民的領袖，被十幾億中國人民天天祝願萬壽無疆的毛澤東逝世了，這對我來說甚至是不可思議的事。因為在我甚至我們這一代人心中，毛澤東早已被神話，死亡是不能被接受的。接連的災難讓我懵頭轉向，巨大的悲痛籠罩在人們的心頭。在全鎮的悼念大會上，在赤日炎炎的大太陽底下，不少人昏倒了，我也止不住熱淚滾滾，痛哭失

聲，為我自己，為我的全家，為多災多難的我的祖國和億萬同胞，那種複雜和心痛的感覺很難說清，只覺內心翻江倒海，不能自己……因為我的哭還被當時的辦公室申主任大會小會表揚，說我無產階級感情深，政治覺悟高。D忍不住私下問我：「你是真的還是假的？我都讓你整暈菜了！」「當然是真的，我幹嘛要裝假？我不想這樣，可就是控制不住！」說實話，連我自己都搞不清這是怎麼回事，恐怕這還得歸功於二十多年的紅色教育，對共產黨、對黨的領袖的信仰已經融化在血液中，已不以個人的意志為轉移了！

　　終於有一天，天空中的陰霾一掃而光，這一天就是一九七六年十月六日，十惡不赦的「四人幫」被剛剛上臺的以華國鋒為首的黨中央抓了，粉碎了，倒臺了！而我們知道的正式渠道，報紙，廣播公開報導大約在半個月之後了。差不多與此同時，我接到了北京父母親的來信，告訴我這個特大喜訊，母親說：知道消息那天，朝陽門大街一家賣散裝啤酒的所有啤酒被狂喜的市民一搶而光，人們爭相奔走相告，自發湧上街頭慶祝，朝陽菜市場的螃蟹被搶購一空，大家都買三公一母（三公為王洪文、張春橋、姚文元，一母為江青）。母親說那情景就似抗日戰爭勝利時一樣！父親則來信說：「四人幫」倒臺了，十年「文革」終於結束了，咱家天各一方的苦日子該結束了。父親說：「爸爸等著接你回北京。」當時父親在河北沙城，哥哥在遼寧阜新，姐姐在河北三河，我在大興安嶺，幸虧弟弟早兩年從北大荒回到北京母親身邊，即便如此，我們一家六口人在七六年還分別在五個地方工作生活，而這樣的生活我們已經過了十年。

　　這就是我人生中刻骨銘心的一九七六年，遺憾的是在這重大的歷史關頭，我沒能在北京度過，沒能和家鄉人一起在十里長街送別周恩來總理，沒能在粉碎四人幫的值得紀念的歷史時刻，湧入首都歡樂的人流，讓多年的壓抑情緒得以盡情釋放……

我的北京知音

　　我到大興安嶺工作一年左右，有一天，同事們告訴我一個好消息：「這回你不孤單了，新調來的鄧燦局長的愛人，是你的北京老鄉，六六屆女十五中學生。」我聽了喜出望外，可又有些擔心，要是位傲氣的官太太可就沒法打交道了。還沒及探望，我在樓道碰到了她。我主動上前打招呼：「你好！北京老鄉！」她笑了：「聽人介紹了，正想去看你呢！」她叫陳蔭萍，中等身材，白皮膚，大眼睛，長得很漂亮。她說話聲音不大，很溫柔、很安靜、很親切的一個人。第一次見面，我們倆就相互喜歡上了對方，很快變成了無話不談的好朋友。

　　陳蔭萍和我一樣，也是知識分子家庭出身。她的愛人鄧燦，是老農墾的四大筆桿子之一，大才子，不僅文章好，還寫得一筆好字，而且有一段傳奇歷史：他是湖南人，參加過湘西剿匪，《烏龍山剿匪記》說的就是他們部隊的故事。鄧燦驍勇善戰，小小年紀就當上了排長，又愛學習，肯動腦筋，因此建國以後第一批轉業到「八五二」農場的軍官鄧燦是最小的一個，只有二十歲。陳蔭萍下鄉時，鄧燦是六師五十七團營教導員。他們的戀愛史並不浪漫，據我所知是鄧燦看上了陳蔭萍，主動進攻，又到北京小陳家裡毛遂自薦，獲得小陳父母的首肯後，順利地喜結良緣。他倆調入我局時，鄧燦是副局長，因為能幹，政績突出，幾年以後就升任黑龍江省農墾總局的書記。他愛惜知識青年，給青年創造學習提高的機會，他擁有一大批各省市的各行各業有建樹的知青朋友，著名作家蕭復興就是他的鐵磁。我看過好幾篇蕭復興寫他們夫婦倆的文章，從蕭的文章裡，我才更瞭解這一對出色的夫婦。

　　大興安嶺沒有文化生活，下班以後除了看書，串門兒也是打發無聊日子的辦法。從小陳來後，我們倆除了上班以外，業餘時間總膩在一起，有聊不完的話題。鄧燦很嚴肅，不苟言笑，我很怕他。因此他在家時，小陳就來我家，他一出去開會，我就跑小陳家去。那時我們都還沒有孩子，一天高高興興地瘋玩。小陳比鄧燦小十二歲，也許是為了縮小年齡差距，也許是為了做局長太太不張揚，總之，小陳穿衣特別保守，不是灰就是藍。我就動員小陳穿漂亮一點，我陪她一起去買花布找人幫她做，還送她一條大紅圍巾戴。鄧燦氣得說：「看看你像什麼樣子，和小劉在一起不學好！」

　　那時陳蔭萍把北京的大姨接來同住，大姨是個老北京，大姨的先生是清華大學的學生，結婚沒多久，因為打球後用冷水沖頭，得了傷寒，年紀輕輕就撇下大姨走了。癡情的大姨一生再未嫁人，也沒有孩子，視小陳為己出。大姨來後，我往小陳家跑得更勤了。大姨心靈手巧又愛乾淨，做的飯菜又好吃，我就不請自來。大姨喜歡我，從不生氣。我記得大姨做的朝鮮辣菜特別好吃，我每天下班提著一個軍用飯盒，先到小陳家裝上一盒又鮮又脆的朝鮮辣菜，然後才回家。每次去小陳家也不容易，局長們住一大院，是排房，小陳家是最後一排，所以去她家我得先經過張局長、侯局長家，兩位局長太太因為我的從不到訪和沒禮貌，常常挖苦我兩句，可我並不在乎，仍舊如入無人之境！

　　轉眼我們倆都做了媽媽，她生了個女孩是我們兒子的妹妹。這下大姨更忙了，不但要給外孫女做棉衣，還得捎上一外來外孫。因為我不會做活，「橫針不知道豎線」，大姨心疼我兒子，不用我說話，就給我們做了小棉衣。小陳和我好，事事偏著我說話，鄧燦從不買賬。記得有一次，我家D先生又出去打比賽，到加格達奇去了。我生氣地把兒子抱上跑到小陳家去訴苦，小陳仗義地說：「今晚你別走，剛好老鄧不在家，你就和我住一起，嚇唬嚇唬小D。」不料當晚鄧燦回來

了，我還沒開口，小陳就給D告狀：「小D太不像話了，明知道小劉膽小，還老出去打比賽，你還不說說他！」「我說誰呀？應該批評小劉，嬌裡嬌氣。小D代表地區打比賽有什麼錯誤？還有你，不分青紅皂白，不分是非曲直，我看你們倆純粹是江湖義氣……」小陳衝我吐舌頭，我則不服氣：「江湖義氣怎麼啦？他嫉妒咱倆好，氣死他！」（不過我是小聲嘟囔的！）

當晚D回家一看沒人，不猜也知道我跑哪兒去了，他騎車過來接我，鄧燦囑咐他：「你是有了兒子的人了，打完比賽趕緊回家，別在外面耽誤。你看我，過去開完會住會，現在沒事就往家趕，咱得盡當父親的責任！」

一九七八年春節前後，我辦理病退（急性黃疸性肝炎）獲北京方面批准，調令來了，我卻為難了：若小陳捨不得我走怎麼辦？鄧燦那一關我怎麼過？他不簽字我肯定走不了……躊躇再三，我決定跟小陳先談談。不料剛一開口，我先哭了，四年情同姐妹的生活，我倆早已成為彼此的一部分，誰也離不開誰。特別是我，非常內疚。小陳聽說我要走，也哭成一團。想到我走後撇下小陳一個北京知青留守在此，很不仗義，平時一向敢說敢做的我除了哭以外，居然什麼也說不出來。倒是小陳很冷靜，哭夠了，她說能理解我，支持我回城：「生活很實際，並不只是友誼，還有責任。你母親需要你，你就回去吧，不管你到哪裡，我們永遠是朋友！」更令我感動的是，不僅是鄧燦，所有局長，包括我天天從人家門口過，從不走動的主管侯局長、張局長等都給我開了綠燈。更應該感謝的是我的處長侯子鵬、同事呂向榮，明明我們處人手少忙不開，他們還替我跑前跑後做工作。「人手少沒關係，再培養。回北京是大事，別耽誤了！」

臨走之前，鄧燦、陳蔭萍夫婦設宴為我餞行。因為我辦理的是病退，D暫時不能一起走。我第一次和鄧燦喝酒談心，他們夫婦倆都

和北京知音陳蔭萍（左）在大興安嶺大楊樹鎮。

好酒量，我和D也是千杯不醉的主兒，這餞行的酒席直喝到半夜，我把自己珍藏多年最珍愛的周總理的相冊（許多從未發表過）送給了小陳。二十年後，鄧燦從省農墾局書記的任上退休，他們夫妻雙雙回到北京。至今，我和小陳的友誼已經延續了三十多年，歷久不衰，且越久越濃……

父親接我回北京

一九七八年春節前後，父親來大興安嶺看望我們一家，和我一起在大楊樹過了最後一個難忘的春節後，並最終把我和兒子接回北京，從此結束了我十年的下鄉生活。

父親來時還是秋天，秋天的大楊樹比較富足，青菜品種雖少，但胡蘿蔔、土豆、大白菜管夠，加上領導同事們熱心地來看父親，送

來豬肉、羊肉、粉條等，父親說在鄉下能吃得這麼好很知足。那時我兒子三歲多，正是好玩的時候，每天我和D去上班，他們祖孫倆在家玩。父親滿肚子詩詞歌賦，家裡又有許多從北京帶來給小孩子買的畫片故事書等，兒子很安靜，愛聽故事，又聰明，父親教他背唐詩宋詞、毛主席詩詞等等，他一學就會。我們機關離宿舍又很近，騎自行車七八分鐘就到，中午我們趕回家做飯，午飯後父親哄外孫睡覺，睡前父親總是悄悄在外孫枕下放幾粒葡萄乾兒或一粒糖果，告訴他睡醒後神仙爺爺會送給好孩子糖果吃，所以每次我的傻兒子都會滿懷期待地乖乖睡覺，睡醒後一骨碌爬起來翻開枕頭找吃的。我常想，如果我家生活不發生變故，如果讓父親幫我帶孩子，說不定我兒子長大後會從文，會成為一位出色的詩人呢。

春節前，我回京的調令來了，全家皆大歡喜。D雖暫不能和我同時回京，但我們相信，這一天不會太遙遠了。對於回北京團圓的日子，我們充滿期待。為了表達我們的決心，我們把住房交還給局裡，給了計財處的韓會計，留下一間小屋D暫住。我們將所有的傢俱、衣物，賣的賣、送的送，苦心經營四年多的小家，就這樣被我們毫不留情地親手拆掉了！

父親按捺不住心頭的喜悅，以我的名義寫了不少舊體詩：

蝶戀花・雁南歸（一九七八年二月）
北雁南歸春日暖。
飛燕穿雲，
峽谷鶯啼囀。
水秀山青花盛茂，
桃紅柳綠茵香軟。

莫負春光休懶散，

勿待深秋，

蕭瑟西風晚。

奮躍千尋霄漢近，

輕舒兩翼鵬程遠。

七言‧無題（一九七八年二月）

絨衫不耐早春寒，

美景良辰豔陽天。

和風吹遍庭前樹，

煦日照進故家園。

慈母倚戶遙相盼，

秦女跨鳳近日還，

從此不聞簫聲怨，

知命樂天不羨仙！

　　這一年的春節對我來說，有著不同尋常的感受：即將返城的興奮，對大興安嶺的眷戀，對自己一人帶著兒子即將開始和D兩地分居的生活的無奈，對我將從此失去工作，未來將何去何從的恐懼……這一切的一切讓我寢食難安……

　　大楊樹的春節鄉土氣息非常濃，年味兒十足，那時生活雖不富足，但人們開始對追求富裕生活、追求幸福不再排斥。剛進入臘月二十三，家家就開始備年貨了，有到嫩江的，有到加格達奇的，更多的人選擇到農場買副食品，那真是：豬哇、羊啊送到哪裡去，送到那大興安嶺農場局……因為天寒地凍，人們把包好的餃子、蒸好的粘豆

包都早早做好放屋頂上凍上，家家都有小梯子，隨時吃隨時上房拿。東北興掛紅燈籠，而且掛得越高越好。當地的人，家家自製大紅燈籠，門前豎起大木桿，通上電源。白天，在皚皚白雪的烘托下，散落在山坡上雪野裡的一個個紅燈籠，像大紅櫻桃高高懸掛在空中。夜晚，一盞盞紅燈閃亮，把本來黑漆漆的夜點綴得生動而神祕。孩子們穿上花花綠綠的新衣，興奮地跑來跑去，雖然凍得小臉通紅、大鼻涕過河也不回家去。按照東北習俗各單位都得組織秧歌隊、高蹺隊，那可是當地人最高興和感興趣的事：從初一開始，這些穿著大紅大綠，花枝招展，臉上抹得亂七八糟的男男女女們，敲鑼打鼓踩著高蹺扭著秧歌，開始到各單位拜年。到誰家門口，單位的領導和員工們都要迎出來放鞭炮，並端出糖果、煙捲兒、瓜子等，熱情地往演員（實際是員工）們兜裡塞。踩高蹺的演員技藝高超，可以蹲下來接吃的，說東北人個個都是大明星一點不過分，三十年前我就領教了。我們單位的東北籍男女同事都興奮不已，樂此不疲，且拚命動員我也參加。搬來領導嚇唬我也不幹，因為我還沒有真正融入東北人的文化之中，我還只是停留在旁觀和讚賞階段。

正月十五鬧元宵也熱鬧非凡。東北春節期間都有製冰燈的習俗，哈爾濱的冰燈可以說聞名遐邇，大楊樹的冰燈是各家各戶自製，雖然粗糙些，但也不乏能工巧將，真是八仙過海，各顯神通。大楊樹選出一塊空地當露天展廳，家家戶戶把自製的冰燈搬過來參展，雖然是冰天雪地，但熱愛生活、愛熱鬧的東北人絕不肯落下這個機會，都來參加評選。路上路過同事們的家，不定被誰拉進家去，就能飽餐一頓。豬肉燉粉條，小雞燉蘑菇，自製的海個兒的跟乒乓球一樣大的元宵，在油鍋中炸得「嘭嘭」作響，就上大楊樹自產的濃濃的高度白酒，坐在暖烘烘的熱炕頭兒上，你就是鐵石心腸也能讓熱情的東北人給你焐化了……

左：D在大楊樹時帥氣爽朗的模樣。
右：七十年代末期，和D在大興安嶺大楊樹照。

　　這一年的春節，我們一家就在這濃濃的友情、親情中度過。看著滿山的紅燈籠、千奇百怪的冰燈，吃著大塊流油的肥肉，聽著「劈劈啪啪」不絕於耳的爆竹聲，我心中湧起陣陣不捨之情。十年了，讓我又愛又恨的知青生活就要結束了，我的青春和著我的淚水、汗水，都灑在了這一片黑土地上，而我卻兩手空空一無所長。我苦笑著對父親說：我是「少小離家老大歸，抱著一個小貝貝」。未來將怎樣，何去何從？帶著諸多的未知，我茫然地踏上了回京的火車……

　　隨著火車汽笛的一聲長鳴，我結束了十年「上山下鄉」的知青生活，開始了又一段艱辛的跋涉，待業生活開始了……

第七章　我的待業生活

北京不歡迎我們

　　大約從粉碎「四人幫」開始吧，知青返城的大潮開始衝擊北京（當然上海、天津等城市無一例外），到一九七八年，所有「上山下鄉」知青，幾乎都逃亡般回到了故土。不知道我的感覺對不對，我們朝思暮想的北京，為之魂牽夢縈的北京，不再歡迎我們，視我們這些生在北京、長在北京的知識青年為外鄉人，嫌棄我們這些土得掉渣兒的土包子，擔心我們搶了他們的飯碗。在他們眼裡，我們成了多餘的累贅，這讓本就不自信的我們，更加自慚形穢。

　　我回京的那一年，大街上、汽車上、商店裡到處是戴著大貂皮帽或羊剪絨帽，穿著褪色臃腫的軍棉襖、軍棉褲，黑紅臉膛的男女青年。這些人顯然和當時的北京人格格不入。無論是買東西、擠汽車還是吃飯，我們總是遭到歧視和白眼兒。一樣乘汽車，售票員專檢查知青買沒買票。一樣買東西，北京人可以翻來覆去地挑，知青們（不穿馬甲也認得出來）挑就不行。明明手續健全，辦遷入戶口時，那些官氣十足的面孔和盛氣凌人的架式讓人心寒。連居委會的大媽都衝我翻白眼兒：「喲，二姑娘也回來啦！不是結婚了嗎？沒在邊疆扎住根兒呀！」我心裡那個氣就別提了，老子下鄉是毛主席政策讓走的，回城是鄧小平政策讓回的，既沒吃你的又沒住你的，關你們什麼事？你管得著嗎？人啊人，為什麼這麼勢利，這麼「趨炎附勢」？生氣歸生氣，可也不敢造次，「小腳偵緝隊」當時可掌大權呢！別看成事不足，

「1978年重回北京之後，獨自帶著兒子生活。

分配時給你說句壞話，就夠你喝一壺的。可憐我們這些知青，當時地位低下得，任何人都可以捏著我們。心裡生氣，不平衡，沒地方發洩，只好寫首小詩自嘲一下，調侃一下灰心喪氣的自己：

毛主席揮手我衝鋒，面朝黃土背向東（北京方向），
十年辛苦無人問，兩手空空又回城。
北京幾無立足地，勢力白眼處處逢。
為求生計沒奈何，暫且忍氣又吞聲。
花落尚有花開日，卅年河西有河東。
待得春風春顧時，牡丹花開四季紅。

真歡迎我們的，還是自己的父母親人。在飯店裡，什麼「新僑」啊（新僑飯店）、「老莫」啊（莫斯科餐廳）、鴻賓樓啊、東來順啊、萃

七十年代末，剛回北京，與母親帶著姐姐的兒子蠻蠻（左）和自己的兒子貝貝（右）同遊故宮。

華樓啊，總看到家長們在犒勞知青兒女。幾碟小菜一擺，父母基本不動筷子，只是不斷地給兒女夾菜，心疼地看著自己狼吞虎嚥的兒女，那情景至今像一幅幅圖畫，定格在我的腦海中，溫馨而又淒楚，令人動容。

母親當然也不例外，所不同的只是還帶著兩個孩子，一個是姐姐的兒子蠻蠻，一個是我的兒子貝貝。每到一處，菜還沒上來，我的兒子就扎著小手：「吃！吃！」急不可耐。蠻蠻則不同了，北京長大，吃過見過，常常鄙夷不屑地笑話弟弟。母親告訴他：「你是哥哥，得懂得照顧弟弟，哄他玩！」不料蠻少爺大言不慚：「我不會哄孩子，只會逗孩子！」可憐我的兒子，一次姐姐烙蔥油餅，因為愛吃，居然吃多了，又吐又瀉，害得我半夜三更帶他去看醫生。

因為我從小愛美，回北京後，母親體諒我沒錢，主動帶我到百貨大樓去買布料，請人給我做衣服。兒子在土地上、草地上跑慣了，一踏上百貨大樓光滑的地面不適應，就一個跟頭接一個跟頭地摔開了，簡直像個小不倒翁。先時母親還樂，旋即又掉下了眼淚，好可憐的孩子啊。那一天我很興奮，先在一個櫃臺選中了一塊鮮豔的布料，挑啊挑啊，又在另一個櫃臺選中了一塊淡雅的布料。母親認識一個給雜技團做服裝的陳師傅，衣服做的式樣特別新穎，說好了帶上新布料去給我做衣服。可是等回家一看，只拿回了一塊。原來是我的老毛病未改，狗熊掰棒子，隨買隨丟。幸虧買兩塊，就是買上十塊八塊的，到頭來還是拿回家最後一塊。看到萬分頹喪的我，母親直歎氣：「算了，別懊惱了，原以為你長進了，沒想到本性難移……」

艱難的求職之路

回城的那一年，我已經三十歲了，在龐大的求職兵團中，我是年齡大的，且又已婚有小孩，無疑增加了就業難度。怎麼辦？咬咬牙，一狠心把兒子送進了托兒所。先是到街道辦事處填了申請就業表，隨即又找到街道片兒警盧增宇（當時他是北京市公安系統二等功榮立者），他對管片兒的居民家庭狀況瞭若指掌。我對他說：「老盧，我沒工作，也沒負擔（真虧心，兒子都花錢託出去了，還說沒負擔），我幫你搞胡同宣傳吧，出黑板報我拿手。」老盧當時正搞人口普查還是清理核對戶籍我記不清了，反正正缺人手呢！老盧喜出望外，他坦率地說：「我可沒錢，咱純義務。」我說：「沒問題。」就這樣我開始了每天幫派出所抄寫大戶籍冊的工作。有時候也幫著出出黑板報，寫寫宣傳材料。兒子的托兒所是街道辦的（史家胡同托兒所的前

返城後，待業期間在中山公園留影。

身），就在後院，大窗子就在我家小跨院兒裡。我抄寫戶籍冊時，有時聽到兒子的哭聲：「我要倒（找）媽媽，倒媽媽！」我就難過得淚如雨下。聽到方老師，一個清秀大氣的上海人，哄兒子：「我們去給媽媽打電話啊！」我恨不得掀翻桌子衝進去，領出我的兒子。心想，這樣的日子何時是頭兒啊？我開始懷疑自己回京是否正確，再想想D回城也杳無希望，更是增加了自己焦急無奈的心情。這樣的工作幹了兩個多月，街道為我們成立了知青學習小組。每天組織我們學習，提高認識。盧增宇對我說：「真想留你在派出所，我們這兒缺能寫的人，可惜沒有編制，你要是能託人找到編制就沒問題。」天哪！我到哪裡找編制去啊，還是老老實實參加知青學習小組，不斷提高認識吧！

　　這中間還有個小插曲，讓我哭笑不得。我們學習小組有個男知青，有一天帶個二十幾歲的男青年來，在我們學習的地方轉來轉去。過了幾天，這個小一點的男知青對我說：「我哥想和你交個朋友，他是某某單位的……」忘記具體說什麼了，總之是誇他哥條件如何好、他家條件如何好之類，甚至說：「我哥說了，你不用找工作，他有能力養活你！」我當時真是氣不打一處來，用時下小品演員宋丹丹的話說：「太傷自尊了！」我不客氣地說：「你找別人讓你哥養活吧，我沒興趣。」

　　我們下鄉時的觀念是：一是當兵，二是進工廠，三是去兵團或插隊，最看不起進服務行業當八大員（諸如售貨員、售票員、炊事員之類）。可我們回城後，如果你沒有門路，只好進服務行業，別無他路。再說，我們這一代是沒有「志願」的，長期的愛國主義教育，使我們的思維定式是：祖國的需要就是我們的志願，黨的要求就是命令。裡院的春福夫婦也是從兵團返城回來的，只是比我早幾個月回城，他進了朝陽菜市場。每天下班他都提著大筐小捆的菜啊、豬下水啊什麼的。這讓實用主義的母親很是羨慕：「跟辦事處說說，你也進菜市場賣菜得了，咱家先落個實惠。」可我心氣高堅決不幹，我堅持再等等。那時D每月四十二元工資，自己留下十二元生活費，剩下三十元寄回北京養活兒子。再加上母親也常常接濟我，生活還過得去，所以我一直撐著，一心想找一個「體面」一點的工作。大約是我的履歷不錯吧，有一天，街道辦事處的找我，讓我去辦事處幫忙，猶豫再三，我還是拒絕了。當時我不知道辦事處是一級政府，認為辦事處就是居委會，居委會就是小腳偵緝隊。因為文化大革命中這些人的所作所為，我恨透了小腳偵緝隊，我寧肯餓著，也不與她們為伍。

　　當時有一個政策：「誰家的孩子誰抱走」，因為就業壓力太大，各個系統，各個單位分別成立了第三產業、勞服公司，以安置自己的職工子女。和我返城先後時間差不多的同學、朋友們很多，林伊和

八十年代初，與兒子在北京朝陽門大街舊文化部門前留影。

小潘因為父母是文化部系統的，從幹校回來後，林因為會彈鋼琴，分
到了歌舞團，潘留到了部裡。同是三十二團的左英，父母是衛生系統
的，他分到了醫院。我的父親一直發配在外地，母親是北京市傢俱公
司的，如果按系統，我可以進木材行業，但母親堅決不同意，她說：
「我在這個行業幹夠了，絕不讓自己的孩子再進去。」沒辦法，我只
有和千千萬萬個既沒門路又無一技之長的待業大軍一起，苦苦地奔波
在求職之路上⋯⋯

圖書館的故事

　　功夫不負有心人，很快機會來了，東城圖書館招臨時工，一天
八角錢工資，幹一天給一天的錢。我立刻報了名。一九七八年的東城

圖書館規模不大，位址在東四北大街六條胡同口上（近年已遷至交道口，成為藏書四十餘萬冊的具有現代化設備的大圖書館）。當時的東圖規模雖不大，但工作性質不錯，我非常喜歡。報到以後，一開始就讓我在前臺借書處工作，我很興奮。活兒不累很簡單，借書的人把要借的書名給你，你按圖書名查詢按字頭索引的資料庫（一個個長長的抽屜），然後到一排排的書架上找到書，登記後把書借出去。看似如此簡單輕鬆的活兒，沒想到一天幹下來，卻頭暈眼花。因為不停地蹲下站起來在書架上找書，不僅腰痠背痛，且因為書庫光線很暗，每天費力地找書，還勾起了我的老毛病頭痛病。我從上中學就有這毛病，一疼起來不僅怕光還嘔吐。但我咬牙堅持著，心想別人能幹我就能幹，總比下鄉幹農活兒輕鬆多了，慢慢適應就好了。當時我幹臨時工之所以挑地方，是想憑自己努力轉成正式工。抱著這種願望，我打工非常賣力。一天八角錢的工資，說老實話，一頓中午飯就花沒了，要是指著這八角錢過生活根本不可能，好在當時的知青們都靠父母養活，不指著這個。不知別人怎樣，我反正是醉翁之意不在酒，我不為掙錢，為的是找一份可心點兒的能幹長久的工作。

　　經歷了十年「文革」浩劫和「上山下鄉」，我有多少年沒看到書了，那麼多、那麼多的新書、老書，這讓我真是心潮激動，難以抑制。早晨大家沒上班我就先到了，不是為了幹活兒，是為了翻書。因為看書是不可能的，看不了幾頁其他人就來了，只能在書架之間轉來轉去，看到有喜歡的拿下來看看目錄，翻幾頁過過癮，或者拿紙片記下來，想著以後得空兒再看。那時好多書還沒有解禁，這些書都封存在鐘鼓樓下面的平房裡，而重新整理登記這批禁書的「美差」就落到我們兩三個臨時工身上了。

　　鼓樓和鐘樓都在北中軸路的最南端，兩樓相距不遠，大約也就百十來米的樣子。鐘樓在鼓樓的正北面。鐘鼓樓始建於元代，為元、

明、清京城報時中心。古代將每夜晚八時至凌晨四時分為五節。定更和初更都是先擊鼓後撞鐘，夜裡只撞鐘不擊鼓，因此有「暮鼓晨鐘」之說，從而使全北京城有序可循。鼓樓為單體木結構，而鐘樓則全部為磚石結構。兩樓相同的都是重簷歇山頂，四面設拱卷門。不同的是，在二層樓上，鼓樓置直徑一點五公尺的大鼓一面，而鐘樓則懸永樂年間鑄造的重達六十三噸的報時銅鐘一頂，據說撞擊聲可達方圓十數里。

　　我對鐘鼓樓有特殊的感情，不僅因為母親小時候曾經住在鐘樓灣的一個大院裡，我小時候上學的東公街小學也在鼓樓東大街上，還因為小時候聽母親講的關於鐘鼓樓的一些傳說，充滿了神祕色彩。母親說，永樂年間重新鑄鐘時，鐘發不出聲音，為此皇帝下令殺掉許多鑄鐘匠，後來一個鐘匠的女兒夢見有神仙指點，只有年輕女孩兒跳進沸騰的銅水中，鐘才能響。在鑄鐘接近尾聲時，鐘匠的女兒決心拚上性命救父親和眾多鑄鐘匠，她裝扮一新後來到鑄鐘廠，趁父親不備跳入了滾滾沸水中，父親發現後伸手去救，已經來不及了，只抓到了女兒

位於北京中軸線上的鐘樓。

鐘鼓樓遙相呼應，成為北京一景。

的一隻鞋子。從此以後鐘真的響了，只是不甘心的女兒總通過鐘聲要自己的鞋，所以鐘的尾聲總是發出幽幽的「鞋……」音。

鼓樓的故事也很神奇，據說清光緒年間，八國聯軍入侵北京，他們想放火燒毀木質結構的鼓樓，但就是點不著火，老羞成怒的聯軍士兵，只好掄起大刀不斷地砍向大鼓。而我看到的大鼓面上，果然是傷痕累累，有許多破洞。

鐘鼓樓下面的房子裡堆滿了落著厚厚灰塵的書和雜誌。每打開一摞書都會灰塵漫天，所以每天下班，我們都黑煤烏嘴，滿面灰塵。因為熱愛這份工作，吃土我也不在乎。我們的任務是按書籍的分類一本本登記、編號。春天的北京柳樹綻青，桃花、杏花都開了，空氣中透著暖暖的春意，迎合著我心中的期待與希望。特別是親手參與解禁「封資修」的書，本身就預示著文化春天的到來，那種愉快的心情並沒有因為物質生活的貧乏而受到絲毫影響……我每天鑽在亂書堆中，邊挑揀著書邊認真地登記、編號。許多外國名著和中國三十年代的文人如胡適、巴金、林語堂、沈從文、錢鍾書等的著作都在我們的翻揀中即將重新面世，許多延安的作家如丁玲、趙樹理、周立波等等的書，也經我們手即將重見天日。更讓我感興趣的是，這裡堆積著大批的舊電影畫報，甚至有解放前的畫報、影訊。我本來就喜歡電影，也喜歡電影明星，遇到我想看的畫報，我就放在一邊，中午休息時我就如飢似渴地看。從這些畫報中，我又見到了心儀已久的電影明星、電影消息，儘管是十多年前的資訊，我並不感到陌生。令我驚奇的是，我還看到了江青在上海當電影演員的許多報導，她在《狼山喋血記》中的劇照，她與同是當紅電影明星的王瑩爭演《賽金花》的報導，她與唐納的感情糾葛……想到「文革」中江青為了毀掉三十年代她當演員的事實，不惜和葉群聯手迫害一大批老電影人：趙丹、鄭君里、舒繡文、上官雲珠……甚至連保姆都不放過，使這些無辜的人妻離子

散、家破人亡，我感到萬分的憤慨，為江青的專橫跋扈，也為她的愚蠢。歷史豈容竄改？你就是把知道你底細的人全都殺光，歷史的印記也是抹不掉的啊！可悲的年代可悲的人啊！

　　和我一同打工的有個男青年，叫翰。他有一副好歌喉，當時正在煤礦文工團學習唱歌。休息時我們一起沿著窄窄的木梯，「咯吱咯吱」地爬上鼓樓頂上。鼓樓裡到處是灰塵和蜘蛛網，占據在二層空間的一面大鼓立在中間，估計旗偃鼓息至少已有五六十年了。一不小心碰到哪兒，就會驚起不知是老鼠還是蝙蝠，「刷啦啦」一陣響，驚出我一身冷汗。爬到鼓樓外就不一樣了，頓覺神清氣爽。我記憶中外面沒有護欄，害怕掉下去的我們緊貼著牆壁站立著，因為興奮和害怕心裡「咚咚」直跳。站在鼓樓頂層，可以看到遠處北海的白塔、景山的五味亭（甜酸苦辣鹹五個亭子）。鼓樓四面的大街筆直筆直的，臨街雖有不少店鋪，但並沒有都開業，雖是中午，街上的人也不多。翰興奮地說：「我給你唱支歌吧！」沒等我說話，他就放開喉嚨唱起來。不記得他唱什麼歌了，大約是《毛主席走遍祖國大地》吧！他嗓音嘹亮渾厚，立刻吸引了街上行人，許多人停下來尋找歌聲的來源，連騎自行車的人也停下來傾聽。我問翰：「你為什麼不考專業歌舞團？」他說：「我正在做準備，等著我的好消息吧！」那時候的知青，雖歷經磨難仍癡心不改，仍舊懷揣夢想。正因為有夢想，我們這代人才永遠活得那麼愉快而充實。

　　圖書館帶我們幹活兒的有二位四五十歲的女職員，我們稱她們「老師」，對我特別好。有一位老師脾氣特別倔，說話不留情面，唯獨對我網開一面，可惜我忘了她姓名。看到每天早晨我都和翰一起來上班，她悄悄問我：「你們倆不是在搞對象吧？」「您瞎說什麼呀？我兒子都三歲多了。」「那他知道嗎？」「您是不是想太多了？我每天都在五路車站碰到他，所以才一起來上班。」「哪兒那麼巧天天碰見呀！

盼望著一家三口早日團圓所剪拼的一張團圓樂陶陶的照片。

傻姑娘。」那天休息時，這個老師當著大夥兒的面問我：「喂，小劉，聽說你有個漂亮兒子，把照片拿給我們看看。」我趕緊拿出隨身帶的兒子的照片，大夥兒傳閱了一番。從那天開始，我還真的再沒在路上碰到過翰，我不由從心裡感激這位善解人意的老師幫我解了圍，避免了一次尷尬。當然我和翰仍一如既往地說說笑笑，只是在我內心深處不知為什麼多了一絲不快。

　　和我們一起幹活的，還有一位年輕的圖書管理員，我們叫他小謝。小謝思想活躍，愛好攝影，自己的哥們兒還在外面「練攤兒」，七八年剛剛開始改革開放，許多腦筋靈活不怕吃苦的青年，開始從深圳沙頭角、廣州等地向內地倒騰服裝、電子錶、化妝品、口紅什麼的，我們管他們叫「倒兒爺」。那些服裝樣式新穎，價格便宜，銷路特好。小謝不僅教我們業務，給我推薦好書，還不時帶點便宜貨來，我們關係也很好。我記得小謝給我推薦了戴厚英的《人啊人》，我印象深刻，後來還陸續借給我一些被當時稱為「傷痕文學」的在市面上找不到的書。我就這樣白天、晚上不間斷地看啊看啊。突然有一天，我眼前一片黑，不僅頭痛欲裂，看什麼都看不清了……我趕緊去了同仁醫院，原來是眼睛疲勞過度，神經性頭痛導致。我又開始大把大把地吃穀維素、去痛片，看書的速度也放慢了下來，這才使眼睛慢慢恢

復。當小謝知道我想留在圖書館後勸我：「幹嘛在這兒幹？清水衙門，每月掙不了多少錢，福利待遇還特低，趁早別在這兒耽誤自己！」可我就是喜歡這裡的工作，一門心思地想留下來，幻想著自己能成為這裡的正式職工。和我們一起工作的，還有一個年輕的圖書管理員，他很憂鬱內向，一天也不說一句話，似乎生活得很沉重，大家聊天兒，他從不介入，我有問題問到他，他不僅不回答，頭也不抬一下，我很害怕他。不久他就自殺了，我印象中他也就二十七八歲的樣子，好可惜啊！

　　大約過了兩三個月吧，終於有一天，圖書館的一個負責人找到我，跟我說：「老師們對你評價都很高，也都希望你留下來，可是圖書館是事業編制，名額在區裡控制，如果你有門路帶編制來，我們歡迎你。」我明確表示沒門路，那位負責人遺憾地說：「你如果總幹臨時工，我們就太對不起你了，還是抓緊找一份正式工作吧！」就這樣，在滿懷希望幹了一段時間一天八角錢的臨時工後，我黯然離開了東城圖書館，告別了那些可親可敬的老師們和同事們，重又踏上新的求職之路。

我的第一份正式工作——賣大山楂丸的日子

　　從圖書館回到家，我開始反思：為什麼鋤頭都扛得，卻不能進服務行業？為什麼別人能當八大員而我就當不得？明知不可為而為之，豈不是和自己較勁？不管自己內心有多少不甘，我還是決定聽天由命，不能再企盼什麼，還是腳踏實地，服從分配吧！這樣想了以後，心總算平靜下來。我又回到知青學習小組，繼續「提高思想認識」，等待分配。

　　那時我的生活確實很艱難，因為母親還沒退休，幫不上我什麼忙。我每天騎一個二十四型小自行車接送兒子，還要自己做飯、幹家

務。搞衛生、洗衣服我還可以，飯我是橫豎不做的。每天下午五點鐘
我到托兒所接上兒子後就在外面糖豆、大酸棗的亂買，兒子跟著我冷
一口、熱一口地胡吃，原本白胖胖的兒子，幾個月就讓我「飼養」成
小猴兒崽子了。而且在經濟上我從來是有今天沒明天，有時候到月底
一看，明天母親該發工資了，D也該寄錢來了，我手裡還有幾元錢，
我就把兒子一抱：「走，媽媽給你買好吃的去。」直到花得一分錢不
剩才肯回家。因為我家住平房，是獨自的一個小跨院，院裡有一棵棗
樹、一棵柳樹，遇到風雨天，外面樹影搖曳「刷啦啦」亂響很是怕
人。這一年的清明節，我的親娘大概沒時間去天津給姥姥掃墓，她老
人家居然在我家院子裡給姥姥燒開了紙。燒紙時是晚上我本就有些害
怕，燒完紙她老人家又不管不顧地走了（忘記她上弟弟還是姐姐家
了）。這天夜裡姥姥來了，姥姥還是那麼和藹可親，說話還是那麼慢
條斯理兒，她推開門，笑嘻嘻地說：「誰在這兒哪？」我頓時驚出一
身冷汗，一下子坐了起來。隨即我聽見外屋桌椅板凳「嘩啦啦」一陣
響，姥姥也像一縷清風一下子沒影了。姥姥是我最愛的人，我本不該
害怕，可當時我卻寒毛倒豎，腦袋都大了。我緊緊地抱著兒子，大氣
兒也不敢出，就這樣一直坐到大天亮。事後我告訴母親，沒想到母親
全然不考慮我的感受，甚至說：「姥姥那麼疼你，怕誰你也不該怕姥
姥啊！」我愕然，無話可說。

　　還有一次，兒子發燒了，一大早我抱著兒子乘公交車去東單三
條兒童醫院。因為恰好是上班高峰，等車的人太多，我抱著兒子好容
易擠上車門，還沒跨上臺階，後面一個小夥子大概急著上班，一把把
我拉下來，他上去了。我氣極了，把兒子往地上一放，掄圓了拳頭朝
他後背（車太擠，門關不上）一拳拳狠狠打了過去，一邊打一邊「壞
蛋！流氓」地亂罵。因為我的舉動太出人意料，連我自己都沒料到，
也大概因為我的瘋狂嚇壞了車上的小夥子，總之，小夥子並沒下來和

我理論勦粗，倒是車上車下的人都樂彎了腰。

　　那時平房燒煤氣罐，換煤氣罐對我來說是一大難事。每到沒有煤氣了，我就用一個小車推著空罐到煤氣站去換。工作人員在煤氣本上蓋上章收了錢，把舊罐收了，就讓我上一米多高的臺子上把灌滿氣的罐子自己搬下來。我不知道滿罐煤氣有多少公斤，但每次我都恨不得頭朝下跟煤氣罐一起栽下來，而賣煤氣的人誰也不肯上來幫一把。這興許就是計劃經濟時期服務行業的通病，賣貨的是買貨的祖宗，別說服務意識，就連最起碼的職業道德都談不上。

藥店學徒

　　這一年的秋天，我們終於分配了，我記得有上海餐館，有副食品商店，有土特產商店，有玻璃店、藥店等等許多服務行業的單位，我跟母親說：「您不是認識區委的蔡展阿姨嗎，讓她跟勞動局說說，反正都是八大員，讓我去藥店賣藥得了，還有點技術含量。」母親去找了蔡展阿姨，於是我被分配到了東四北大街的紅日藥店（後恢復老名宏仁堂，現成了永安堂連鎖藥店），從此我成了一名藥店職工，我戲稱自己是賣大山楂丸的。

　　和我一起分到藥店的有七八個人，其中只有我和一個姚姓女生是下鄉回來的知青，其餘都是北京應屆高中生。藥店員工大約三四十人，來源有三部分：其中五十多歲的老藥工都是解放前就在藥店學徒，雖沒什麼文化，但有豐富的實踐經驗，對每味中草藥治什麼、每種中成藥的成分都有什麼倒背如流，幾個老師傅看起病來真一點不比中醫大夫遜色。第二部分三四十歲，都是「文革」前後分配來的北京的社會青年及各屆畢業生。第三部分就是我們這一撥兒人。藥店的經

理，書記名叫劉世賢，三河縣人，不知為什麼，當時的老藥工都是三河人，就像解放前三河縣出老媽子（保姆）一樣，三河縣還出藥工。從這一天起，我穿上了白大褂，開始了我的賣藥生涯。

　　紅日藥店還有個分店，在東四八條口上。藥店前臺門臉兒有丸散組、飲片組，後店有庫房、加工製藥和中藥代煎。沒有培訓也沒有學習，我們就全部分到飲片組了，飲片就是草藥，在草藥組有師傅帶著邊抓藥邊認藥，從幹中學，從學中幹，一年年下來，慢慢從學徒熬成師傅，這就是這一行業的慣例。新學員的工資是每月二十八元錢，我雖然有十年工齡，但進了藥店和應屆學徒工一樣「享受」這個待遇。我當時並沒覺得不平衡，因為千萬個和我一同返城的青年都同樣命運，我能有正式工作就很知足了。

　　我在飲片組學徒僅一個星期，還沒抓過藥，剛剛學會包一副副中草藥包，我就被告知，丸散組的兩位老師傅點名要我調過去，理由是我踏實穩重有文化，讓顧客看著放心。丸散組是直接和顧客打交道的，要具備「問病吃藥」的本事，大部分顧客不直接買藥，而是告訴你他有什麼症狀，讓你介紹對症的藥給他，因此是有很大責任的。丸散組點名要我的師傅一名姓張，叫張士儀，五十多歲；一名叫劉茂林已七十多歲快八十了，也算鎮店之寶了，因此店裡始終不肯讓他退休，一直留用，是店裡的大腕兒。張師傅出身不好，不准公開帶徒弟，而我和兩名十七八歲的應屆生焦吉琴、朱燕雲就成了店裡唯一和劉茂林簽約的入室弟子了，這在店裡也算一件大事。周圍群眾買藥都找劉師傅、張師傅，兩位師傅選中我，我當然倍感榮幸，但有得必有失，一是我馬上遭到一部分老員工的白眼：「我們都抓了幾年藥了，還沒怎麼樣，你才來一星期就進丸散部，太不公平了！」由此一直和我關係不睦。二是因為我沒在飲片學過徒，所以雖在藥店待過，但不認識中草藥，不會識別，這是令我非常遺憾的一件事。

　　張師傅雖不是我名正言順的師傅，但教我很用心，除了讓我記中成藥的分類、擺放位置、藥價外，讓我沒事時把中成藥的藥方主治、禁忌等等逐一背下來，並在他們賣藥時，看他怎麼解決顧客的問病吃藥。他也經常在櫃臺前隨機考我，看我解答得對不對。劉師傅年齡大，不太主動教，我就認真聽。每次他答覆完顧客，我就問他為什麼，他就會耐心地講給我聽。關於中醫的四診合參、望聞問切怎麼回事，對病人察顏觀色應略知一二的基本常識，兩位師傅都不時地講給我聽。劉師傅雖七十多歲，但滿面紅光，身板筆直，思維敏捷。我問他養生的祕訣，他說：家有父母包辦的恩愛小腳賢妻，從沒氣生。二是每天八小時工作，生活規律。三是每天清晨一大藍邊碗白糖水，晚一杯十全大補酒，多少年沒間斷過。劉師傅是有名的嚴師，要求我們非常嚴格，批評人不留情面，大家都怕他，外號「老警察」。我們站櫃臺，前不准趴，後不准靠，更不准坐下。一天八小時下來，累得腿腳都腫了。除此以外，收款不准手心朝上向顧客要錢，不准聊天交頭接耳。對待顧客，劉師傅說，那是衣食父母，不能慢怠。總之，清規戒律非常多。但我們仨徒弟特別爭氣，不僅學習用心，事事都幹在頭裡。我就不用說了，三十多歲的人了，又在兵團鍛鍊過，不用師傅發話，處處模範帶頭；焦吉琴性格潑辣，手腳麻利，腦子聰明，搞衛生、盤庫、換價簽不用師傅動嘴，全做得妥妥貼貼。朱燕雲是那種非常安靜、乖巧，說話慢聲細語，特別容易與顧客溝通的人。這一年的年底，我們四人被評為模範師徒，店裡開了表彰會，我寫了發言稿，朱燕雲代表師徒四人發言（實際張師傅功不可沒，可惜出身不好，沒有名分），我們還每人得到一對枕巾做獎勵！

　　夏天，為了方便群眾，增加營業額，我們還得「出攤兒」──就是每天派出幾組人蹬著平板三輪車走街串巷去賣暑藥、賣蚊香，而且

出攤兒的都是我們丸散組的人。這下我可犯了難，要是碰到同學、熟人怎麼辦？知道我混了十多年混一賣大山楂丸的多丟人！沒辦法，輪到我出攤兒捏著鼻子也得去呀。一天我和小焦，忘了還有誰，一起出發了。怕人認出我，我戴一海個兒大草帽，小焦蹬上平板三輪車，我們騎上自行車。小焦問我：「姐，咱上哪兒？」我說：「東大橋！」心裡說：「越遠越好，頂好去通縣。」到了東大橋，我們選在公交車總站一個人多的地方（為的是多賣錢），小焦大呼小叫地吆喝開了，我則低頭忙乎著賣蚊香、賣暑藥。真是怕什麼來什麼，忽然我的帽子被人一把掀掉：「嘿，我說老同學，我跟旁邊端詳你半天兒了，你怎麼混得擺地攤賣大力丸了？」原來碰到了中學同學，聽她一驚一乍地嚷嚷，旁邊的人都齊刷刷看我，讓我好不尷尬……

　　為提高知名度，我們藥店還請來一坐堂大夫，姓尉。年紀約有六七十歲，瘦瘦的、弱弱的，弓著背戴一副黑邊眼鏡，整個兒一四川大邑縣「萬惡地主劉文彩」（這是當年對我們進行階級教育中一反面典型）。初來幾天，沒有人掛號，店裡人也沒人和他說話，我主動搭訕著和他聊天，才知他有些來歷。解放前他就行醫，有兩個老婆，解放後公私合營，他沒能進醫院，因為醫術高，一直被各藥店請來請去當坐堂大夫，應該算自由職業者吧。他說：「我這個成分進不了醫院，當坐堂大夫憑本事吃飯，掙的是掛號費，只要病人多，溫飽是不成問題的。」我說：「我給你寫個介紹怎麼樣，放藥店門口宣傳宣傳。」不料他一口拒絕，說醫生不能自吹自擂，要靠醫術，口碑好，口口相傳，慢慢病人會不請自來，酒香不怕巷子深嘛！由此我對他生出幾分尊敬。果不其然，不知不覺間，他的病人越來越多，藥店裡的職工也都請他看病。有一次，我兒子發高燒始終不退，我哭著打電話給他，他馬上從店裡趕到我家，沒想到一副藥下肚，半夜兒子的燒就退了，真乃神醫也。我和尉大夫私交很好，總愛和他開玩笑，有一次

我問他：「尉大夫，你有兩個老婆，你怎麼和她們相處啊，你得特狡猾才能應付得了吧！」他笑而不答。

我有一個好習慣，愛整潔，愛收拾屋子，因此一看到店堂地面不乾淨，我就拿掃帚去掃，一天要在眾目睽睽之下打掃好幾遍店堂。看到對面飲片組方劑多，忙不過來，只要師傅同意，我就過去幫忙包藥捆包。開始一些人接受不了，以為我假積極有什麼個人目的，經常挖苦我，日子長了，大夥瞭解了我的為人，也就習以為常了，還給我起了一個善意的外號「掃帚大叔」——這是當時放映的一個朝鮮電影裡的人物，而這個外號一直跟到我離開藥店。

我的筆名叫梔子

藥店的經理、書記劉世賢，有點家長作風，在店裡一人說了算，大家都叫他「劉頭兒」。劉頭兒當時四十多歲，個子不高，白白胖胖，三河縣人，他是介於老藥工和新職工中間承上啟下的人物。我之所以寫他，是因為我很佩服他，他雖然文化程度不高，但思想活躍，有經濟頭腦，銳意改革，很能代表七十年代末、八十年代初一批渴望衝破思想禁錮的人。

我剛進店時，對劉頭兒沒什麼好印象，覺得他很左，說話辦事形式主義多。特別是對年輕的店員們，動不動上綱上線，很難讓人接受。但他腦筋閒不住，不斷有新點子問世。我們進店時，他已在店裡搞了技術革新小組，鼓搗成功了機器抓藥，好像還拍了紀錄片，其轟動效應餘熱未散，偶爾還有人來訪，但很快黃瓜菜就涼了，大約是勞動力充足，機器抓藥沒什麼實際意義吧，慢慢就無聲無息了。但從這件事可以看到劉頭兒腦子多聰明。他特別善於抓經驗、樹典型，總想

讓自己經營的藥店與眾不同。我的到來使得他多了個幫手，他有了新思路就讓我給寫材料。

　　我記得寫第一篇經驗介紹是店裡如何開展政治思想工作，抓階級鬥爭，教育青年反修、防修之類的，內容無非是誰愛打扮、資產階級思想、領導教育改過自新等等。我對他說：「你讓我寫沒問題，但您的觀念已經太落伍了，有些觀點都該批判了，就怕您發完言沒成了先進倒成了靶子。」他很吃驚我這麼敢說話，但礙於面子他堅持要寫，我只好給他對付了一篇。以後他又讓寫些個人典型材料啊、計畫生育先進材料啊，反正他老有想法。自從多了我這個搞宣傳的出身，估計劉頭兒在總公司沒少出彩。因為老寫材料，老討論，他慢慢在我面前不再擺官架子，而且很尊重我的意見，雖然我在店裡什麼也不是，連個小組長都沒混上。有一次，我們又一起討論怎樣才能把藥店經營出特色來，他很無奈，說上邊管得太緊，統得過死，想幹什麼也幹不起來。我提議：「咱們給《人民日報》投個稿怎麼樣，你把問題

在藥店工作期間，帶著兒子在頤和園公園。

羅列出來，我負責寫。」他說：「捅婁子咋辦？」我說：「咱是想辦好藥店，又沒想幹別的，我以個人名義寫，總公司真怪罪下來，你出面抹下稀泥不就得了！」他很興奮，於是我以《請給基層商店一點經營自主權》為標題，寫了一篇稿子，內容是醫藥總公司統購統銷，一家有的藥家家都有，一家沒有的藥家家都沒有，明明有些藥品並不緊俏，但因為進貨渠道單一，統得過死，所以難以應對市場需求。我還為自己取了筆名「梔子」，中藥裡「梔子涼心腎鼻衄最宜」。我對劉頭說：「咱給當頭兒的敗敗火，讓他們明白明白。」劉頭樂得前仰後合。沒過幾天，《人民日報》就來人了，說準備登，核實一下情況。黨報來人了，這在我們藥店引起了轟動，劉頭兒親自接待，聊得熱火朝天。編輯一再說：「問題抓得準、抓得好，很有針對性，有現實意義。」不但登了，又讓我寫了一篇反響之類的文章。雖給刪成了豆腐塊兒，但一連在黨報登了兩次稿，在當時也很不容易。這下劉頭兒對我更加刮目相看。更有意思的是，站櫃臺時，大夥兒跟我逗：「你幹嘛不叫全蠍或者僵蠶，大涼！」我說：「太涼了也不行，頭兒們該呆傻了！」

八〇年下半年吧，我有幸脫產半年進入區藥材公司主辦的、以學習中醫中藥為內容的「七二一」大學進修學習，老師是由本系統有實踐經驗又有理論水平的老師傅擔任，學習內容也很豐富，包括人體的穴位、陰陽平衡、藥物藥理、辯證施治等等，很實用。我記得我們整天搖頭晃腦地背：「霍香正氣大腹蘇，甘橘陳苓厚樸竹……」「合歡味甘，利人心志，安肝明目，快樂無慮。」「檳榔辛溫，破氣殺蟲，祛痰逐水，專除後重。」

第八章　D的輾轉返城之路

原以為一九七八年大批知青都回城了，D回城應該不難：北京知青，北京媳婦，父母也落實政策回到北京，無論憑哪一條，D回京應是順理成章的事。可誰知大興安嶺一別，我們竟兩地分居達七年之久，而D的返城之路也相當艱難曲折，哎，讓我欲說還休，欲說還休……

　　大約是七九年吧，D的父親單位落實政策：倘若身邊無子女，可以調回北京一個。因為當時老倆口的四個子女都在外地：老大夫婦在河北平泉教書，老二D亦仍在大興安嶺，老三從大興安嶺上了大學，畢業後留在佳木斯，女兒女婿在大興安嶺農村插隊。那時正是我最困難的時候，兒子尚小，我一個人帶孩子還要天天站櫃臺，掙錢又少，每月才二十八元錢，我多希望D早一天回到北京，幫我分擔一下啊。可D的父親卻沒和我商量，甚至沒透一點口風，就把老三從佳木斯調回了北京。我知道後雖然很寒心，但我什麼也沒說，這是人家的家事，父母有權決定。況老三最小，又是單身，父母偏疼他也在情理之中。可我怎麼辦呢？萬般無奈之下，還得求助於我的娘家人。

　　姐姐一直是最心疼我的人，她那時在三河縣燕郊中學教物理，她跟我說：「D直接回北京怕是沒戲了，乾脆先上三河縣來教書吧，他是名校老高二學生，又在農場當過老師，現在教師奇缺，讓我來想想辦法。」我當然求之不得，因為三河縣離北京百十多里地之遙，總比大興安嶺天遠地遠要好得多。於是姐姐開始利用關係、利用業餘時間跑三河縣的教育局、縣政府的文教辦等等……

那時姐姐在三河縣教書也有十年了，她和姐夫也兩地分居，本來她正在為自己調回北京做努力，這下可好，縣文教局有話了：「寫個保證吧，保證你三年不回北京就給你辦你妹夫。」姐姐二話不說就同意了，她跟縣裡開玩笑：「跑了這麼久，我不但沒走成，還給你們輸送一名物理教師。」（D在甘河農場時也擔任物理教師）

記得那一年的冬天，我和姐姐去三河縣城縣長家，好像是請他在商調函上簽字之類。我咬咬牙，花八元錢買了一瓶貴州茅臺酒，不知還帶了什麼，無非是麥乳精、大白兔奶糖之類。因為暈車，我還為自己買了泡泡糖。從朝陽門上汽車後，我不顧體統地在車前方搶占了坐位，車一邊走，我一邊若有所思看著窗外吹泡泡糖。我的對面坐著一個鄉下老漢和一個鄉下小妞，許是來北京串親戚或買東西吧！因為我吹泡泡糖技能高超，那大泡吹得遮住半邊臉，還常常粘住鼻子，把座位對面一老一小看得目瞪口呆。那老漢一定在想：「哪裡來的女妖，嘴裡還會吐泡泡……」

更有意思的是：不知怎麼那酒恐怕瓶蓋包裝不嚴，酒香竟不管不顧地冒出來，瀰散在車中，好香好香啊，真是沁人心脾，令人饞涎欲滴……許多上車的人都循著酒香吸鼻子：好酒！好酒！……

那天好冷好冷啊，特別是心裡的感覺一點不比東北差。在嚴寒中倒了兩次車，坐了差不多兩個多小時汽車後，又「逆風千里」踽踽而行。我和姐姐穿著棉猴兒，圍著拉毛圍巾，抱著這「貴重」禮物，為了把D調得離北京近一點，在北風呼嘯中艱難「挺進」。我心裡想，我受罪是活該倒楣，這是我自己的選擇，可我還拖累著姐姐，姐姐招誰惹誰了？

一九八〇年，在我返城兩年之後，D終於也離開了大興安嶺調入了河北省三河縣高樓中學，這一年，是他離開北京下鄉的第十三個年頭。

與D在三河縣D所任教的中學合影。

近距離兩地奔波的生活

　　不管怎樣，D在我回京兩年之後就調入河北省，全家人還是很慶幸的，雖然以延遲三年姐姐回京時間為代價，但姐姐說：「為了俺妹子兒，這犧牲，值！」

　　從此，我們開始了「近距離兩地奔波的生活」。

　　D那時很辛苦，每半月回京一次，他和同在北京住家的一個朱姓老師在每隔半月的週六下午下課後結伴騎自行車回家（那時還沒有雙休日）。週日晚無論多晚，也一定要趕回學校，因為週一要給孩子們上課。冬天時，遇到颳風，他和朱老師會一手扶自行車把，一手拉著

隨身而過的三個輪子的拉貨摩托車，靠大車的拉力拖著走一段，一來快，二來省勁兒。現在想想，多危險啊，這不是玩命兒嗎？可是如果坐公交車，會有很長一段路沒有交通工具，況那時掙錢少，能省一點是一點，所以，騎車回北京是唯一的選擇。

那時我和哥哥都從外地回到北京（哥哥比我晚回京二年多），且都沒有房子，母親的三間北房，靠西邊的一間我們一家三口住，靠東邊的一間哥哥一家四口住，若母親回來只好住中間的一間房，一共三十多平米的房子，一下子要住八口人，得有多擁擠？幸虧我家有個小跨院，廚房也在院子裡，所以我記憶中除冬天外，小院兒就是我們全家的活動空間。

D兩週回一次家，到家已很晚，星期天又有幹不完的活兒，即便如此，我們仍很快樂。D會做飯，他在家週日我和兒子可以改善伙食，飯做好了，在小院兒裡放一張小炕桌，無論吃什麼，兒子都津津有味，因為又笨又懶的媽媽從不好好給兒子做頓飯吃。偶爾我和D也會帶兒子去附近的公園玩一會兒，但這種時候太少了，一般情況下，

八十年代初，D在河北三河縣教書期間所照。

週日下午D就得騎車返校了。因為在家時間少，時間很珍貴，我們一家三口比起在大興安嶺一起生活的日子反倒更覺甜蜜。

因為回北京的時間不長，所以大興安嶺的同事、兵團戰友、舊時同學朋友，都會不時來家裡看望、串門兒，提起北竹桿四十二號小院，沒有朋友不知道的。那時我們還沒有錢買洗衣機、電冰箱，為了解決洗衣問題，我花五十元錢託人從「二三九」廠買了一臺手搖洗衣機，橢圓形，紅色，放上熱水、洗衣粉和髒衣服，然後我坐著小板凳，像延安老區紡線似的，用手搖啊搖，也還別說，洗過的衣服滿乾淨的。有一天我正坐在小院兒裡，邊唱歌兒邊搖著洗衣機洗得歡勢，我的兵團戰友們來了，大家一看都愣住了，旋即問我：「你這是幹嘛呢？又出什麼洋相？」我說：「洗衣服呀！」他們笑出了眼淚，說：「以為你回北京找不到工作，改崩爆米花兒了。」

有一次兒子病了，發高燒，看了醫生也不見好，我急得半死，剛好到週末了，D一進門，我如見救星，心想，孩子爸爸回來了，我總算有了主心骨。可短短一天，能管多大事兒呀，第二天下午，D又要趕路了，我為難得不行：不讓D走吧，幾十名學生就放了羊（他是班主任）；讓他走吧，我真的有點撐不住了的感覺。我說不出話，只是不停地流淚⋯⋯D咬咬牙，給學校打了長途電話，晚走了一天，而那也是我記憶中D僅有的一次請假。

這樣的日子過了一年多，後來我覺得D太辛苦了，我婚後第一次去找了D的父親（這也是我一生中僅有的一次），我厚著臉皮開了口，請他給D買一輛「輕騎」[1]。一輛輕騎要四百多元人民幣，我們自己買不起，我知道老倆口也不富裕，但落實政策後，單位補發了他工資，為兒子買輛車總還是可以的。D的父親爽快地答應了，從此D往

---

[1] 即摩托車。

返於北京與三河之間，騎上了濟南產的輕騎，與騎自行車時相比，真是輕鬆便捷多了。

　　有一年的冬天二姨從新疆來北京，住在北竹桿胡同的老宅，那是一個下著雪的夜晚，一家人正圍著火爐子聊天兒，我聽到後窗外馬達的聲音，興奮地說：「貝貝，你爸爸回來了！」幾分鐘後，D似一大雪山似地進了家門（他一米八二的大個頭），二姨邊用掃帚幫D打掃身上的雪，邊嗔怪地說：「瞧瞧咱家小蘊這點出息，人還沒到，她耳朵倒先豎起來了，還真是應了那句話，心有靈犀一點通啊！」其實二姨哪裡知道，那輕騎的馬達聲不是早就告訴了我一切嗎？

兒子成了小黑人兒

　　我回北京是按病退回來的，婚姻一欄我根本沒敢填，就這樣冒著被退回的風險忐忑不安地回到北京。自己還不保，哪敢讓兒子隨遷戶口，因此，從進京那天開始，兒子在北京就成了沒有戶籍的小黑人兒……

　　還好，小黑人兒的命不錯，貴人多，無論是上托兒所、幼稚園還是上小學，人們都同情我的小黑人兒，沒有太難為過我們娘兒倆。再說當時這樣的情況也不止我一人，儘管如此，對周圍的人我還是心懷感激……

　　轉眼間兒子上小學了，兒子上學以後，我的負擔更重了，他下學早，沒人管，在街上瘋跑，我上班又不能遲到早退，因為沒人管，我兒子在學校總是淘氣、闖禍，我被老師「請家長」也成了家常便飯。

　　兒子在新鮮胡同小學讀書（哈哈，有幸成為臺灣作家李敖的校友）。每次開家長會，家長都被要求坐在自己孩子的座位上。我兒

七十年代末，北京待業期間，帶兒子去什剎海留影。

子的課桌被他拿小刀刻得亂七八糟，課桌裡塞滿了被鉛筆粉弄污了的課本和捲成卷兒的筆記本、紙張等等。開家長會我常被老師訓斥得沒鼻子、沒臉的，老師還曾當著眾家長的面讓我給兒子收拾課桌，埋汰我。想我這麼要強愛面子一人，為了兒子也不得不忍氣吞聲：隨你老師怎麼發脾氣，我從不辯解還嘴。咱兒子連戶口都沒有，你有什麼資格嘴硬？有一次我讓老師挖苦得面子上實在過不去，怕其他家長看見，出得校門躲進公廁，狠狠哭了一場……可我卻很少責備兒子，母親怪我對兒子「似愛之虐」，我也不以為意，因為對兒子，我內心充滿愧疚。爸爸媽媽沒本事，都三十多歲了，還在打拚生活，連戶口、房子都沒有，生了兒子可又沒能力給兒子一個安定的生活和學習環境，甚至沒給兒子一個好身體，如此爹娘，真該自己抽自己嘴巴，哪有資格責備兒

子！記得有一次我給新疆強表弟寫信，曾寫了一首打油詩，雖是說笑，但很好地反映了我當時的心境：

> 吾兒若陽，娘的心腸，細腳伶仃，風吹搖晃，
> 喜餐瓜果，不進食糧，缺心少肺，愛耍槍棒，
> 惹是生非，興風作浪，不喜讀書，整日妄想，
> 或去少林，當個和尚，一身武藝，不入刀槍。
> 或當俠客，騎馬挎槍，好漢佐羅，是其榜樣，
> 其娘溺愛，教子無方，其父「後爹」，鐵石心腸。
> 可憐吾兒，無好爹娘。小小年紀，艱難成長。
> 寫至此處，涕淚自淌，兒無過錯，爹娘混賬，
> 誤己子弟，喪盡天良，歃血為盟，棄暗投光，
> 爹娘分工，教育若陽，節制瓜果，多吃脂肪，
> 諄諄善誘，切忌棍棒，學習進步，身體長胖，
> 三好學生，來年爭當，諸君不信，來年觀光，
> 吾兒貌美，吾兒體壯，吾兒才高，德才兼旺，
> 寫至此處，不覺情忘，喜不自禁，眉眼飛揚。
> 嗚呼哀哉，來日方長，此曲終矣，下次再唱！

那時因為和哥哥家擠住在同一個屋簷下，他有一兒一女，比我更困難，可是我們因為都是「文革」中在外地漂泊了十年後又回到北京，因此倒並不以此為苦，都很樂觀。

我和哥哥各自買了一個九吋黑白小電視，晚上各自看各自的，但聲音是隔不斷的，我的兒子在這樣亂糟糟的環境下寫作業，大人都做不到專心，何況他乎！更讓人無可奈何的是：我哥嫂都是「高級知識分子」，這是我給的「封號」，因為他們畢竟是「文革」前的大學

生，現在又都憑本事從外地考回本校郵電學院當「回爐生」，令我好生羨慕。到底是文化人，他們的所作所為我還真看不懂，有一天深更半夜，我們這一廂都入夢了，他們那一廂我賢嫂卻唱起了《國際歌》，我睡眼惺忪爬起來去看是不是我嫂子吃錯藥了？細問才知：二位賢伉儷正在看足球賽，不知是誰贏了還是輸了，我賢嫂激動得竟不管不顧地唱起了《國際歌》，哏兒吧，可這就是我們當時的生存狀態，真趕上電影《七十二家房客》了，這一切連我都哭笑不得，怎能責怪兒子呢？

　　記得那是一個夏天的黃昏，我下班正在院裡忙著做飯，只聽街上亂烘烘地吵鬧，裡院白大媽喊我：「二姑娘，二姑娘，快出來吧，你兒子讓車撞了……」我耳朵「嗡」的一聲，頭都大了，扔下鍋鏟就往門外跑，見賢嫂正在和人理論誰的責任。我二話不說，抱起兒子，拉上騎車撞我兒子的人：「走，先陪我上醫院給我兒子拍片子，看有沒腦震盪，其餘咱上派出所解決。」因為兒子並沒見外傷，只是滿身滿臉的泥，哇哇地大哭。那撞人的大老爺們兒，見我不像「善荐兒」（他後來自己說的），居然二話不說，騎車駄上我們娘兒倆就去了陸軍總院，拍了片子後沒見異常，他和我都長長舒了一口氣。我批評他：「小胡同裡孩子們那麼多，你怎麼能騎快車？多危險，出事就是大事，你擔得起嗎？這次算你僥倖，吸取教訓吧！」見我沒和他吵架，也沒讓他付拍片子費用，他滿臉討好地說：「您厲害，可您講理，我沒話可說，可剛才那位女同志，不知您什麼人，明明她的責任，沒照顧好您兒子。」當時我嫂子帶著她女兒可可和我兒子貝貝一起在大街上玩。我打斷那男人的話：「那是我的家事，不用您多管。」他諾諾地向我道歉，還要送我回家，被我拒絕了。當然為了撫慰我倒霉的兒子，我只好帶上他在街上糖豆兒、大酸棗地吃了一通。

　　還有一次，我正在上班，鄰居來電話：「二姑娘，快回家吧，你兒子摔了……」我連問都沒問一聲，騎上車就往家飛奔，我家離單位也

就十分鐘的路，這次更乾脆，我索性邊騎著車邊哇哇大哭。我這人心理素質極差，擔不起事兒，沉不住氣，唯一的法寶就是哭，估計這一生的眼淚成不了河也可以成一條小溪了。有時也想，若我不是愛哭，及時發洩，或許我老人家早就憋屈死，活不到今天了⋯⋯到家一看，兒子從自家搭的一個乒乓球臺子上往下跳，大頭兒朝下，摔破了頭，滿臉都是血。我一邊哭一邊抱上他往外跑，迎面碰上下班回來的哥哥。他立馬兒馱上我們娘兒倆，又奔了陸軍總院，那是離我家最近的一個軍醫院。可氣的是我兒子，自己不但沒哭，還安慰我：「媽媽我沒事兒，不疼。」他這一說，我哭得更歡了，鼻涕、眼淚流了一前襟兒。到醫院一看，真還沒大事，雖滿臉是血，傷口並不深，磕破的只是層皮兒，醫生給上了藥，貼上紗布，連縫也沒縫，就給我們打發了。回家的路上我破涕為笑：「貝貝，你是不是全班最淘氣的孩子？」兒子大言不慚：「不是，我後邊還有三個⋯⋯」「你天天生事兒不好好學習，長大沒本事只好去賣冰棍兒。」不料兒子特高興：「那太好了，我就愛吃冰棍兒。」想想看對著這麼一個愚頑無比的還補著補丁的小腦殼兒，我能有什麼辦法！

⋯⋯

諸位看客，這樣的日子，您看我還撐得下去嗎？再堅強我也剛過三十歲呀。萬般無奈，我和D商量，乾脆讓兒子去三河縣讀書算了，D當老師，時間比我充裕得多，不然早晚得出大事兒。

就這樣，我們這一對糊塗爹娘竟然把兒子從首都轉學到了河北省三河縣，爸爸在高樓中學教書，兒子在高樓小學上學，父子倆在三河縣「安營紮寨」了。可是好景不長，隨之而來的是新的矛盾又出現了，那就是高樓小學離中學很遠，大人步行還要半小時，小孩子就得走四五十分鐘。而且農村學校上課早，兒子每天六點多就出發了，在坑坑窪窪的土路上深一腳淺一腳地上學去，雖說有同伴兒，還是令我心疼，他還太小啊。再就是每兩週的回京一次，兒子願意回北京度週末，可乘汽車又

八十年代初，D在河北三河縣教書期間，假日一家三口在北京照。

暈車，每次回家都吐得一塌糊塗，坐輕騎後座上又太危險了，真是太可憐了。更重要的因素還是河北省的小學課本與教學進度與北京不同軌，河北省當時小學是五年制，而北京是六年制，教學質量也有差距，我此舉受到許多親朋好友的批評和質疑，認為我太輕率冒險了，會耽誤將來孩子升學，因此兒子在三河縣也就上了一學年後，無奈之下就又回到北京。

　　我家小黑人兒的戶口是在一九八五年在街道派出所片兒警盧增宇的幫助下遷入北京的，兒子戶口進京那一天，我摟著兒子又狠狠地流了一頓眼淚、鼻涕……

　　因為我和D的兩地分居，居無定所，我兒子小學先後轉了三所學校，幸虧兒子超聰明，心理素質又超強，雖然淘氣，但每到升學考試

都超常發揮，所以中學、高中都憑自己能力進了重點學校，並順利考入大學，這也許是上天對我的垂憐，否則我一生也不會原諒自己……

四處碰壁的日子

為了讓D早日回到北京，我們全家不得不都低下高貴的頭，四處求人，四處碰壁，這個中的辛酸和屈辱讓我好好地體會了一把人心叵測，世態炎涼的滋味，那可真是：求人難，難於上青天！

母親一個在街道辦事處工作的楊姓朋友出主意（那也是母親自我和弟弟下鄉後，長期跑我倆的返城問題認識的），讓母親去D的一個親戚家，讓她出具一個證明，證明D從小寄養在她家。母親的朋友說，有這個證明，她去幫忙想辦法，就不用母親管了。為了我這不爭氣的女兒，母親真還去了，不料碰了一鼻子灰，那親戚沒頭沒臉地訓斥了母親一頓說：「你這謊話編得嚇人，我是受黨培養教育多年的幹部，這種忙我絕對不能幫……」那時知青大批回城，只要有理由，有人幫忙，說謊的多了，大家彼此心照不宣……母親生氣地回到家，說：「要不是為你，我怎會屈尊上她家，受此窩囊氣！」我是個愛恨分明的人，除對母親的愧疚外，暗下決心：此生我絕不認這門親戚，不是因為她的拒絕，而是她冒犯了我尊貴的母親，而且我真的做到了。

那時候，中央、市屬各單位都成立了以安置返城知青為目的的勞動服務公司或三產[2]，特別是中央單位，權力很大。我認識一個阿姨，她先生就是中央單位的，她也曾在聊天中說過，有事情可以請她幫

---

[2]　分類上所謂的第三產業，即廣義的服務業。

忙。我這個「老九的兄弟」（老實），信以為真，有一天忽然想起了她，下班後居然就摸著門兒去了。我買了一桶精裝鐵罐的餅乾，敲開了她的家門。她當時正在刺繡，我實話實說，不料她非常冷淡，既不說幫忙也不說不幫忙，就那麼低著頭繡她的花兒，把我晾在了那兒，令我萬分尷尬，走也不是，留也不是，進退兩難，真恨不得有個地縫兒鑽進去。幸虧她先生回來了，大概看出了端倪，先是批評她：「來了客人不倒杯茶，只管低頭幹活兒，不像話！」又熱情地留我吃晚飯，我終於有了藉口，趕緊告辭，我逃也似地出了她的家門，望著華燈初上車水馬龍的大街，真想一頭撞死了事！

似以上那種蠢事我做過不止一次，碰了幾次釘子後才幡然悔悟，我灰心了，同時也死心了，我告誡自己：不要有太高的慾望，D已調到三河縣，離北京不太遠，已屬不易，應該知足了。還有多少在邊疆結婚了的知青，夫妻雙雙都還在鄉下回不了城的！我想起了普希金童話《漁夫和金魚的故事》，我可不想學那慾望無止境的可惡老太婆，還是腳踏實地，安心立命，就這樣生活吧！

再後來我離開了藥店，調入了區局機關，臨離開藥店時，藥店的劉頭兒知道我的困難，也明白我的心病，他沒有挽留我，只是說：「從你一來我就知道你心高，咱這兒廟小水淺，養不住你，得，人各有志，我就放你一馬吧！」不久劉頭兒也調走了，他因為幹得出色，被調到王府井百草藥店當一把手，那時已改革開放，他上任不久即親自到我局請我，並且一次不成再來一次，不厭其煩「三顧茅廬」說服我，讓我和他搭檔搞承包，他說：「咱師徒倆若甩開手腳幹一場，京城恐怕誰也不是咱對手。」當時社會環境寬鬆，企業正在改制，有膽識、有魄力、思想前衛的劉頭兒具備大幹一場的能力，但他缺個理解他、支持他，能和他一道拚搏一場的幫手……面對如此信任賞識我的劉頭兒，我厚著臉皮提出，除非他可以幫我解決後顧之憂——即D的

回京問題⋯⋯劉頭兒大失所望，黯然而退，我則慚愧萬分，俗話說：「士為知己者死。」可我卻為了一己之利，違了許多人的好心，痛失多次對事業發展有利的機會。哎哎⋯⋯命運如此，奈何，奈何⋯⋯

我在局機關工作期間，也曾向領導提出過申請，請求有機會解決兩地分居問題，但我局人事關係非常複雜，況我調過來時間也不長，這事兒也就一直拖下來無人理會了⋯⋯

有一年，從市政府政研室來了兩位掛職調研人員，一位掛職我局勞動服務公司副總經理，一位掛職我所在的科室的副科長，因為都是筆桿子，我又奉命和她們一起下街道，下企業，下剛剛興起的個體、私企搞調研，寫報告，天天一起探討形勢討論稿件，很快成了無話不談的好朋友。副總經理是高幹子弟，比我大一點，北方交大六八屆大學畢業生。她快言快語，沒心沒肺，什麼都敢「胡侃」。有一天她滿臉嚴肅地跟我說：「我說傻姐妹兒，就憑你這麼俊的臉蛋兒，這麼好的腰條兒，幹嘛一棵樹上吊死？麻利兒地跟你那位離了算了，我給你介紹一我圈兒裡的，保證比你那位強，還保證一說準成！」週末D從三河縣回到家，我和他開玩笑說：「我們勞服經理動員我跟你離婚呢。」沒想到D沒聽完就一下子翻了臉：「是，跟我離婚，跟他結婚！」看著他那惡狠狠的樣兒，我樂得喘不過氣兒：「經理是女的，我倒想和她結婚呢！」即便如此，D還是鐵青著臉兒半天兒沒理我⋯⋯

遲到的團聚

一九八五年，又是一個春夏之交，我們終於等來了政策：即知識青年兩地分居五年（七年）以上的，一方已在北京，另一方可以調入北京（我記不得檔號，也不記得更具體的內容，依稀如此吧）。我局

一個張姓副局長通知我的這個喜訊，他動員我：「就讓你愛人來咱局搞培訓吧，有了接收單位才可以辦理相關手續，這樣快些。」我是個主意大的人，我連考慮都沒考慮，一口回絕：不。因為夫妻同在一單位非常不便開展工作，且不好處理人事關係，這在我是有教訓的。況有了政策，找接收單位似乎並不難，許多人向我伸出援手。我局一辦公室主任老宋，幫我聯繫了教育局。D去面試，因為已在教師崗位教學多年，且寫得一手好字（板書曾獲得過廊坊地區一等獎），形象又好，一下子就被教育局選定，似乎連去哪個中學都定了，因為當時教師崗位有很大空缺，更缺少男性教師……一切都順風順水，讓我真有點雲裡霧裡，不知是不是在白日做夢。

那時D已考入河北省廊坊教育學院物理系上大學，我區人事局一領導勸我，中斷學業回京太可惜了，還是讓你愛人先把學上完了再說，反正有政策，畢業後再辦調轉也不遲。可我害怕政策有變，堅持馬上就辦。人事局的領導說：「要不要商量一下再說？」我固執地搖頭。我好怕這終於等來的機會丟掉了……

但就在調轉之前，又一個機會來了，那時國家經濟體制改革正如火如荼，某天某大型國企的一個幹部到我局辦事，我們隨便聊天，我順便打聽了一下他們公司情況，得知他們正在「招賢納士」，一下子動了心：進學校當老師固然好，但八十年代教師行業還很清貧，況且沒有住房，許多在教育戰線工作多年的老教師都解決不了住房問題。而我已回京七年，仍舊和哥哥一家擠在母親的老宅裡，這樣的日子何時是頭兒？生活已把我逼迫得再不「山花爛漫」而是很實際，我決定賭一把，讓D去這家公司應聘。我的想法沒有得到家人支持，因為我們當時是教師之家，姐姐姐夫、哥哥嫂子、D都是中學教師，大家都以此為榮。況改革開放畢竟是新事物，兄、姐、弟都含糊，誰知以後發展？太冒險了吧？最終還是我說服了家人，陪D去這家大公司應

|─一九八五年，D終於回到北京，一家三口團圓照。

聘，二十八層高大堂皇的現代化巧克力大廈[3]令人敬畏，但經歷過那麼多風風雨雨的我們倆卻並不膽怯，D不負我望，順利通過各項談話考核，一舉應聘成功，並被破例留在了人事部。後來他也是這家公司裡少數沒有家庭和社會背景的平民百姓子女，真正憑自己學識進入領導層的，當然這是後話。更應該感謝的是這公司的領導們，當他們得知D正在上大學尚未畢業，居然同意他先調入公司後再繼續上學，完成學業再來上班，這一方面說明企業領導不拘一格求賢若渴的心情，同時也反映這家公司領導的充滿人性化的管理方式……讓我一生感激不盡。

---

[3]　這裡指的是外觀顏色棕色。

　　一九八五年冬天，我們終於修成正果，D終於調回北京，這一年距他「上山下鄉」的一九六七年已經過去了十八個年頭，這一年，我們一家三口終獲團聚，而此時我們已兩地分居七年之久，我們的兒子也已經十歲了……

D回北京後，同遊北海公園。

第九章　求學記

記得小學時有一篇課文，名字叫《我要讀書》，作者是軍旅作家高玉寶。那篇文章大意是，他是貧雇農的孩子，從小給地主扛活，因為窮，沒有讀書的機會，他渴望學文化，渴望上學，但是萬惡的舊社會地主老財剝奪了他學習的權利，為此他寫了這篇文章。這是一篇感人至深的文章，讓我們對暗無天日、剝奪人基本的吃飯和讀書權利的舊社會深惡痛絕，教育了我們整整一代人。

　　誰想解放十七年後，這一幕重新上演，一九六六年七月，我們，正在上小學準備升中學、正在上中學準備讀大學的整整一代人同樣被剝奪了學習的權利。只不過剝奪我們讀書權利的不再是地主老財，而是文化大革命，是「上山下鄉」運動。

　　我從小沒什麼雄心壯志，也沒什麼既定目標：諸如當科學家啦、當工程師之類的理想，我只是想如同哥哥姐姐一樣，讀完中學按部就班讀大學。而且我想學中文、學歷史、學新聞……我甚至想好了我要報的大學：北大中文系或歷史系，人大新聞系，或者像姐姐一樣，報考北師大中文系，將來當中學教師（當然考得上與否還另當別論）。可是當我高中學得正歡勢，「文革」來臨了，猝不及防，不僅是我，而是所有在讀的初、高中學生全部失學，並再沒有升學的權利，我們被迫「上山下鄉」了……

一九七七年那次高考

記得在黑龍江生產建設兵團下鄉時，也曾有過回北京當教師的機會，有過當工農兵大學生被推薦的機會，但命運並沒青睞於我，我太普通、太一般了，既沒有過硬的事蹟，又沒有過硬的關係，所以眼看著知青戰友們一個個離開北大荒，我只能望洋興歎，獨自悵惘……

記不清是七四還是七五年秋天，大興安嶺農場局也有一次推薦工農兵學員上大學的機會。局機關的知識青年很少，北京知青更少，只有我和D兩個人。那次的學校是北京廣播學院，日後的中國傳媒大學，那是一所多讓我嚮往的大學啊。但我們倆都沒報名，D出身不好，父親是國民黨軍官，我則剛剛調到大興安嶺時間不長，我們的想法是，即使我們報了名，也沒戲，還是有點自知之明吧。但又一次失去上學的機會還是在我心中激起不小的波瀾，讓我難過了好一陣子。大興安嶺局這次被推薦上大學的是突泉知青張秋，六九屆的，她是黨員，出身又好又是團幹部，似乎無可指摘，但若干年後我們在北京見面，她說，當時她很忐忑，認為我是北京青年又是老高中，我若報名，應該「沒跑兒」，因為局裡想培養她當青年幹部，不想放她走……

四人幫倒臺後的一九七七年，喜訊傳來，自一九六六年「文革」以來，全國首次恢復高考。條件是：自願報名、單位推薦、擇優錄取（此優即考分高低）……那時我已結婚有了兒子，剛好帶兒子在北京探親。聞聽消息，趕緊給D打了長途電話，問他報名沒有，他說根本沒考慮：「我上學走了，你們倆怎麼辦？」我氣憤地在電話這頭兒大

聲嚷嚷，「你不上學，我們將來怎麼辦?!」掛上電話，我立即買了返城火車票，風風火火回到大興安嶺。

具體情節我記不清了，只記得因為錯過了機會，他跑東跑西求爺爺告奶奶補報了名，志願大都填的北京。旋即開始了玩兒命複習，因為那時已離考試沒幾天了。當時我對D充滿信心，我鼓勵他：「你是北京名校老高二學生，基礎好，又當過教師，只要正常發揮，應該沒問題。」可是我卻沒報名，不是不想報，是因為有了兒子，無法報名了。

D考得不好：一是時間太短，他準備不足；二是他壓力太大，現場發揮失常。最終他被分配到東北一個小城市的學校，好像是鶴崗雞西之類吧。我們二位在常人眼裡「眼眶子很大」的人最終決定，既然進不了北京的大學，就放棄吧，這輩子與大學無緣，就當一輩子沒啥文化的「知識青年」吧！

事後聽說七七年那次高考，剛剛復出的鄧小平親自揮筆刪除了「單位推薦」四字，使得考生們終於可以憑自己的學識拚一把高低了，D參加考試那一天，被「文革」耽誤了的全國十二屆考生，五百七十萬名歷經磨難的知青們，懷揣不滅的夢想同赴考場，那是一種怎樣的莊嚴，怎樣的悲壯，怎樣的不屈不撓啊……寫至此處，我熱淚盈眶，我真的很為我的同代人自豪，儘管我沒能進入考場，時過三十多年，我仍然要大聲為你們叫好！

臨陣磨槍・不快也光

八十年代初，有了電大這一新的學習渠道，我們這批沒有機會上大學可又總是心有不甘的人，又開始「蠢蠢欲動」紛紛自學考試上電

大。電大，顧名思義就是跟著電視大學學習。電大的老師們都很有水平，學員們學一門，考一門，結業一門，都學完了就能取得大學畢業的文憑。我的許多同學朋友都上電大了，我也動心了，特別是看了電大的中文教材，我決定報名考試學中文，那可是我夢寐以求的專業，這次機會我絕不能再失去了。可是當時的電大並不全是業餘時間學習，每週有兩次是集中聽大課，得用兩個半天上班時間，所以我必須要單位領導同意才行。

　　找誰呢？科長老宋先就不願意：「科裡工作這麼忙，一週之內你得占用兩個半天，我做不了主，去找局長批吧！」「找就找，我還非上不可了。」我心裡別著這股勁兒往東院走，可臨到要推局長辦公室門的那一刻，我猶豫了。我們局長是個老革命，山東人，行政十三級幹部，架子很大，平時根本沒跟我說過話，認識不認識我還兩說著，別又碰一鼻子灰⋯⋯一邊猶豫著一邊卻敲開了局長辦公室的門。還不錯，局長認識我，聽說我要報名上電大，他用很重的山東口音拖著長腔說：「好嘛，想上學是好事情嘛！」聽他這樣說，我心裡踏實多了，畢竟他對我想上學的積極性是肯定的。我把我想上電大學中文的想法以及要占用上班時間的請求一古腦兒都對他說了，並保證以後更加努力工作，把占用的時間補回來。聽我說完，他考慮了一會兒，然後又用無庸置疑的口氣說：「學什麼中文嘛，學了又有什麼用，你幹上這一行就得鑽研這一行，將來有學本行的大學名額，你再去學，我支持你。」因為和老局長不熟，我沒敢再多說什麼，只是不甘心地說：「您說話算數？」「當然算數，愛學習是好事情嘛！」這次學習機會就這樣又錯過了⋯⋯

　　一九八五年夏天裡的一天，科長老宋找我：「你不是要上學嗎？區裡給咱局一個北京經濟學院勞經系指標，老趙局長讓你去參加考試。」他說著遞給我一張招生簡章，我一看，要考五門：數學、語

文、政治、歷史、地理。一看考試時間，現在離考試時間只有二十多天了，我腦袋一下子大了：「時間太短了，根本來不及……」「那就是你的事了，這還是局長爭取來的，去不去考試你自己決定。」還有什麼說的，老局長那麼守信用，我豈有打退堂鼓之理，這是我若干年來第一次得到的考學機會，拚一把吧，考不上我此生也死心了。可以這麼說，知道這個消息後，我連一分鐘都沒有耽擱，馬上跑步到區政府買了這五本書，然後飛跑回科裡打了招呼就騎車回家了。一路上我埋怨自己，既然總嚷著想上學，為什麼平時不看看書做做準備呢，真想找一沒人的地方抽自己一頓。

寫到這兒我還應感謝我的一位副局長小郝，她是六六屆高中生，沒下過鄉，已經三十九歲了，若當年沒機會上大學，超過四十歲就再沒機會了。但她沒有利用職權和我爭這個指標，她告訴我：「這個指標來之不易，你好好複習，我自己去區裡再爭取。」後來她成了我的同班同學，班裡黨支部書記，我們成了一輩子的好朋友。

那時候D已先行一步考進了廊坊教育學院學物理，平時根本回不了家，大主意還得我自己拿。我粗粗看了一下課本，語文可以不複習，歷史背背年代表也沒大問題，政治死記硬背就行，最沒把握的是數學和地理。想想看，我已有多少年沒碰課本了？離人生中最後一節課已過去了整整十九年，其間我歷盡滄桑坎坷，已從十七歲的中學生，變成一中年婦女了。

本來就夠忙亂的，沒想到還有人忙中添亂，我上小學期間高我一年級的一個男生不知從什麼渠道找到了我，當時我甚至叫不出他的名字。經他提醒才想起，他是高幹子弟，「文革」前就讀於北京市某重點中學，文革後期他曾在中學生一個大型合唱節目中擔任指揮。當時他曾讓他的同學通知我去參加，我和林伊還真的一起去音樂學院去找他考過試，結果他連考都沒考我們，就直接分配我們去高聲部了。而

我們倆更乾脆，看了一次他們的排練後，一次都沒去唱過。後來「上山下鄉」運動開始了，他又託他的同學給我送了封信，約我和他一道去某軍區投奔他當官的父親或一同去插隊。我因為根本沒和他接觸過，更不瞭解他，於是把那封信交給母親了事。這次他終於又找到了我，而且沒再託人送信，而是直接找上門來。我告訴他我只有這二十多天複習時間，沒有時間「敘舊」（其實連舊都沒有），一切等我考完試再說。但他仍固執地來電話，我一急之下，把兒子託付給母親後就「逃之夭夭」了。不只是逃開他而是逃開一切干擾，住進了通縣姐姐家。後來那個同學去了日本，再後來好像去了義大利吧。

那二十多天我體會了一把「頭懸樑錐刺股」的滋味：我定了複習計畫，除語文不用複習外，其餘五天複習一門課，重點是數學和地理。姐姐給我騰出一間房，牆上掛著半面牆的世界地圖、中國地圖，在地理、歷史、政治複習之前，還請了這三門課的老師給我做了複習

八十年代中期，與D同遊中山公園照。

八十年代中期，與D在故宮合影。

指導（當時姐姐在潞河中學當副校長）。D先生專程趕來為我輔導了數學。其餘時間都是我自己不分晝夜地「拚搏」，搖頭晃腦，死記硬背。記得我當時根本就不睡覺，也睡不著覺，連磕睡都沒有，吃飯時間都是姐姐姐夫把飯送進來……

　　我總覺得我的思維方式有問題，我不會把地圖與現實中的山川大河聯繫起來，什麼山脊、山樑的我也搞不明白，什麼奧克拉荷馬，什麼岡地斯山，腦子中也一盆麵醬……這時候我想起母親奚落我的話：「你本是書呆子一盆麵醬……」其實這是京劇《蔣幹盜書》中曹操罵蔣幹的一句唱腔，但現在想想，用在我身上何其正確。

　　唯一還算正常的，是每天早晨我都堅持和姐姐的兒子蠻蠻一起打羽毛球，傍晚和姐姐在潞河中學操場上散步，她幫我背題。潞河中學很美，校園大極了，建築也是教會學校的模式，電影《如意》就是在

這裡拍的，在我眼裡，潞河中學和我的母校女十二中很相像，使我時常產生幻覺，啊，是否我又回到了青春橫溢的中學時代……

真正倒霉的還是我的兒子，我把他丟給了母親，可母親還在上班，除了照顧他吃飯以外，沒時間管他學習，那一段時間兒子成了個「野孩子」。下學回來，他不從大門走，爬牆頭翻進我家小院；原本白淨的小臉兒每天抹得花貓一般，腳趾頭伸出了鞋子，裡院白大媽常吃驚地說：「貝貝，你是不是從煙筒裡鑽出來的？」……老師問兒子：「你爸爸呢？」「爸爸在上大學……」「你媽媽呢？」「媽媽在考大學。」「豈有此理，怎麼會有這麼不負責任的家長！那誰管你？」「我婆。」「叫你外婆來。」「外婆是回民。」「誰問你這個了？」「因為外婆愛吃羊肉……」老師氣得七竅生煙。

……

八十年代，與大學同窗好友張哲（左）的合影。

　　終於該進考場了，兩天半的時間，先後考了五門課，我耗時最多的地理考了一個三十七分，記得考的是世界幾個地域的氣候差異及成因，還是個計算題，我答了個驢唇不對馬嘴，其餘幾門都及格了，根本沒複習的語文考了八十多分，最終我以總分高出分數線二十七分的成績考入了北京經濟學院兩年全脫產的幹部進修班，圓了我的大學夢，而這一年，我已三十七歲了。

　　更丟人的是，因為精神的高度緊張導致內分泌紊亂，考完試後的我突然絕經了，母親不得不帶著我在北京遍尋名醫，喝了大半年苦兮兮的中藥湯我才重新「煥發青春」，走入正軌。

第十章　難忘八十年代

我一直認為上世紀八十年代，是值得大書特書的年代，因為我的祖國終於從極左思想的禁錮中掙脫出來，人民終於擺脫了以階級鬥爭為綱的政策下恐懼的心理和生活，走上了開放國禁、撥亂反正、恢復生產、大搞經濟建設的改革之路。在思想上，開始強調解放思想，實事求是，並在理論界掀起了「實踐是檢驗真理的唯一標準」的大討論。一大批冤假錯案得到了改正，一大批被打倒的人得到了解放……希望重又燃起，信心逐漸復甦，盼望國家富強、人民生活富裕的強烈願望激勵著人們去拚搏、去奮鬥，……儘管八十年代是我人生中另一段艱難的謀生之路，但政治環境的寬鬆，意識形態的變化……使我同那個時期的全國人民一樣，強烈地感受到生活的美好。哎，那是一個多麼值得懷念的年代，一個多麼值得追憶的年代啊……

忽如一夜春風來

七十年代末、八十年代初，改革春風吹遍了祖國大地，文化生活也從千篇一律、千人一面枯燥的形式主義中解放出來。人們像春蠶一樣，從束縛了自己二十多年的禁錮中努力地掙脫出來，吸吮著自由的空氣。電影院裡開始放映港臺片、外國片，一些有新意的國產片也破土而出，《三笑》、《畫皮》、《車隊》、《追捕》、《望鄉》、《人證》、《街上流行紅裙子》、《生活的顫音》、《被愛情遺忘的角落》……陳思思、朱虹、栗原小卷、高倉健等影星風靡一時，山口

百惠、鄧麗君、劉文正的歌也瀰漫在黃昏的大街小巷之中，使人耳目一新。十多年沒有戲可演的「人藝」（北京人民藝術劇院）開始公演話劇，《丹心譜》、《於無聲處》釋放了被壓抑了太久的人民的聲音，每一句臺詞都振奮人心，都是心靈的吶喊，臺上臺下融為一體，一同哭一同笑，一同為第二次解放歡呼。人們不分晝夜地排隊，為的是看一場久違了的「人藝」的話劇，一睹那些久違了的人藝的老戲骨們的精彩演出。每場演出演員謝幕達十多次觀眾仍遲遲不肯散去，熱情的觀眾大有不擠塌舞臺誓不甘休的勁頭。

首都劇場開始不定期舉辦文學講座或稱報告會，講座者大都是名作家，如劉賓雁、鄧友梅、張賢亮等等許多許多我已記不清名字的名人學者，他們的演講切中時弊、深刻尖銳，常常被臺下熱情的掌聲打斷，觀眾席上也會不時地有人遞條子上去請求解答。那種每個人都可以直抒胸臆，每個人都可以議論時政、參政議政的自由民主的氛圍，終於打破了解放若干年來萬馬齊喑的沉悶壓抑的局面，讓人好生振奮……我只要得到贈票，都一定會去聽，因為我感覺自己太閉塞、太愚昧了，我覺得自己就像一塊乾涸的海綿，拚命地吸吮著知識，無論是哪方面的，都不管不顧地吞將下去……

「傷痕文學」也應運而生。「傷痕文學」的出現直接起因於「文革」運動和「上山下鄉」運動，它主要描述了知青、知識分子、受迫害官員及城鄉普通民眾在那個不堪回首的年代悲劇性的遭遇和命運。最具代表性的作品有盧新華的《傷痕》（而傷痕文學也由此而命名）、張賢亮的《靈與肉》、劉心武的《班主任》、馮驥才的《鋪花的歧路》等等。我能借則借，能買則買，如飢似渴，狼吞虎嚥，恨不得把這許多年丟失的東西都補回來……這些作品主要是揭露和鞭笞性的，充滿歷史責任感，讀來讓人震撼，令人動容，發人深省，常令我半夜三更痛哭失聲……

　　更有意思的是，那時興起看內部參考影片之風。內參片大都是外國未翻譯過來的，放映都在各大部委的禮堂，沒有字幕，現場有一位拿著話筒的同聲翻譯，不賣票，全部是贈票。母親的一些在雜技團、樂團、醫院的朋友常常送給母親票，而我則是最鐵桿兒的觀眾，無論什麼片子，不問良莠，有票就去。記得有一次是外交部的票，在工人體育館放映，是一部墨西哥影片，影片中有許多非常暴露的性愛鏡頭，我和母親帶著我兒子，看得臉紅心跳，目瞪口呆。怕兒子看到不雅鏡頭，我不得不斷捂住他眼睛，後來索性抱著他不讓看銀幕……母親說：「外國人太不像話了，沒有廉恥之心，我們走！」結果我的傻兒子不幹了：「幹嘛走呀，這不是挺打的嗎？」

　　更開心的是穿衣打扮已不再被稱為資產階級思想，街上的小店鋪到處貼著「出口轉內銷」、「深圳、廣州直銷」等字樣，衣服式樣新穎，價格便宜，這讓我這個愛臭美的人禁不住心花怒放，有點閒錢就去買便宜貨，還大膽剪掉辮子，率先燙了髮。母親笑我「苣蕒菜挽髻兒──苦倒飭」（苣蕒菜是一種很苦的野菜，這句北京歇後語嘲笑窮臭美的人），父親則把尼龍綢、的確良[1]等化纖布料稱為窮人美。可我不以為意，仍舊我行我素。

　　一次我穿了一條極瘦的日本進口的白色短裙，因為太瘦，騎上自行車，搖搖晃晃，膝蓋碰膝蓋，終於因有人超車，擠了我，我把持不住，一頭向馬路沿兒摔過去。當時街邊剛好站著三個正在聊天的小夥子，為了不摔倒，我一把抓住其中一個小夥子的胳膊。他反應超快，奮力接住我，沒讓我跌倒，隨即他用北京人特有的調侃口氣說：「我說姐們兒，這可是你主動撲過來的，我可是沒招惹你！」隨後三人哈哈大笑，我狼狽地扶起車就跑，跑了好遠還聽見他們放肆的笑聲。

---

[1]　即是聚酯纖維，又稱滌綸。

春風吻上了我的臉

永遠忘不了那一年，永遠忘不了那一年的那一天……清晨，我照例早早起床，照例忙忙碌碌給兒子洗涮，忽然從前院房東後窗裡，傳來了一陣柔美的歌聲，這聲音是那麼甜美，那麼輕柔，那麼與眾不同，在瞬間勾了我的魂，醉了我的心。我放下手中的忙碌，走到院子裡，屏住氣傾聽，傾聽：「你聽那雲雀唱出春的夢，你聽那流水帶來春風柔，有份愛深埋在我心中，願你能夠接受我。你看那鴛鴦戲水情深重，你看那晚霞片片意朦朧，有份愛深埋在我心中，願你能夠接受我……」五歲的兒子跑進院子拉住我的衣襟。「噓！」我用手指在他嘴上擋了一下，示意他不要出聲，隨即抱起了他，我們娘兒倆就這樣站在自家的小院裡傾聽傾聽，那歌聲像一股清風吹醉了我的心……那一年的那一天，是八○年春天的一個清晨……而那飄進我耳朵裡的醉人的歌聲，就是臺灣歌手鄧麗君的聲音。

一九八○年，是我下鄉十年返城回京的第二年，十年艱苦的下鄉生活，十多年思想意識形態的禁錮，眼前一切從頭開始的生活艱辛，我幾乎忘記了生活中還有音樂還有美。在音樂的節拍中，我抱起兒子，把他放在自行車後架上，一路上我哼哼唧唧地唱著，騎上車送他去史家胡同幼稚園，然後再繞路騎車東四六條口宏仁堂藥店去賣我的大山楂丸。

房東的女兒年齡比我小，她和先生都是大學生，都在某科研單位工作。她很傲氣，在這個大院中，只同我一家來往，也不過是點頭問好而已。當晚從不串門兒的我，帶著渴望和好奇的心情，敲響了她的門。她熱情地邀我進屋，告訴我歌手叫鄧麗君，臺灣人，磁帶是從

「外邊」帶過來的。她給我介紹鄧麗君的歌，請我和她一起聽，並且答應給我錄磁帶。我告訴她，我還沒有錄放音機，要求她放音樂時打開後窗戶，讓我和她共享這美妙的歌聲……

那時我家的先生還沒回城，我一人帶著兒子住在朝陽門北竹桿胡同母親的老房子中，我要上班，要接送兒子，要買菜做飯，要換煤氣，生活的忙碌艱辛自不必說，內心的孤獨苦悶也可想而知。特別是夜晚，這小院內只有我和兒子兩人，秋風一吹，院內的棗樹柳樹「沙啦啦」一陣陣響，樹影落在地上，搖搖曳曳，飄飄忽忽，黑洞洞的小院裡沒有一點聲音，讓我好生害怕。每晚我都早早讓兒子鑽進被窩，我則給他講安徒生童話、格林童話、一千零一夜等故事，以熬過這孤寂清冷的夜晚。但從那一天起，房東的女兒不知有意還是無意，經常放鄧麗君的歌曲，音樂從她的後窗飄進我的小院：「在這靜靜夜晚，月光那樣美麗，伴我孤寂身影，甜蜜往事歷歷浮現我心底，無奈美夢卻成空，你的笑語那樣熟悉，我永遠不要忘記為何你遠離，失去了蹤影，叫我何處去尋覓……」逢到這時，我就打開房門，把兒子抱在懷裡，隨著音樂的節奏搖啊搖，忘記了孤單和苦悶，忘記了生活的艱辛，忘記了害怕，我和兒子全身心地陶醉在這溫柔、溫情、溫暖的歌聲裡……

那時，父親退休回到北京後忘記了他是在中青旅還是國旅當財務顧問。一天他們那兒內部銷售日本松下雙卡錄放音機，他知我瘋了似地要買，趕緊給我搶購了一臺。從這天開始，鄧麗君的歌進入了我的生活，就如她歌中所唱：「春風吻上了我的臉，告訴我現在是春天，春天裡處處花爭妍，別讓那花謝一年又一年。」我在房東女兒家、在好友林伊的中央歌舞團，先後錄製了鄧麗君的若干盒磁帶，錄製了劉文正的帶子、山口百惠的帶子，每天早晨一睜開眼，我就放上音樂……在《甜蜜蜜》或《綠島小夜曲》等歌曲伴奏下，我興致勃勃地擦地打掃衛生，自己洗漱，再給兒子穿衣、洗臉刷牙，我們娘倆搖頭

晃腦地跟著音樂：「小城故事多，充滿喜和樂，若是你到小城來，收穫特別多……」然後跨上我的坐騎，送兒子上托兒所。下班後，我把兒子往小院裡的地下一放，馬上打開錄放音機。「微風吹著浮雲，細雨漫漫飄落大地，淋著我淋著你，淋得世界充滿詩意……」於是我又在鄧麗君歌聲的伴奏下，洗菜淘米，洗衣做飯，兒子則一人聽著音樂在院裡跑來跑去……就這樣日復一日、月復一月地過著清貧辛苦卻又不失快樂的生活。

　　有一天，錄音帶卡住了，我著急得往外拚命地拉帶子，一下子把錄放音機搞壞了，我趕緊到公用電話亭給弟弟打電話，讓他下班過來，幫我找人去修。弟弟果真來了，拿走了錄放音機，就在我盼星星、盼月亮地等他送回我的錄放音機時，他來電話了，說修機器的人說了，這機器不好修，修好了也會經常「犯病」，不值花那麼多錢修，還不如賣掉，而我這個傻弟弟居然就賣給他了。我聽後氣死了，那不明擺著就是人家想騙我的寶貝嗎，我告訴他我不賣！弟弟說人家已拿走了，我立刻不顧體統地在公用電話亭中大哭起來，讓他賠我……之後我很難過沮喪了一陣子，因為那時候能買一臺好的進口錄放音機很難，而我又那麼喜歡……至於以後我那臺三洋牌的單卡錄放音機是誰幫我買的，我記不清了。總之，過了不久我又有了新的，但我至今忘不了父親給我買的那臺松下，又大又好看，我視它為我生命中的一個朋友，事過三十年，我還記得它帶給我的快樂。

　　每晚我把兒子安頓好，用手指刮著他的小鼻子唱：「我將真心付給了你，將悲傷留給我自己；我將青春付給了你，將歲月留給我自己；我將生命付給了你，將孤獨留給我自己；我將春天付給了你，將冬天留給我自己……」聰慧乖巧的兒子會和著我的節拍接唱：「我至已，我至已（大舌頭）……」想想看，誰會忘記雪中送來的炭火，誰會忘記困苦中的情誼，而這一切，不是別人給予我的，而是鄧麗君，是她

甜美的歌聲！她的歌聲激發了我與生俱來的小資情調，柔軟了我被歲月磨礪的粗糙的心。

還記得鄧麗君離世那一天，中央電視臺破例做了簡短報導，並配有畫面。這消息自然震驚了我，我流著淚關上電視機，又打開錄放音機，調到《月亮代表我的心》這支歌：「你問我愛你有多深，我愛你有幾分，我的情也真我的愛也深，月亮代表我的心。你問我愛你有多深，我愛你有幾分，我的情不變，我的愛不移，月亮代表我的心……」優美的音樂、深情的歌聲，表達了我對鄧麗君悴然辭世的痛心、惋惜以及對她深深的愛戀，我在心裡祝願鄧麗君化作天使，讓她的溫柔美麗的歌聲永遠飄蕩在天空中……

甜美的鄧麗君，風情萬種的鄧麗君，你的歌伴著我青春的回憶，讓我心痛讓我甜蜜……

西風不識相

臺灣作家三毛也是八十年代走進中國大陸，風靡一代年輕人，走進我心令我傾倒的一位女性。她的文章那麼隨意隨性，那麼率真可愛，那麼超凡脫俗，令我這個看慣了大陸拘謹虛假、言不由衷文章的人欽佩不已。

大約是八四、八五年的光景吧，有一天我在訂閱的《讀者文摘》中看到了一篇散文，題目叫做《西風不識相》，內容是說有個中國臺北女孩出國讀書前，父母教她在國外要牢記自己是中國人，要有中國人的教養，凡事忍讓，吃虧是福，萬一和人有了爭執，千萬不要和人家爭，退一步海闊天空……女孩照此辦理的結果是，西方人把這種教養看成了軟弱，漸漸得寸進尺，變本加厲，女孩很快成了眾同學欺負

的對象：房間不再輪流值日，成了中國女孩的「專利」，每天要接送電話，幫同學洗衣、熨衣，成了大家呼來喚去的奴僕。更可氣的是自己漂亮的衣服成為公用，誰都可以打開衣櫃穿走，儘管她得到大家的讚譽和喜歡，但她感到沒有了自尊和自我，感到屈辱和壓抑……終於有一天，在被大家欺負到忍無可忍之際，她「金猴奮起千鈞棒」，在宿舍大造其反，從此反倒贏得了大家的尊重，這使女孩認識到：這個世界上，有教養的人，在沒有相同文化背景和價值觀的社會裡，反而得不到尊重；一個橫蠻的人，反而可以建立威信……當然，這次的「黃帝大戰蚩尤」的第一個回合，這個臺北女孩大勝，從此，這個女孩不再去想父母叮囑的話，而是在不屬於自己的國度裡，「化作一隻弄風白額大虎，變成跳澗金睛猛獸，在洋鬼子的不識相的西風裡，做了一回真正黃帝的子孫」。作者用活潑輕鬆、幽默瀟灑的語言，把東西方文化的不同、碰撞後的矛盾現象，展現得淋漓盡致。我在捧腹大笑之後，看了看作者的名字：三毛。從此我記住了三毛這個名字，並一下子愛上了她，成為她的超級鐵桿粉絲。我到處尋找三毛的作品，買她的書，讀她的書，而我的書架上也一天多似一天地擺滿了三毛的書，《撒哈拉故事》、《夢裡花落知多少》、《雨季不再來》、《哭泣的駱駝》、《稻草人手記》……我沉浸在三毛寫的故事裡，癡迷在三毛的世界裡，一天哭哭笑笑，瘋瘋癲癲，和三毛同喜同悲。

　　起先我僅是喜歡她率真灑脫的文筆，喜歡她機智、風趣、閃光的文采，迷戀她的故事，為她的感情執著感動，但很快我的興趣就開始轉向作者本人，開始追尋三毛的足跡，追尋那一顆浪漫悸動的心……

　　以後我知道了三毛本名叫陳平，知道她一九四五年出生在四川重慶一個叫黃角椏的地方，而且還知道當地的孩子們唱的民謠竟然是：「黃角椏，黃角椏，黃角椏下有個家，生個男兒會打仗，生個女兒

寫文章。」一九四九年，三毛隨父母飄洋過海，到了風雨飄搖的臺灣島，開始了她不凡的一生。

　　三毛的一生，充滿了傳奇、浪漫和不幸，她不滿二十歲獨闖天下，先是隻身去西班牙，繼而在喬治桑住過的一個島嶼上做了三個月導遊，後又飛往德國、美國求學。她渡海飄洋，在人世間浮沉飄蕩，她浪跡天涯，足跡踏遍了東歐、西歐、北歐及南美洲，當然還有最經典的非洲撒哈拉大沙漠。她從自閉而流浪，從熱情灑脫而哀傷抑鬱，大起大落的感情上的反差，使三毛的生活像一支感情複雜的詠歎調，一會兒是瀟瀟春雨，一會兒是飄飄落葉，一會兒熱情奔放，一會兒冷若冰霜，特別是她的毫無徵兆的突然自縊辭世，讓世人對三毛的一生更感撲朔迷離。作為一直摯愛和關注三毛的我，悲痛之餘是大徹大悟，我敢說，我讀懂了三毛，三毛的自殺，是她的宿命，是性格使然。三毛一生渴望轟轟烈烈的愛情，渴望被愛，渴望真愛，她追求理想的童話般的愛情，渴望做一個被人呵護的小女人。她生活在自己編織的夢境中，甚至真假難分，亦真亦幻。她不完美，甚至優點和缺點一樣突出，而她展現在大眾面前的卻是一個有愛心、有社會責任感、事業成功的完美女人形象。她被愛她的讀者追著寫新書，她不停地跑來跑去做講演，她被記者們圍著採訪，她被文藝界愛她的人吹捧讚揚，被評論界李敖、馬中欣之輩抨擊質疑……而這一切，不是三毛想要的生活。她累了，不勝負荷。她江郎才盡，她愛情幻滅。她崇尚的自由浪漫、追求的超凡脫俗，如今已成為不可能，那麼「不自由，毋寧死」，於是她在絕望之際，選擇了自殺，來了個白茫茫大地真乾淨。三毛的死是一種解脫，顯示了自愛和自尊。

　　三毛的愛情生活是曲折坎坷的，當她留學歸來開始第一次的火一般熾熱的初戀時，男友突然去世，備受打擊的她帶著一顆受傷的心，出走非洲大漠撒哈拉，和西班牙男友後來成了她的丈夫的荷西開始了

一場驚世駭俗、感天動地的愛情生活，這是她一生最最幸福的時光。她在荷西熱烈純樸的愛中，終於成為一隻依人小鳥，過上了她一直期盼的「為他梳洗打扮，為他燒茶煮飯」的幸福小女人的生活。而這一段時光也是她創作的鼎盛時期，她文思泉湧，創作了著名的《撒哈拉的故事》、《稻草人手記》、《哭泣的駱駝》、《溫柔的夜》等等。由此可見，愛情才是三毛寫作的源泉。不幸的是，六年之後，荷西在愛琴海潛水喪生，這次打擊對三毛來說是致命的，從此她產生了「但願永不回到世上，旅程在此了斷」的想法。荷西死後，三毛把自己禁錮在這個天之涯、海之角的西班牙大加納利島上，過了一段隱居生活。一年以後，她回到了臺北父母身邊。當然在這之後，三毛仍然追求過愛情，但不是碰到騙子，就是太過平庸世俗。三毛對愛情的太過理想化，導致她的夢幻屢遭破滅。三毛後來熱烈地愛上了情歌之聖王洛賓，她陶醉在王洛賓創作的美好纏綿的愛情歌曲的意境中，在幻想中（或說幻覺中）編織了這個美麗的愛情之夢。可當她衝破世俗的眼光和重重阻力來到七八十歲的老翁王洛賓面前時，她夢醒了，王洛賓並不是她幻想中的浪漫情聖，而是一位被歲月磨礪、歷盡滄桑、傳統拘謹又帶有濃厚的大陸黨政幹部色彩的老者。於是幻想中的三毛終於止步，終於絕望，她帶著一顆破碎的幻滅之心返回了臺北。她追逐愛情的腳步自此打住，對愛情她不再奢望，繼而心如死灰⋯⋯

自從荷西走了之後，三毛再沒寫出過那麼瀟灑動人的作品，儘管她又遊走了南美洲，寫出了《萬水千山走遍》以及陸續出版了《夢裡花落知多少》、《送你一匹馬》、《傾城》等，但我的感覺是大不如前，那種溫暖、快樂、純情、俏皮，已蕩然無存，那個率真、任性、幽默、灑脫的三毛已不見了蹤影。而《萬水千山走遍》也只能算是個遊記，一種寂寥、落寞、哀婉、悲涼的情緒一直潛藏在三毛後期作品的字裡行間中，令熱愛她的讀者，比如我，難過又心疼。特別是

她的《送你一匹馬》、《談心》、《隨想》等，我認為已經近於枯燥了……當然最後她又傾其心力寫了《滾滾紅塵》的電影劇本，企圖重振雄風，但據說她的故事原型是張愛玲和漢奸胡蘭成的愛情，大家都知道，張愛玲也是愛情至上的女子，她不顧一切地愛上了胡蘭成，但胡蘭成卻是個既沒有民族氣節又極度花心的文人，以這樣兩個人的愛情為藍本，再怎麼風花雪月，再怎麼纏綿悱惻，讀者也是難以接受的（在此聲明我沒看過《滾滾紅塵》的劇本），所以此劇本遭到海峽兩岸讀者和輿論界的猛烈抨擊也在意料和情理之中。電影拍出之後，主演秦漢和林青霞雙雙獲臺灣金馬獎影帝、影后，獨三毛一人落寞而歸！

三毛沒有逃脫名作家、名女人的精神桎梏，這是我替三毛惋惜和痛心的另一個原因。三毛終於沒有脫俗，她頭頂名作家、名女人的光環，到處講課，到處演講，到處訪問，到處拜訪社會名流……她被鮮花和掌聲所累，她希望被人肯定，她被捲進了名利世俗的漩渦，過著她不想過、不願過的生活，她一直生活在矛盾和糾結的心態中……敏感而自尊的三毛，不肯向外界流露出自己內心的脆弱，她努力地把自己的堅強、光鮮靚麗示人。無數人對三毛的死給予了非議和譴責，只有我，我認為我理解三毛深入骨髓的孤獨和寂寞，只有我讚賞她的選擇，因為我愛三毛，我情願讓三毛尊嚴地離世而不願讓她在功利世俗的濁世中艱難苟活……

三毛曾經說：「人生好像一個夢。」「我並不害怕死亡，死亡是一個新階段的開始，可能是很美麗的。」誰能肯定三毛不是去追求她的另一個美麗的夢呢？我相信三毛步入了一個新境界，一個身心和靈魂都自由的美好世界……

有一件離奇的事我一直無法解釋，那大約是一九九〇年的一個秋天，我在五棵松的大街上趕路，一個報童大聲地叫賣「新聞新聞，

臺灣著名女作家三毛因病離世」，我頭腦轟轟地買了一張小報，走到一個清淨的地方，迫不及待地坐在臺階上看報。內容是什麼我記不清了，只記得三毛死了，死於癌症，我抑制不住心裡的難過，在蕭瑟秋風裡嗚嗚咽咽哭了一場。後來才知道，我的眼淚早流了半年多，三毛在半年後的一九九一年一月四日凌晨自殺身亡，但是這小報又是怎麼回事？三毛，會不會你知道大陸有個懂你、愛你的妹妹，一個鐵桿粉絲，冥冥之中來給我報信兒？這是我至今不能解釋清楚的一個謎。

三毛，你曾經說過：「天空沒有飛鳥的痕跡，而我已經飛過。」可是我要告訴你親愛的三毛，誰說你沒有痕跡？你給大陸的女孩子們留下了多少快樂，你的率真、灑脫，你的浪漫、幽默，你對理想愛情的執著追求，你總是編織最美麗的夢，讓我們都活在你的純情世界裡。你造就了一代不俗的女孩，在她們心裡，你沒有死去，你和你摯愛的荷西，永遠生活在浪漫的撒哈拉大沙漠！永遠活在我們的精神世界裡。

那一股鋪天蓋地的歌壇西北風

八十年代讓我難以忘懷的，還有那一股鋪天蓋地的歌壇西北風。這股風什麼時候颳起來的，又是什麼時候形成鋪天蓋地之勢的，我已說不太清楚，但它帶給我的強烈震撼、對我靈魂和思想的衝擊卻永遠難以磨滅，以致永生難忘！

為什麼會稱之為西北風？我想大約是因為地域的緣故吧，這些歌多是陝西、山西的民歌，但又揉進了流行風，它風格的新穎脫俗，歌詞的大膽解放，曲調的高亢蒼涼，無一不野性十足；它把鮮明的民族

風格與強烈的時代色彩合二而一，產生了一種猛烈的衝擊力，讓人們多年被壓抑的感情終於衝破禁錮，噴湧而出，一瀉千里。

我喜歡這些歌，感動這些歌的原因很難說清，大約是解放四十年來的歌曲多以歌頌為主，且創作模式過於單一，也大約是這些歌曲在某種程度上觸動了我內心深處或精神層面最柔軟、最敏感的部分。總之，當西北風忽然之間占據了歌壇時，那種粗獷，那種豪放，那種蒼勁以及那種悲涼，一下子攫住了我的心、我的靈魂，令我震撼感動到不能自已。

那一階段有多少好歌啊！《西北風》、《黃土地》、《信天遊》、《我熱戀的故鄉》、《黃土高坡》、《山溝溝》、《十五的月亮十六圓》等等，電視劇《便衣警察》插曲《雪城》、《天上有個太陽》似應也劃入在內。

那個年代也是歌星輩出的年代，不知應該說是好歌孕育培養了好的歌星，還是好的歌星唱紅了這批好歌，總之，應該說，那是一個流行音樂的鼎盛時期，好歌不斷、明星輩出，歌手更以實力著稱。在我心目中劉歡、那英、屠洪剛、孫國慶、杭天棋、范琳琳、胡月、田震、程琳都是用心在唱，用情在唱，他（她）們毫不忸怩作態，相反，他（她）們樸素真誠、熱情奔放，他（她）們激情萬丈。

記得那時我家的黑白電視已由小換大，收錄機也不斷更新，這些歌的磁帶我是每盒必錄，每盒必買。還記得我第一次在電視中收看屠洪剛的《黃土地》，聽著他滿懷深情和悲憤唱道：

　　家鄉的那片黃土地

　　曾經風沙築成堤

　　沒有那個星星沒有那個月亮

　　只有那個疲憊的北風在喘息

　　　　女人的淚水和那男人的汗水

　　　　鞭打著那耕牛腳踩著那泥裡

　　　　等到秋天的收穫裡收穫裡

　　　　不知道不知道穀場上會有多少米

　　　　祖先留下這黃土地

　　　　何時才能變模樣

　　　　這要問我自己也要問問你

　　　　不要再有責備也不要再歎息

　　　　過去的淚水和現在的汗水

　　　　匯成一股長浪融進那黃土地

　　　　⋯⋯

　　一股悲哀和心痛瞬間擊垮了我，我禁不住淚流滿面哽咽不已⋯⋯我眼前過電影一樣出現了哥哥上大學時去陝西搞社教看到的貧窮：山還是那座山，樑也還是那道樑，土地還是那貧瘠的土地，農民也還是那些貧窮的農民⋯⋯出現了姐姐四清時去山西長治縣一個叫西火山村的遭遇，村裡沒有水，吃水要到十幾里外的井去挑水，吃的飯基本是糠秕，因為姐姐和同學們和農民同吃同住同勞動，不僅染了蝨子，還因為飢餓很快全身浮腫⋯⋯儘管如此，還是擋不住長久以來的你批我、我鬥你⋯⋯我問自己：黃土地是生我們、養我們的土地，中國人世代生活在這片土地上，吃苦耐勞，勤勞節儉，可我們為什麼一天天、一月月、一年年還在過著這樣的苦日子？這究竟是為了什麼？

　　杭天琪的《我熱戀的故鄉》是在工人體育場看的，內心深處的感覺，這樣的歌就應當在大場子裡唱，要在人多勢眾的地方唱，要在熱愛它的民眾中間唱，要在曠野荒郊裡吼，吶喊！杭天棋的一句「我的家鄉並不美」⋯⋯歌聲一出，全場立即大聲呼應，齊聲唱道：

低矮的草房苦澀的井水

一條時常乾涸的小河

依戀在小村周圍

一片貧瘠的土地上

收穫著微薄的希望

住了一年又一年

生活了一輩又一輩

忙不完的黃土地

喝不乾的苦井水

男人為你累彎了腰

女人也為你鎖愁眉

離不了的矮草房

養活了人的苦井水

住了一年又一年

生活了一輩又一輩

……

　　歌曲唱出了家鄉的貧困、土地的貧瘠，生活在黃土地上的人們一輩又一輩地像牛馬一樣的勞作，而生活依然困窘。歌詞的苦澀和無奈與曲調的高亢、蒼涼，對聽覺產生強烈的衝擊，以致讓我有一種撕心裂肺的心痛感覺……試問所有的國人，哪個不愛生養自己的土地？無論她貧窮或富饒，無論她落後或先進，那一望無垠的黃土地，那乾涸缺水的平原山區，那低矮的窯洞和土房，那灑滿淚水和汗水的故鄉。

　　這些歌曲之所以震撼，還因為歌手充滿激情地演繹詮釋，他（她）們不是在唱，是在吶喊，是在宣洩……那時我兒子已十一二歲

了，他跟著我這個瘋媽媽一起擠在工人體育場的歌迷中，大聲地唱著、叫著，踩著節拍，雙手揮舞著，狂熱地呼喊著⋯⋯

　　寫到這裡，我真心感謝那些詞曲作者的精彩，徐沛東、廣征、陳哲、蘇越、劉志文、侯德健、解承強等等，是他們告別粉飾，衝破思想牢籠，直面故鄉農村的貧窮和苦難，創作了一首首現實主義力作，用歌聲帶領我們走出了困頓和迷茫。更應該感謝的，還是八十年代，那寬鬆的政治氛圍，激發了人們的創作激情和活力，給了詞曲作者以無限遐想的創新空間和靈感、勇氣！

　　「我低頭向山溝／追逐流逝的歲月／風沙茫茫滿山谷／不見我的童年　我抬頭向青天／搜尋遠去的從前／白雲悠悠盡情地遊／什麼都沒改變⋯⋯」哎，那一股鋪天蓋地的歌壇西北風噢，至今縈繞在我的腦海敲打著我的心弦⋯⋯

我們都還年輕

　　自從「文革」運動中一家人各奔東西，天各一方，到八十年代初通過各種途徑陸續回到北京，離散十多年的一家人終於又在北京團聚，回到母親身邊。如果說這些年我們在外受了苦，母親的苦其實比我們還多，十多年一個人孤苦伶仃過日子，牽著這個，掛著那個，到如今終於把全家人盼回來，那種愉悅的心情可想而知。

　　老實說，八十年代於我們兄弟姐妹來說都還是很辛苦的，一切從頭開始，大家各自奔工作，奔房子，奔生活，可是我們卻過得忙碌充實而快樂，因為我們都還年輕，對未來充滿希望。

　　記得錄放音機剛剛興起時，哥哥買了一臺日本產的雙卡錄放音機。他本來就喜歡音樂，這時候他通過各種渠道錄了不少音樂磁帶。

週末我們全家老少齊動員，一起到香山去爬山，哥哥不嫌累，提上他那個寶貝錄放音機，我穿著連衣裙、高跟鞋（鬼知道我怎麼想的，爬山還穿高跟鞋），姐姐還帶上麵包啦，香腸啦、雞蛋啦作為午餐，然後各自騎上自行車，馱上各自的小崽子呼呼啦啦一個車隊朝香山飛馳。到了香山，我們並不走大路，而是跟著哥哥抄近路爬山。爬到山頂上，哥哥打開他的錄放音機，那些美妙的音樂旋律飛出來。我們就這樣坐在山頂上，鳥瞰著遠處的北京、近處的山花，聽著錄放音機中飄出來的美妙樂曲，陶醉其中。俗話說：「上山容易下山難。」何況我穿著高跟鞋，下山時我央求哥哥：「咱倆換鞋怎樣，救人一命勝造七級浮屠。」哥哥一本正經地說：「嗨，這有什麼難，你把鞋倒過來穿，高跟在前，豈不如履平地？」全家人開懷大笑。

　　還有一次，「文革」中被關閉了的北海公園重新開放了（當時關閉的理由無外乎這些園林屬封資修建築，可據說「文革」中江青與她的黨羽經常到北海公園遊玩，她占著中南海還嫌不夠，還要霸著北海公園，據說是為了遛馬，真真欺人太甚）。從晚報上看到這則消息，北京沸騰了，我和哥哥一家決定公園開啟的當天去，母親攔不住遂決定和我們一起去冒風險。那一天人實在是太多了，人山人海，摩肩接踵，人頭攢動……我已不知怎樣形容當時的「盛」況。我們決定爬到白塔頂上的萬佛閣看佛。我印象最深的是，人太多了，一條石階路上人挨人、人擠人，人多得一塌糊塗。怕兩個小孩被踩著，哥哥一手抱著我的兒子貝貝，一手抱著他的女兒可可，我在後面拉著母親，護著他們。就這樣我們艱難地登上了白塔。事後聽說，因為多年荒蕪，無人修葺，鬆動的山石被踩塌，還砸死了人，我們聽了，都汗毛倒豎，倒吸了一口涼氣。

　　飛碟興起時，我們兄弟姐妹又帶上孩子，全家呼呼啦啦去了景山公園，大人和孩子們圍成一個圈，扔飛碟玩兒……當時那個開心勁兒

一家三口與母親同遊香山。

我們終於有了自己的家。

　　真是無法言說，有時想想，中國人多麼善良可愛，真是給點陽光就燦
爛，就如我們一家，不在意全家人經歷了多少苦難，不在意生活有多
麼清貧，每個人都抱著：心若在，夢就在，只不過從頭再來的人生豪
邁……

　　記得那天，D放假帶兒子在家。外面下起了瓢潑大雨，雨好大好
大，砸在柏油馬路上，霧氣騰騰。四點半我該下班了，大夥都勸我避
避雨再走，可我回家心切，再說那麼熱的天，好容易來場大雨，淋淋
雨多暢快！我不顧眾人勸阻，冒著大雨騎車回家了。雨太大了，街上
幾乎沒人騎車，我這個二百五被雨淋得幾乎是閉著眼、張著嘴騎到家
的。在我家門洞裡，一個男青年也在避雨，我這個落湯雞把車往門洞
一扔就衝進家門。D趕緊打來熱水我一通沖洗。忽然，我想起過道還
有一個小夥子在避雨，這雨哪兒有停的意思啊，我找出家中的雨衣對

D說：「天都快黑了，借給避雨的小夥子，讓他以後再送回來。」D說：「說借不如說送，人心不古，這雨衣肯定有去無回！」我不信：「咱倆打賭吧，賭十塊錢的，要是送回來了，你給我十塊錢，要是不送，我給你十塊錢怎麼樣？」D說：「一言為定！」我倆擊掌為誓。我拿著雨衣馬上出去借給了小夥子，他很意外，推辭半天。我說：「你總不至於在這兒躲到天黑吧！」他這才披上雨衣冒雨騎車走了。過了好幾天雨衣也沒送回來，D得意洋洋，認為我頭腦太簡單、太輕信。嘴上不說，我心裡也含糊了……終於有一天我下班回家，D告訴我：「你贏了！小夥子不僅送來了雨衣，為表謝意，還給貝貝送來一盒彩色鉛筆。」那天我真高興壞了，不只是因為雨衣送回來了，更因為人性的復甦，善良和信義終於又回歸了！

我的中國心

　　中央電視臺的春節聯歡晚會現如今已成為中國人過春節的一道大菜，至今已舉辦三十年了。無論現在的晚會場面有多大，色彩有多絢麗，有多少大腕明星，在我記憶深處，讓我淚流滿面的，依舊是八十年代中期那臺春晚，讓我念念不忘的也是那一年的春節。

　　其實我一直認為春節前的日子似乎比過節的正日子還開心，大約是苦日子過得太久了的緣故，大約是全家人十多年沒能聚在一起過年的緣故，快過春節時的那種期盼，那種興奮，那個準備過節的過程真的令我回味無窮。那時副食品供應剛剛放開，不再需要票證，但還沒有太豐富，我們也還沒有什麼錢，但心氣兒卻很高。我和姐姐、嫂子以及弟妹，提著菜籃子在朝陽菜市場搶購，大家分頭排大隊買魚、買肉、買乾鮮果品，然後聚齊看看少了什麼再去排隊。奇怪的是嫂子

和弟妹無論排多長的隊都能很快買到，而我總是最後才買完的一個。其實我知道她們的竅門兒，那就是「夾塞兒」，插到隊前面去，我對她們這項「技能」佩服得五體投地。想想看那麼大一活人，怎麼能夾進去呢？每次我露出驚異和佩服的表情後她倆都倍兒得意。姐姐是春節總指揮，她最不放心的是我，怕我丟錢，怕我丟東西，怕我買的東西不新鮮不夠份量……因為小時候我和她買東西我總是「狗熊掰棒子」，一路買一路丟。反正在姐姐眼裡我永遠是一長不大的笨蛋，我也安於這個角色，並不想有所改變。

接下來是做年夜飯，母親「炒鹹水」。那是姥姥傳下來的手藝，用豆腐乾兒、水麵筋、木耳、香菇、鮮筍、醬瓜兒、白菜絲、胡蘿蔔絲等等用香油逐一炒一下，再攪拌在一起，上面撒上香菜、芝麻，晾涼後再吃，這道菜一直要吃到初五，那味道真的鮮美極了，我敢說，除了母親誰也做不出這麼好吃的菜。其餘我們各家都要做兩個拿手菜，姐姐的紅燜牛肉、軟炸雞，弟弟的清蒸魚、煎小泥腸，嫂子的紅燒獅子頭、炒年糕、炸雞蛋角兒，D和弟妹包的餃子，大家抖擻精神，八仙過海，使出渾身解數兒，都想拿個頭籌。每年我的任務就是「打雜兒」，給大廚打下手，或拿著紅筆在饅頭豆包兒上畫紅點，順便給孩子們的眉心也點上紅點。可這一年我心血來潮，非要給大家做一個啤酒羊肉，那是朋友剛教我的一道外國菜。結果在飯桌上別人做的菜一掃而光，我的菜卻無人問津，面子上實在過不去。我對孩子們說，誰吃我的菜我獎勵五元錢，即便如此，仍舊沒人買賬，可見我的廚藝有多「高超」了……

這一年的春晚雖說在整體設計上、舞美上，甚至演員的衣著打扮上都還有些土裡土氣，妝也化得太濃太豔，但其氣氛熱烈而溫暖，節目安排精彩而新穎，對於若干年來文化生活一直相對閉塞的中國人來說，真有大開眼界、頓開茅塞之感。吃罷年夜飯，全家人擠在一起，

或躺或坐，在剛剛換了不久的一臺十二吋黑白電視機前收看春晚：黃梅戲中才色俱佳的女星馬蘭的《女駙馬》；越劇小百花劇團茅善玉的江南民歌《太湖美》；在磁帶中早已熟悉了的香港歌星奚秀蘭也終於一展芳容，載歌載舞，令人耳目一新，這可是我有記憶以來第一次看到香港藝人來大陸演出。小品這一文藝體裁也第一次進入我們的視線：陳佩斯的《吃麵條》、游本昌的《淋浴》令我們全家笑到肚子痛，馬季的《宇宙牌香煙》則狠狠嘲諷了廣告中的誇大其辭，譁眾取寵現象。

　　香港歌星張明敏的一曲《我的中國心》，最終把晚會推向高潮：「洋裝雖然穿在身，祖國已多年未親近，但是一點也改變不了我的中國心。流在心中的血，澎湃著中華的聲音……長江、長城，黃山、黃河，在我心中重千斤，無論何時無論何地，心中一樣親！」聽到他的歌，想到我多災多難的祖國和骨肉分離的同胞，我內心五味雜陳，淚如雨下……不僅是我，據說時任中共中央總書記的胡耀邦也倍加感動，春節聯歡晚會剛剛結束，導演黃一鶴就接到胡耀邦祕書的電話，要這支歌的帶子，胡總書記連夜學會這支歌並教會了全家人。對此舉我並不感到意外，因為我們都知道胡耀邦是國家領導人中真正具有一顆正直的中國心的人。

尾聲　冬日走到盡頭，
　　　春天還會遠嗎？

一九八九年冬天，是個寒冷而多雪的冬天。

那一年好冷好冷啊，紛紛揚揚的雪花似乎一直就沒有停下來過。那時我們剛搬出母親的老宅，那個見證了我的家庭悲歡離合、酸甜苦辣的老宅，那個令我那麼懷念的與父母姐姐兄弟們擠在一處浸滿親情溫暖的老宅，那個盛載著我返城十年打拚生活足跡的老宅……

我常常想，隨著老宅的被拆除，我的「老北京」是否也就隨風而逝了？因為在我的思想裡，老北京似乎與平房四合院的空間連結在一塊，與在這胡同裡生活的北京人密不可分，那一聲聲親切的「二姑娘，二姑娘」的叫聲，浸潤著多少濃濃的情意和故事啊！

當時我們一家三口借住在西交民巷一個舊時的洗澡堂改造的房子裡，雖然非常陰暗潮濕，但我們畢竟是有了自己的家啊。記得那日又是一個大雪天，天黑了，兒子還沒有放學回來，鵝毛大雪飄飄灑灑，我和D冒著大雪去公交車站接他，途經天安門才發覺整個廣場已成了一片銀白色的世界，天安門城樓也是銀裝素裹、巍峨雄偉令人敬畏。我和D牽手走在堆滿厚厚積雪的路上，聽到了腳下積雪的「咯吱咯吱」聲，突然想起小說《紅肩章》那純潔動人的故事，而我和D在經歷了那麼多艱辛坎坷之後，也已從花季少年進入不惑之年……想著想著，一個趔趄，我滑倒了，整個人疼得快要哭出來，D緊緊抓住我的手一把拉我起來：「別怕，沒什麼了不起的！」他笑笑望著我，順手拍淨我身上的積雪。我們兩人的手拉得更緊了，在大雪中繼續走著，

八十年代中，我與D感情依舊，同遊北京頤和園。

向前走著，一股暖流湧上心頭，我大聲地在心裡對自己說：「是啊，沒什麼了不起的，冬日走到盡頭了，春天還會遠嗎？」

　　我們的老北京，我們的中國夢，在愛與期盼的仰望中，舊事已過，都變成新的了！冬日已經走到盡頭，春天還會遠嗎？

全文完

釀時代01　PC0356

 我曾經的名字叫知青

作　　者	子　蘊
責任編輯	邵亢虎、蔡曉雯、杜國維
圖文排版	賴英珍
封面設計	李孟瑾

出版策劃	釀出版
製作發行	秀威資訊科技股份有限公司
	114 台北市內湖區瑞光路76巷65號1樓
	電話：+886-2-2796-3638　傳真：+886-2-2796-1377
	服務信箱：service@showwe.com.tw
	http://www.showwe.com.tw
郵政劃撥	19563868　戶名：秀威資訊科技股份有限公司
展售門市	國家書店【松江門市】
	104 台北市中山區松江路209號1樓
	電話：+886-2-2518-0207　傳真：+886-2-2518-0778
網路訂購	秀威網路書店：http://www.bodbooks.com.tw
	國家網路書店：http://www.govbooks.com.tw
法律顧問	毛國樑　律師
總 經 銷	聯合發行股份有限公司
	231新北市新店區寶橋路235巷6弄6號4F
	電話：+886-2-2917-8022　傳真：+886-2-2915-6275

出版日期	2014年1月　BOD一版
定　　價	350元

國家圖書館出版品預行編目

我曾經的名字叫知青 / 子蘊著. -- 一版. -- 臺北市 : 釀出
版, 2014.01
　　面；　公分. --(釀時代；PC0356)
BOD版
ISBN 978-986-5871-84-0 (平裝)

1. 子蘊　2. 回憶錄　3. 文化大革命

782.887　　　　　　　　　　　　　　102026574

讀 者 回 函 卡

感謝您購買本書,為提升服務品質,請填妥以下資料,將讀者回函卡直接寄
回或傳真本公司,收到您的寶貴意見後,我們會收藏記錄及檢討,謝謝!
如您需要了解本公司最新出版書目、購書優惠或企劃活動,歡迎您上網查詢
或下載相關資料:http:// www.showwe.com.tw

您購買的書名:_____

出生日期:_____年_____月_____日

學歷:□高中 (含) 以下　　□大專　　□研究所 (含) 以上

職業:□製造業　□金融業　□資訊業　□軍警　□傳播業　□自由業
　　　□服務業　□公務員　□教職　　□學生　□家管　　□其它_____

購書地點:□網路書店　□實體書店　□書展　□郵購　□贈閱　□其他

您從何得知本書的消息?

　□網路書店　□實體書店　□網路搜尋　□電子報　□書訊　□雜誌

　□傳播媒體　□親友推薦　□網站推薦　□部落格　□其他_____

您對本書的評價:(請填代號　1.非常滿意　2.滿意　3.尚可　4.再改進)

　封面設計____　版面編排____　內容____　文/譯筆____　價格____

讀完書後您覺得:

　□很有收穫　□有收穫　□收穫不多　□沒收穫

對我們的建議:_____

_____

_____

_____

11466
台北市內湖區瑞光路 76 巷 65 號 1 樓
秀威資訊科技股份有限公司　　　收
BOD 數位出版事業部

....

（請沿線對折寄回，謝謝！）

姓　　名：＿＿＿＿＿＿＿＿＿＿　年齡：＿＿＿＿＿　性別：□女　□男

郵遞區號：□□□□□

地　　址：＿＿＿＿＿＿＿＿＿＿＿＿＿＿＿＿＿＿＿＿＿＿

聯絡電話：(日)＿＿＿＿＿＿＿＿＿＿　(夜)＿＿＿＿＿＿＿＿＿＿

E-mail：＿＿＿＿＿＿＿＿＿＿＿＿＿＿＿＿＿＿＿＿＿＿